Dr. Daniel Dana

Drei Henkersknoten

An den Gott Israels,
der Wunder in meinem Leben
wirkte und mir half, zu verstehen,
wer ich bin.

Für Marina, meine liebe Frau,
die mir half, meine große Liebe für
Israel zu entfalten.
Für Dina, meine Tochter, meine
treue Ratgeberin und Hilfe in allen
Lebens- und
Arbeitsbereichen, ohne die die
Veröffentlichung dieses Buches
nicht möglich gewesen
wäre, und schließlich für meine
Enkelinnen,
Ron und Aya

Dr. Daniel Dana

Drei Henkersknoten

CONTENTONOW

Dr. Daniel Dana

Drei Henkersknoten

Chefredaktion: Contento de Semrik – International
Publishing
Übersetzung aus dem Hebräischen: Sally Ido
Spracheditor: Julia Tarach
Umschlaggestaltung:

Gedruckt in Israel 2013

Title Of Contents

Danksagungen

Was Sie in diesem Buch lesen werden, ist keine Fiktion, sondern eine wahre Geschichte – meine Lebensgeschichte, die mehr als fünf fJahrzehnte sozialer, öffentlicher und politischer Aktivität beschreibt.

Mein Dank gilt den folgenden Leuten, und denen, die an dieser Stelle nicht erwähnt werden – meine aufrichtige Entschuldigung:

All den Menschen, die mir in meinem Leben geholfen haben, die mich unterstützt und mit aktuellen Informationen über die zwei Länder versorgt haben, mit denen ich verbunden bin – Iran und Israel.

Den schiitischen Führern in meinem geliebten Heimatland Iran, die, bewusst oder unbewusst, mir und fünfzig Millionen jungen Iranern geholfen haben, die nach der Islamischen Revolution geboren wurden. Diese Anführer halfen uns zu verstehen, dass westliche Konzepte, die den Grundstein zu einer säkularen Welt bilden, wie Liberalismus und Pluralismus, nicht in einem Land wie dem Iran existieren können ohne eine grundlegende Reform, die einen geeigneten Ersatz für die schiitische Ideologie umfasst.

All den Hunderttausenden Freunden, die die iranische Opposition außerhalb Israels bilden und die weiterhin ihre entschlossene Ablehnung gegenüber dem Bösen des iranischen Regimes demonstrieren.

Den guten Freunden in Israel, die mich in siebzehn Jahren positiv oder negativ stark beeinflusst haben, die für oder gegen mich, den ehemals schiitischen Muslim, nun in Israel lebend, sprachen. Sie teilten mit mir das Privileg, Israel zu lieben.

All den ehemaligen Iranern in Israel, dreizehn an der Zahl, dafür, dass sie mich und meine Frau finanziell unterstützt und uns ermöglicht haben, ein neues Heim in Jerusalem zu gründen.

Den Menschen, die mir während der unterschiedlichen Perioden meines Lebens mit Rat und Hilfe zur Seite standen: Professor Moshe Ma'oz, Dr. Ze'ev Magen, Meir Azari, David Herman, Pfarrer Jan Willem Van Der Hoffen und mein guter Freund Yossi Sivan, der mich mit seinem nachhaltigen Rat aufgefangen hat.

Ich danke meiner geliebten Frau Marina aus dem Grunde meines Herzens für ihre tiefe Sorge und ihr Verständnis, für ihre Fähigkeit, mir die Realität in Israel verständlich zu machen, seit dem ersten Tag meines Aufenthaltes hier.

Innigsten Dank auch an Tovah Mahachni. Ohne ihre Hilfe hätte dieses Buch nie veröffentlicht werden können.

Dieses Buch stellt ein Geschenk für meinen Sohn Payman und meine Tochter Bahareh dar, und auch für fünfzig Millionen junge Menschen, die im größten Gefängnis der Welt eingeschlossen sind, im Iran. Sie sind diejenigen, die die aktuelle Realität verändern werden, unter anderem auch die Beziehungen zu Israel.

Ich hoffe, dieses Buch wird sich für die Zukunft der Jugend beider Länder als nützlich erweisen.

Prolog

Ich wurde im Iran geboren, dem Land, dessen bekanntester König und Nationalheld Kyros der Große war. Vor über 2500 Jahren befreite er die Juden und erlaubte ihnen, nach Jerusalem zurückzukehren und den Tempel zu erbauen. Im Iran lebten und wirkten damals Daniel, Ezra, Nehemia und andere jüdische Persönlichkeiten. Und in der Region Chuzestan, in der ich meine Jugend verbrachte, wurde der Babylonische Talmud geschrieben und besiegelt. In jüngster Vergangenheit unterbricht eine Zeitspanne von zweiunddreißig Jahren die Beziehungen zwischen Iranern und Juden, aber wir werden zurückkehren und neue Bande zwischen den Länder knüpfen.

Friedrich Hegel vertritt die Ansicht, dass die Geschichte des Iran bereits vor zehntausend Jahren begann. Girshman, Hartzfeld und andere Archäologen sind sogar davon überzeugt, dass das Feuer zuerst von den Iranern entdeckt und kultiviert wurde – dasselbe Feuer, dessen Heiligkeit im Zarathustra-Kult eine zentrale Bedeutung einnahm und immer in deren Schreinen brannte. Es ist das gleiche Feuer, das in der Geschichte von Moses und dem brennenden Dornbusch erscheint. Das Konzept des Feuers ist heilig und wurde zum göttlichen Symbol im Judentum. Seitdem wurde das Feuer ein Wahrzeichen und in den verschiedensten Gemeinschaften auf der ganzen Welt verbreitet. Ein wesentlicher Ausdruck dieser Symbolik sind die Kerzen, die ihr Licht an jedem jüdischen, muslimischen und

christlichen Ort des Gebets und in den Tempeln anderer
Religionen verbreiten.

Literarische Referenzen, welche die frühen Beziehungen
zwischen Iranern und Juden bezeugen, beginnen mit
der Bibel (Daniel, Nehemia, Ezra, Ester-Rolle) und enden
mit den Schriften der griechischen und römischen
Historiker wie Herodot, Charon, Cicero, Zosimos und
vielen anderen.

Die guten Beziehungen, die zwischen Iranern
und Juden bestanden, leiteten sich unter anderem
aus dem Prinzip des Zoroastrismus ab, dem in Persien
gefolgt wurde. Nach diesem Prinzip wurde der lokale
König von den Bürgern gewählt – was zu einem großen
Teil vergleichbar ist mit der Demokratie unserer Zeit.

Nach Hegel und Hirschman waren die Vorfahren
der iranischen Nation gegenüber anderen Völkern
tolerant, und in der Tat waren sie die Vorläufer
der modernen Zivilisation und Gesellschaft. Diese
aufgeklärte und fortschrittliche Regelung wurde von
den muslimischen Arabern im Jahr 638 während der
Eroberungsexpeditionen aufgehoben, um der ganzen
Welt den Islam aufzuzwingen.

Seit dem Zeitpunkt, als der Islam die herrschende
Religion im Iran wurde, durchlief das Verhältnis
zwischen Israel und dem Iran Höhen und Tiefen. Die
zweiunddreißig Jahre der Islamischen Revolution aber
haben den Beziehungen ein Ende gesetzt und der Iran
wurde zum Hauptfeind Israels.

Die Anführer der Supermächte, Jimmy Carter, James Callahan, Helmut Schmidt und Valéry Giscard d'Estaing, machten einen großen Fehler, als sie anlässlich der Konferenz in Guadeloupe am 6.Januar 1979 beschlossen, Humaini zu erlauben, als geeigneter Ersatz für den Schah in den Iran zurückzukehren. Die Schäden, die sowohl der Iran als Staat als auch andere Staaten der Welt seit dem Aufbau der Islamischen Republik im Iran erlitten, waren immens, und es gibt keinen Zweifel daran, dass das tyrannische Regime dazu beigetragen hat. Auch heute noch ist es zu einem großen Teil verantwortlich für die Instabilität des Nahen Ostens und der ganzen Welt. Die Einzigen, die die Verzerrung beseitigen können, sind die fünfzig Millionen junger Iraner, die sich für die Zukunft von ganzem Herzen ein völlig anderes System wünschen als das, was aktuell im Iran besteht.

Der Antisemitismus, einer der destruktiven Faktoren, wurde zu einem fundamentalen Bestandteil der terroristischen Ideologie, genährt vom Regime im Iran und angewandt und bestärkt durch die Behörden. Für die Welt bedeutet dieser Antisemitismus eine deutlich größere Gefahr als die nuklearen Waffen in den Händen der iranischen Regierung. Deshalb muss dieser Antisemitismus an seiner Quelle erstickt werden, ohne auch nur den Hauch einer Idee zurückzulassen. Der Kampf muss kompromisslos geführt werden. Die Beseitigung des Antisemitismus wird eine Situation erschaffen, in der Iraner und Angehörige anderer Religionen Seite an Seite in Frieden und Harmonie leben können.

Im Rahmen des weltweiten Kampfes, den Iran zu seinen glorreichen Tagen und zu einer demokratischen und aufgeklärten Herrschaft zurückzuführen, fällt auch den nach Israel ausgewanderten Iranern eine wichtige Funktion zu. Mitglieder dieser Gemeinschaft müssen aktiv an der Partnerschaft mit den Exiliranern auf der ganzen Welt arbeiten und der „Weltorganisation für Liebe und Freundschaft" beitreten, deren Ziel es ist, Frieden zwischen den Nationen und Ländern zu schaffen. Ein solches Vorgehen wird die ersten Veränderungen in den Beziehungen zwischen Israel und dem Iran bringen.

Die Zusammenarbeit und die Vereinigung aller Kräfte, die den Wandel anstreben, werden schließlich zur Schaffung eines Netzwerks von Verbindungen führen, die sich deutlich von den heute existierenden, auf gegenseitiger Feindseligkeit und Misstrauen beruhenden, Beziehungen zwischen Israel und dem Iran unterscheiden. Dies wird auf einem der folgenden Wege realisiert werden: a. eine Veränderung des aktuellen Schia-Regimes; b. eine ideologische Kehrtwende, die die derzeitige Regierung betrifft. Als Ergebnis werden die Spitzenpolitiker über die Weisheit verfügen zu verstehen, dass sie ihre Politik und – was noch viel wichtiger ist – ihre Sicht der Welt ändern müssen, wenn sie dem iranischen Volk Wohlergehen bringen und im gleichen Maße ein funktionierendes Netzwerk von Beziehungen mit den Ländern der Welt aufbauen wollen.

Wie die Leser bald merken, ist dieses Buch in Teile aufgeteilt, die in chronologischer Reihenfolge angeordnet sind. Dennoch entschied ich mich, nicht nur aus rein literarischen Erwägungen, mein Buch mit dem Kapitel **„Wisse, woher du stammst"** abzuschließen, das offenbar nicht in die chronologische Abfolge hineinpasst, aber ich bin sicher, dass die Leser verstehen werden, warum ich dies tat.

Teil 1

Von der Kindheit bis zur Verbannung

Erste Schritte

„AAAA", murmelte ich. Langsam bewegte sich meine Hand mit dem Bleistift über die Seite und versuchte, die Form des Buchstaben „A" zu zeichnen.

„Schön, Jamshid, sehr schön", sagte mein Vater und seine ernste Miene glättete sich. „Aber versuche, es noch etwas besser zu machen. Du kannst den Buchstaben viel schöner schreiben."

„Aber Papa, ich bin erst vier Jahre alt."

„Jamshid, wenn du mehr übst, ist nichts zu schwer. Wenn du erfolgreich sein willst, wenn du erwachsen bist, dann musst du üben, solange du noch jung bist. Bitte versuche es noch einmal. Bald bringt Mama die Kekse, die du so gerne magst."

Ich gab mich geschlagen und erfüllte den Wunsch meines Vaters.

Diese Kindheitserinnerung hat sich tief in mein Gedächtnis eingegraben. Erst viele Jahre später, als ich Anerkennung und Erfolg erlangte, begriff ich, dass dieser eine Augenblick ein wesentlicher Moment meines Lebens gewesen war. Training, Beharrlichkeit, Ausdauer und Disziplin bildeten die Basis der Erziehung meiner Eltern und sollten mir für all die kommenden Jahre meines Lebens eine große Hilfe bleiben.

Mehr als fünfzig Jahre waren vergangen, seit ich begonnen hatte, zu üben, die Buchstaben des Alphabets zu schreiben:

Der Ort: Jerusalem. Das Jahr: 2001. Der Anlass: Eine Prüfung in der Israelischen Rechtsanwaltskammer, um die Anwaltszulassung zu erhalten. Ich stellte mich nun zum 15. Mal für diese Prüfung vor. „Sie schon wieder." Der Sekretär, der mich anlächelte, kannte mich bereits gut. „Haben Sie immer noch nicht aufgegeben?" Ich ärgerte mich über diesen Kommentar und wollte eine bissige Antwort geben, aber ich bemühte mich um Zurückhaltung und erwiderte geduldig: „Definitiv nicht! Ich werde wieder und wieder herkommen, bis ich es schaffe." Als ich das Gebäude verließ, formte sich vor meinen Augen jenes Bild, wie ich als kleiner Junge dasitze und mich anstrenge, Buchstaben zu schreiben, angespornt von meinem Vater.

Shahrood, die Stadt meiner Kindheit. Sie liegt in den Bergen und war damals bekannt für ihre Schönheit. Im Winter fiel reichlich Schnee, der mir als Kind viele aufregende Vergnügungen bescherte.

6.30 Uhr morgens, ein regnerischer und kalter Wintertag, ich lag fest eingepackt unter der Decke. „Jamshid, guten Morgen!", erklang die Stimme meiner geliebten Mutter. „Du musst aufstehen und dich für die Schule fertigmachen."

„Aber Mami", protestierte ich, „es ist so früh und so kalt."

„Jamshid!", erwiderte meine Mutter und der Ton ihrer Stimme klang bestimmt, wie jemand, der keine Diskussion duldet. „Du hast gerade erst angefangen zu lernen. Solches Verhalten wird dir keinen Erfolg einbringen. Steh auf und widersprich nicht, ich habe noch genug andere Dinge, um die ich mich kümmern muss, und außerdem muss ich noch deine restlichen Brüder versorgen."

„Ja, in Ordnung, okay", antwortete ich und begann, die Decke von mir zu schieben.

Nach dem Frühstück und einer Tasse Tee war ich bereit zu gehen.

„Jamshid! Hast du auch nichts vergessen?", fragte meine Mutter.

„Nein", antwortete ich. „Ich habe alles, was ich brauche, in meiner Tasche."

„Ich wünsche dir einen gesegneten Tag und viel Spaß in der Schule!", sagte meine Mutter und küsste mich.

Ich verließ das Haus und achtete auf dem verschneiten, glatten Weg auf meine Schritte. Ich ging langsam durch die engen Alleen und traf bald ein paar andere Schüler aus meiner Schule. Der Pfad war lang und gewunden, aber nach etwa einer Stunde erreichten wir die Schule.

Meine Lehrerin, eine junge Frau mit einem ungezwungenen Naturell, zeigte mir gegenüber große

Zuneigung. Sie war von meinen Leistungen und meinem Eifer beeindruckt. Am Unterrichtsende dieses Tages rief sie mich zu sich und erklärte vor der gesamten Klasse: „Jamshid, als exzellenter Schüler verdienst du einen Preis für deine Erfolge." Sie nahm aus der Schublade ihres Schreibtisches einen farbigen Füller, der von den Kindern als etwas wirklich Wertvolles angesehen wurde, und überreichte ihn mir mit einem warmen Lächeln.

Ich bedankte mich bei ihr und nahm den Füller, erfüllt von Freude und Zufriedenheit. Aber meine Freude währte nicht lange, denn als ich zuhause ankam, ging ich zu meiner Mutter und erzählte ihr stolz von dem Preis, den ich als Belohnung für meinen Fleiß erhalten hatte.

Das Gesicht meiner Mutter verzog sich zu einer argwöhnische forschenden Miene. Ich verstand nicht, warum sie mir nicht glaubte, aber bevor ich noch mehr sagen konnte, unterbrach sie mich mit einer Frage: „Bist du dir sicher, dass du diesen Füller als Preis bekommen hast?"

„Sicher, Mami", erwiderte ich und fühlte, wie ich gleich in Tränen ausbrechen würde.

„Ich hoffe wirklich, dass es so ist", erwiederte meine Mutter, „morgen werde ich deine Lehrerin fragen."

„Du kannst sie gerne fragen", antwortete ich meiner Mutter und fühlte mich verwirrt und in meiner Seele tief verletzt.

Als ich am nächsten Tag von der Schule zurückkehrte, eilte meine Mutter herbei. Ich spürte, dass sie sich nicht wirklich wohlfühlte. „Jamshid", sagte sie zögerlich zu mir, „es tut mir leid." Sie sah mich an und fügte hinzu: „Du weißt, wie stolz ich auf dich bin und wie wichtig der Unterricht ist. Ich hatte Angst, dass du den Füller vielleicht gestohlen hast. Du weißt, dass das Lernen dir eine gute Zukunft sichern wird."

„Ja, Mami, ich weiß", antwortete ich. „Ich bemühe mich."

„Ich weiß das, mein Sohn", sagte sie. „Und ich bitte dich darum, mich zu verstehen."

Ich verstand, dass dies der Weg meiner Mutter war, sich bei mir zu entschuldigen, und ich verstand sogar noch besser, wie wichtig meine schulischen Leistungen für sie waren.

„Jamshid", sagte meine Mutter jetzt lachend, „ich werde deinem Papa von dem Preis, den du gewonnen hast, erzählen. Er wird sicher sehr stolz sein."

„Danke, Mami", antwortete ich und spürte, wie meine Brust vor Stolz anschwoll. Ich wusste, wie glücklich solche Neuigkeiten meinen Vater machten.

Oh ja, Lektionen, Lektionen und noch mehr Lektionen, um der Allerbeste zu sein. Das waren die Vorstellungen, die in unserem Zuhause vorherrschten. Meine Eltern taten alles, was möglich war, um mir und all meinen

Brüdern eine gute Ausbildung zu verschaffen.

Ich konnte den Wunsch meiner Eltern, all ihren Kindern eine gute Ausbildung zu geben, gut verstehen, nachdem mein Vater mir von sich selbst erzählt hatte. Er war in einem Stamm aufgewachsen, der vom Schafe Hüten und dem Anbau von Feldfrüchten lebte. Schon in jungen Jahren, ja schon als kleiner Junge, begann er zu arbeiten, ohne je die Chance zu bekommen, Wissen zu erwerben, obwohl er stets unbeirrt an seiner Entscheidung festhielt, es zu erlangen. Als er sich mit der Bitte, lernen zu dürfen, an seinen Vater wandte, erhielt er eine abschlägige Antwort und bekam die hohnerfüllte Haltung seines Vaters zu spüren. Als er erkannte, dass der Stamm ihm keine Ausbildung zugestehen würde, verließ er sein Zuhause und reiste in die Hauptstadt Teheran. Er begann, einfache Jobs anzunehmen und sparte im Laufe der Zeit ein wenig Geld; auch fing er an, lesen und schreiben zu lernen. Doch Lesen und Schreiben allein stellten ihn nicht zufrieden. Er war klug genug, um zu verstehen, dass Wissen Macht bedeutet und es ihm Vorteile verschaffen konnte. Daher fuhr er fort, unermüdlich zu lernen. Nach mehreren Jahren schließlich erlangte er eine Anstellung als Mechaniker bei der iranischen Bahngesellschaft.

Meine geliebte Mutter war – im Gegensatz zu meinem Vater– ein Stadtmädchen, was ihr allerdings auch half, ihren Traum vom Studium zu erfüllen. Wegen äußerer Umstände und einer Menge unterschiedlicher Belastungen war meine Mutter gezwungen, ihren inneren Antrieb zu unterdrücken und mit der Aussicht vorlieb zu nehmen, dass ihr Nachwuchs ihren Traum realisieren würde. Erst spät, in relativ reifem Alter, gelang es ihr, überhaupt eine Ausbildung zu erhalten. Ich zweifle nicht daran, dass sie beeindruckende Erfolge erlangt hätte, wenn sie – wie alle ihre Kinder – die Möglichkeit bekommen hätte, zu studieren. Meine Mutter war fleißig, arbeitsam und verfolgte zielstrebig ihre Absichten. Sie verstand sehr gut, wie großartig und wichtig es war, Wissen zu besitzen und welchen zusätzlichen Wert es denen lieferte, die darüber verfügten.

Rückblickend verstand ich den immensen Wert der disziplinierenden Erziehung meiner Kindheit. Ich verdankte meinen Eltern meinen Erfolg, dass sie mir die Leidenschaft für das Lernen eingepflanzt hatten, die Bereitschaft, zu investieren und den Widerwillen, aufzugeben.

GROßMUTTER – EINE ZENTRALE FIGUR MEINER KINDHEIT

„Jamshid, mein Lieber, erinnere dich gut daran, dass du diese wichtige Funktion übernehmen musst", sagte meine Großmutter mit großem Ernst im Ton ihrer Stimme.

„Ja, Oma, mach dir keine Sorgen, ich bin sicher, dass ich sie angemessen erfüllen kann", antwortete ich und unterstrich meine Worte mit einem Nicken.

Großmutter senkte den Kopf als Zeichen ihrer Zustimmung, lächelte und sagte: „Ich bin sehr stolz auf dich."

Die Pflicht, über die meine Großmutter mit mir sprach, wird Sagha genannt, eine Pflicht, die ich im Alter von 11 Jahren übernommen und etwa bis zum 16. Lebensjahr erfüllt habe. Die Aufgabe bestand darin, den Menschen ein Glas Wasser zu reichen, die sich selbst peinigten, um sich mit den Qualen des Eli und seines Sohnes Hussein, den Gründern der schiitischen Sekte, zu identifizieren. Es gab verschiedene Grade der Qual und jene, die den höchsten Grad wählten – einem Schlag auf den Kopf mit einem Schwert standzuhalten (hier muss allerdings angemerkt werden, dass zum Schutz vorher ein Holzbrett auf ihre Köpfe gelegt wurde) – wurden „Ghameh zan" genannt.

In Anbetracht der religiösen Erziehung, die ich meiner geliebten Großmutter verdankte, strebte ich danach, ein „Ghameh zan" zu sein, aber unterdessen war ich gezwungen, mich mit der nebensächlichen Rolle eines „Sagha" zufriedenzugeben, und ich führte sie mit Ergebenheit und Hingabe aus.

Ich war der Erstgeborene der Familie und daher das erste Enkelkind meiner Großmutter – was für sie eine bedeutende Angelegenheit war. Sie zog mich offen dem gesamten Rest ihrer Enkel vor und in ihrer Fantasie sah sie mich auf dem Weg, ein beliebter und bekannter schiitischer Priester zu werden.

Großmutter war eine wunderschöne Frau mit einem starken Charakter. Sie kam gewöhnlich mehrmals im Jahr zu uns. Während der Tage, die sie in unserem Hause verbrachte, widmete sie mir sehr viel Zeit, um meine Studien der Geheimnisse des schiitischen Islam voranzutreiben.

Gewöhnlich saßen wir stundenlang zusammen, um den Koran zu studieren. Ich las die Sätze vor und erhielt von Zeit zu Zeit Erläuterungen von ihr. Weil ich großen Respekt vor ihr hatte, verhielt ich mich duldsam und erfüllte all ihre Wünsche. Das konstante Lesen des Korans sollte die Verse in den Verstand des Lesers eingravieren. Die Schia sagten ihre Gebete auswendig auf und lasen sie nicht aus einem Buch vor. Folglich studierte ich fleißig den Koran. Während der Gebetsstunde stand meine Großmutter hinter mir und lauschte den Gebetsworten. Wenn sie meinte, dass ich mich irre, äußerte sie es mir gegenüber und korrigierte mich. Sie war im Koran sehr bewandert und gewohnt alle religiösen Vorschriften kompromisslos einzuhalten. Wenn sie Gast in unserem Hause war, fuhr sie aus Gewohnheit fort die religiösen Regeln pedantisch zu befolgen und obwohl sie ihre Missbilligung deutlich zeigte, versuchte sie niemals, meine Eltern in religiösen Angelegenheiten zu beeinflussen. Ich erinnere mich an die vielen Male, als mein Vater gebratenes Fleisch zubereitete und anschließend in Joghurt dippte. Meine Großmutter erklärte mir, ich solle das nicht tun, wenn ich erwachsen sei. Sie behauptete, dass die Religion es verbiete, Fleisch in Milch zu tunken. Später erkannte ich, dass dieses „Tabu" meiner Großmutter tatsächlich aus dem Judentum stammte, nicht aus dem Islam.

Als ich etwa 14 Jahre alt war, wurde meine Großmutter krank. Die Krankheit fesselte sie ans Bett und sie konnte uns nicht mehr besuchen, wie sie es sonst getan hatte. Ihre Abwesenheit traf mich tief, und auch wenn meine Begeisterung für Religion um diese Zeit abnahm, sehnte ich mich danach, sie zu sehen und von ihr die Wärme, die Liebe und all die Gaben zu erhalten, die sie mir so großzügig bot. Zu meinem großen Bedauern erlag meine Großmutter ihrer Krankheit und ich blieb zurück mit dem Gefühl des Verlustes einer geliebten und wichtigen Person meines Lebens.

WENDEPUNKT UND ERNÜCHTERUNG

Wie beschrieben respektierte ich meine Großmutter und liebte sie sehr. Ich versuchte mit aller Macht, ihren Erwartungen gerecht zu werden, doch als ich älter wurde, begann ich an allem, was mit dem Thema Religion verbunden war, zu zweifeln. Ich konnte nicht verstehen, warum ich auf Freuden verzichten musste, warum ich leiden musste, kurz – warum ich Ritualen folgen sollte, deren Grundlage Gewalt war. Ich betete immer noch fünf Mal am Tag, aber die Zweifel in meinem Herzen begannen, wie Unkraut Wurzeln zu schlagen und stärker zu werden.

Unter anderem konnte ich nicht verstehen, warum die Sprache alltäglicher Unterhaltungen Persisch war, während die Gebete auf Arabisch gesprochen wurden. Als ich meinen Vater um eine Erklärung bat, fertigte er mich mit einer ausweichenden Antwort ab und es war klar, dass er nicht darüber reden wollte.

So quälte ich mich weiterhin mit diesen Fragen herum, und als meine Familie wegen der Arbeitseinschränkungen meines Vaters in die Region Chuzestan zog, ließ die Situation dort meine Zweifel noch drängender erscheinen. Es stellte sich heraus, dass die Mehrheit der Einwohner dieser Region Araber waren. Auf diese Weise wurde eine Situation geschaffen, in der Arabisch die Sprache der Straße war und fast genauso oft genutzt wurde wie Persisch.

Eines Tages fragte ich meinen Vater: „Sind diese Leute Perser oder Araber?"

Mein Vater erwiderte: „Sie sind moslimische Araber und persische Bürger."

„Aber was machen sie hier? Warum kamen sie nach Persien?", bohrte ich weiter.

Mein Vater senkte seinen Kopf einen Moment und ich verstand, dass meine Frage ihm nicht behagte. Nach einigen Augenblicken des Nachdenkens sagte er: „Du wirst die iranische Geschichte studieren müssen, um es zu verstehen."

„Geschichte!", murmelte ich. „In diesem Fall ist Geschichte wohl der Schlüssel."

Da ich Geschichte liebte, begann ich, nach verschiedenen Informationsquellen zu suchen, aus dem Verlangen zu verstehen, was passiert war und warum.

Mit Eifer und Interesse las ich die Geschichte des Iran und je tiefer ich eintauchte, desto erstaunter war ich über die Informationen, die ich fand: Iran, als Reich oder Macht, basierte in hohem Maße auf einer demokratischen Regierung, mit Ritualfreiheit und Toleranz gegenüber jeder anderen Religion, welcher auch immer. Obschon es Ausnahmefälle und dunkle Zeiten (siehe den Fall des Buches Esther) gab, blieben diese Werte bis zur arabischen Eroberung erhalten – während aller Wandlungen des Persischen Reiches, sowohl während seiner Glanzzeiten wie auch während seiner Tiefpunkte. Ich las mit großem Interesse Material, das vom Zarathustrakult handelte, und eine neue, aufwühlende und fesselnde Welt tat sich vor mir auf.

Das intensive Studium der Bücher verursachte bei mir eine allmähliche Ernüchterung. Ich begann zu verstehen, dass eine Religion, in diesem Fall die schiitische, die auf Gewalt, Härte und Intoleranz basierte, im Gegensatz zum wahren iranischen Geist stand. Die Verbitterung in mir stieg nach und nach, bis ich verinnerlicht hatte, dass der Iran seit der arabischen Eroberung des Jahres 638 n. Chr. in ein schwarzes Loch gezogen worden war. Als ich meine Lehrer ansprach und sie fragte, wie ein solch prunkvolles Erbe auf einen Schlag ausgelöscht werden konnte, bekam ich ausweichende Antworten und die Höhe war, als einer der Lehrer bemerkte: „So ist der Weg der Geschichte und offenbar mussten diese Dinge passieren."

Ich muss zugeben, dass diese Worte ungeheuerlich für mich klangen und bei mir zu viel Frustration führten. Ich verstand, dass die Gesellschaft mir keine passende und zufriedenstellende Antwort geben würde und nur ich allein nach meiner eigenen Wahrheit suchen konnte.

Ein guter Freund, der meine Zukunft beeinflussen sollte, war mein Klassenkamerad in der Bachurmashad-Oberschule. Sein Spitzname war „Hasani der Zweite".

Und warum „Hasani der Zweite"? Weil ich „Hasani der Erste" war. Zufällig, oder vielleicht auch nicht, waren unsere Familiennamen identisch, aber ich war privilegiert, „Hasani der Erste" genannt zu werden, weil ich der Klassenbeste war, während er mit seinen Leistungen nur an zweiter Stelle stand. Also verdiente er den Namen „Hasani der Zweite".

Das Problem „Hasani des Zweiten" war, dass er aus kommunistischem Hause stammte. Zu dieser Zeit gab es nur wenige Kommunisten im Iran, aber sie waren bekannt für ihre Loyalität gegenüber der kommunistischen Ideologie, für ihre Intelligenz und für die Ausbildung, die sie erworben hatten.

Mein guter Freund vertrat eine solide Ideologie, dennoch war er stolz auf seinen persischen Patriotismus, neben seinem Dasein als orthodoxer Kommunist.

Wir hatten die Angewohnheit, außerhalb des Schulgebäudes zu sitzen und die Probleme der Welt zu diskutieren, wie es neugierige Heranwachsende tun, die nach Wissen verlangen, oder wie solche, die sicher sind, dass ihnen die Welt gehört.

„Schiiten? Sunniten? Das sind schlechte Witze", sagte „Hasani der Zweite" während eines unserer Gespräche und brach in Gelächter aus. „Betest du immer noch?", fragte er mich und zwinkerte mir verschmitzt zu. „Damit Dinge wirklich den Verstand erreichen, muss man vielleicht erst mit einem Schwert geschlagen werden. Klingt nach einer guten Idee", fuhr er mit seiner

Stichelei fort.

Ich konnte mich der Denkweise „Hasani des Zweiten" nicht entziehen. „Es wäre interessant zuzusehen, was passieren würde, wenn ein Schwertstreich Breschnews (der sowjetische Anführer in jener Zeit) Kopf getroffen hätte", sagte ich mit Genugtuung.

Das Lächeln auf dem Gesicht „Hasani des Zweiten" verschwand, als ob es nie dagewesen wäre. „Hey, warte einen Moment", sagte er, „du musst nicht gleich übertreiben."

„Wer übertreibt?", erwiderte ich. „Das ist alles Unsinn. Warum muss ich an Mohammed glauben? Warum musst du an Breschnew glauben? Es ist viel besser, an uns selbst zu glauben."

„Hasani der Zweite" starrte mich einen Augenblick lang an, begann dann zu lachen und sagte: „Weißt du was? Manchmal bist du echt verrückt, aber in deinen Worten steckt ein gewisser Grad an Logik."

„Ich weiß nicht, ob es irgendeine Logik in meinen Worten gibt", antwortete ich, „aber eines ist sicher – ich vertraue mir selbst mehr als jemandem, der tot ist, oder jemandem, den ich nicht kenne. Mohammed ist nicht Gott und genauso wenig ist es Breschnew."

„Hasani der Zweite" lachte und sagte: „Gut, okay, ich verstehe, auf was du hinaus willst. Komm, lass uns über interessantere Themen sprechen."

„Sehr gut", antwortete ich. „Vielleicht kannst du mir erklären, warum diese Nation so umnebelt ist. Ich kann nicht ganz verstehen, warum unsere Vorfahren sich nicht gegen die islamische Eroberung gewehrt haben."

„Hasani der Zweite" nickte zustimmend und sagte: „Das Problem ist, dass ihnen die Religion und ein Teil der islamischen Kultur aufgezwungen wurden. Das geschah nicht freiwillig."

„Kultur?" Ich sprang auf und brüllte: „Welche Kultur? Sich selbst zu demütigen, Bestrafung durch Zerstückelung, Blutvergießen? Wie nennen sie es: ‚Mohammeds Religion durch das Schwert'. Ist das wirklich Toleranz? Ist das eine würdige Kultur?"

„Hasani der Zweite" grinste breit, klopfte mir auf die Schulter und sagte: „Gratulation, Jamshid, ich liebe die Art, wie du sagtest ‚sie nennen es'. Ja, du liegst absolut richtig, ‚sie' sind nicht ‚wir'. Die Mehrheit hat mit der Zeit einfach aufgegeben. Sie haben sich ihrem Schicksal ergeben und das Gesetz akzeptiert. Sie dachten nicht an Widerstand und Rebellion und distanzierten sich so selbst von ihren Wurzeln."

Jetzt war ich an der Reihe zu lächeln. „‚Wurzeln' ist ein interessantes Wort aus deinem Mund, mein Freund", sagte ich. „Moment mal, war Darius ein Kommunist oder liege ich falsch?"

Als er hörte, was ich sagte, wurde „Hasani der Zweite" ernst. „Genug, Jamshid. Richtig, ich bin Kommunist, aber ich bin gleichzeitig ein stolzer Iraner, der seine Nationalität nicht leugnet. Ich glaube, dass der Weg des Kommunismus vom sozioökonomischen Standpunkt aus der richtige Weg ist, aber es gibt noch mehr Aspekte der Gesellschaft. Wir Iraner haben eine großartige Kultur und die üblen islamischen Fanatiker versuchen aus offensichtlichen Gründen sie zu unterdrücken und gänzlich zu eliminieren. In der Tat sind Transparenz, Aufklärung und Toleranz dem Islam fremd."

„Gut, okay", lenkte ich ein. „Die Wahrheit ist, dass du richtig liegst. Es gibt mehr Gemeinsames als Trennendes zwischen uns. Das Problem ist, dass wir in der Minderheit sind und der Karren im Dreck festhängt."

Es war ersichtlich, dass meine Worte einen sensiblen Punkt bei ihm getroffen hatten. „Hasani der Zweite" sagte: „Vergiss nicht, dass alle großen Revolutionen immer von der Elite initiiert wurden, und nicht vom einfachen Volk. Das ist das Gesetz der Geschichte. Auch in Sowjet-Russland brach die Revolution dank einer kleinen Gruppe Intellektueller aus, die die elende Realität sahen und danach strebten, sie zu ändern. Wenn du und jeder, der dieselbe Meinung über uns hat, sich vereinen und eine Gruppe bilden würden, würden wir eine Elite werden und eines Tages wären wir fähig, die Revolution ins Rollen zu bringen."

Was „Hasani der Zweite" gesagt hatte, ließ mich tief in Gedanken versinken. Ich verstand trotz meiner Jugend, dass er anscheinend recht hatte. Die Geschichte war kristallklar. Eine Nation sucht Anführer, wer auch immer sie sein mögen, eine Nation bringt Dinge nicht selbst in Gang.

„In diesem Fall", sagte ich, „gibt es Hoffnung, auch wenn der Weg lang ist."

„Hasani der Zweite" sagte enthusiastisch: „Ja, es muss Hoffnung geben. Man darf nicht aufgeben. Ich glaube daran, dass die guten Tage noch vor uns liegen."

Wer hätte sich zu jener Zeit, in den Tagen unserer Jugend, vorstellen können, wo der Iran eines Tages landen würde?! Selbst in meinen wildesten Träumen als Jugendlicher habe ich nicht daran geglaubt, dass der Iran so tief im islamischen Sumpf versinken würde. In diesen Tagen waren wir voller Energie, Hoffnung, Träume und Gottvertrauen. Wir glaubten, dass es möglich wäre, die Situation zu ändern. Wir gingen davon aus, dass es ausreichte, die bestehende Schah-Regierung zu verbessern. Im schlimmsten Falle würden wir auf der Stelle treten. Wir konnten uns nicht vorstellen, dass wir in eine Situation kommen würden, in der der Iran sich zu den dunklen Zeiten zurückentwickelte. Aber damals, wie ich bereits dargelegt habe, wusste niemand, was die Zukunft bringen würde.

Die Unterrichtsstunden waren meine oberste Priorität. Meine Fähigkeiten, kombiniert mit meinem

Fleiß, brachten mir bald den Titel „Wunderkind"
ein. Meine schulischen Leistungen verschafften mir
großen Respekt bei Lehrern und Schülern. Zudem
war ich ein herausragender Sportler. Ich fand Zeit,
mich mit verschiedenen Sportarten zu beschäftigen,
angefangen beim Kampfsport bis hin zur Leichtathletik.
Im Kampfsport gewann ich auf schulischer und sogar
regionaler Ebene einige Titel. Als ich 17 Jahre alt war,
wurde als Höhepunkt meiner sportlichen Karriere ein
Artikel über mich veröffentlicht, dessen Überschrift
lautete: „Ein Selfmade-Champion".

Von meinem Sportlehrer erhielt ich besondere
Unterstützung. Er bewunderte meinen Fleiß und meine
Fähigkeiten sehr und legte Wert darauf, mich oft zu
loben und zu ermutigen. Sein Verhalten trug dazu bei,
dass ich mich erwünscht und willkommen fühlte. So ist
dieser Mann einer der in mein Gedächtnis eingravierten
Charaktere, einer derjenigen, die mein Leben zum Guten
beeinflusst und mich in meinem Bestreben bestärkt
haben, mich als Bester aus der Masse hervorzuheben.

Später wurde mir klar, dass meine großen
körperlichen Fähigkeiten, als Ergebnis des
regelmäßigen Sporttrainings, mir sehr zugutekamen
und dazu beitrugen, sowohl bei der Polizei als auch
in der Militärakademie akzeptiert zu werden. Nur
wenige Bewerber konnten mit meinen sportlichen
Eigenschaften mithalten, ganz abgesehen vom Diplom,
das ich als Sportchampion von der Universität erhalten
hatte.

Onkel Mousa ist stets an meiner Seite
Jedes Mal, wenn ich diesen Namen ausspreche, erzittere ich vor Respekt und Sehnsucht. Nur wenige Menschen haben mein Leben so sehr beeinflusst wie mein Onkel Mousa. Bis zum heutigen Tage muss ich lächeln und verspüre ein Gefühl der Sehnsucht, wenn ich mir sein Bild ins Gedächtnis rufe. Mousa war ein großer Mann mit einem ebenso großen Herzen. Er war der Bruder meiner Mutter, ein gutgebauter Mann, mit Schnurrbart, einem tiefgründigen, prüfenden Blick, ein Mann, der es nicht eilig hatte, andere in seine Nähe zu lassen. Zwischen uns jedoch bestand bereits, als ich noch ein junger Bursche war, selbst über weite Entfernungen eine starke Verbindung.

Mousa war das schwarze Schaf der Familie, und das nicht ohne Grund. Er war ein herausragender Nonkonformist, rebellisch, streitsüchtig, eigensinnig, doch damit nicht genug: Er war ein treuer und engagierter Kommunist. In dieser Hinsicht war Mousa das absolute Gegenteil meiner geliebten Großmutter. Während sie ihr ganzes Dasein der Religion widmete, hatte Mousa sich aus ganzer Seele dem Kommunismus verschrieben. Von Natur aus eine sehr eigensinnige Person, war es unmöglich, ihn von seinem Glauben abzubringen, aber in gleichem Maße konnte Mousa Fehler eingestehen, wenn er sicher war, dass er sich geirrt hatte. Er war gutherzig und sehr aufgeschlossen. In seiner Vergangenheit war er ein exzellenter Sportler gewesen, hatte allerdings auch unter anderem als Türsteher bei der iranischen Bahngesellschaft gearbeitet.

Bereits in jungen Jahren bedachte mich Mousa mit viel Anerkennung. Ständig ermutigte, unterstützte, beriet und leitete er mich. Möglicherweise sah er in mir das Bild des Sohnes, den er nie hatte. Er setzte große Hoffnungen in mich, sowohl im sportlichen als auch im sozialen Bereich. „Du wirst es weit bringen", sagte er recht oft. „Du bist aus dem rechten Holz geschnitzt."

Ich versuchte, seine Begeisterung in Bezug auf mich zu dämpfen, aber er blieb unnachgiebig. „Erinnere dich daran, was Mousa sagt", wiederholte er stur. „Ich weiß, wie man Menschen erkennt, die aus dem richtigen Holz geschnitzt sind. Du bist zum Siegen geboren."

Der Zeitungsartikel, den ich mir verdient hatte, ließ Onkel Mousa beinahe den Verstand verlieren. Als ich ihm von dem Artikel erzählte, war seine Freude grenzenlos. „Siehst du", rief er und seine Augen glänzten, "siehst du jetzt, dass ich recht hatte? Bist du nun ein Sieger oder nicht? Los, sag es", zog er mich auf, während seine ungestüme Umarmung mir fast den Atem nahm.

„Gut, okay, du hast recht." Mit Mühe gelang es mir, eine Antwort hervorzupressen, so stark war der Druck, den meine Rippen aushalten mussten.

„Ich kann es nicht glauben", jubelte er. „Endlich gibst du zu, dass ich recht hatte." Er musterte mich mit seinem durchdringenden Blick. „Du wirst ein Sieger sein in jedem Bereich, in dem du es dir wünschst. Du bist talentiert, du bist fleißig und du bist dickköpfig. Du hast alle Qualifikationen und Fähigkeiten, um jemand

Großes zu werden."

Ich musste reagieren. „Gut, die Zeit wird es zeigen. Ich hoffe auf das Beste."

„Das ist klar", schloss Mousa das Gespräch und erhob sein Glas. „Dieses Ereignis müssen wir angemessen feiern."

„Onkel Mousa", seufzte ich, „du weißt, wie meine Eltern darüber denken."

„Deine Eltern sind nicht hier und du bist bereits ein Mann", sagte Mousa. „Keine Angst, ich werde nichts verraten. Ein kleiner Tropfen steigert nur die Freude - etwas Symbolisches."

Ich erinnerte mich daran, was meine Mutter gesagt hatte: „Alkohol ist ein Gift. Sieh nur, wie viel Schaden er anrichtet. Man muss sich ihm verweigern."

Irgendwann bahnten sich Mousas Worte ihren Weg zu meinem Herzen. „Okay." Ich nickte und hob meine Hände zu einer Geste der Nachgiebigkeit. „Einen Schluck kann ich mir genehmigen."

„Einen Schluck?", gluckste Mousa, sah mich warmherzig an und setzte hinzu: „Wir müssen das Ereignis angemessen feiern. Wein erfüllt das Herz eines Mannes mit Freude." Er förderte eine Flasche mit seltsamen Buchstaben auf den Etiketten zutage.

„Was ist das?", fragte ich voller Neugier.

„Das ist das feinste Getränk, das es gibt", sagte Mousa mit einem Lächeln. „Der allerfeinste Wodka aus Mütterchen Russland."

Ich brach in Gelächter aus. „Du kannst dich nicht aus deiner politischen Ecke befreien."

Mousa lächelte und erwiderte: „Was hat Politik damit zu tun? Wir sprechen hier über alkoholische Getränke. Was können wir tun, wenn nur die Russen wissen, wie man den feinsten Wodka von solcher Qualität herstellt?"

Flüchtig ging mir der Gedanke durch den Kopf, Mousa nach Whisky zu fragen, aber ich verschob die Frage lieber. Whisky ist amerikanisch oder europäisch, ein rein kapitalistisches Produkt. Ich wollte meinem geliebten Onkel nicht die gute Laune verderben.

„Prost!" Mousas Ausruf brach meine Gedankengänge ab. Er reichte mir ein Glas Wodka. Wir stießen an und nahmen einen Schluck. Genauer gesagt, Mousa ließ den gesamten Inhalt seines Glases in einem Rutsch die Kehle hinabrinnen, während ich ein wenig nippte und mich fühlte, als würde mein Hals verbrennen.

„Was ist? Fühlst du dich nicht gut?", fragte Mousa.

„Er ist stark", antwortete ich und schämte mich.

„Alles eine Sache der Gewöhnung", erwiderte Mousa bestimmt. „Wenn du dich daran gewöhnt hast, wirst du eine Menge davon trinken und es auch genießen."

FUNKEN DER REBELLION:
SCHULABSCHLUSS UND ARMEEDIENST

Wir schrieben das Jahr 1962, ich war in der elften Klasse und hielt weiterhin den Titel „herausragender Schüler". Ich hatte bereits begonnen, über die Zukunft zu grübeln, die mich nach dem Ende der Oberschule erwartete. Allerdings bliesen in diesen Tagen düstere Winde im Nahen Osten, die viele Länder beeinflussten, einschließlich des Iran. Der Brennpunkt, der das Feuer entzündete, war der Konflikt zwischen Ägypten und Israel. Der ägyptische Führer dieser Amtsperiode, Oberst Gamal Abdel Nasser, nährte seine Träume mit imperialistischen Plänen und hoffte auf Ägyptens Ausdehnung bis in den Nahen Osten. Unter anderem strebte Oberst Nasser danach, die iranische Region Chuzestan zu erobern, deren Einwohner größtenteils moslimische Araber waren. Auch wenn er nicht daran interessiert war, alle arabischen Länder zu regieren, war er besonders darauf bedacht, die Gebiete am Persischen Golf in seinen Griff zu bekommen.

Oberst Nasser säte anti-westliche und anti-israelische Propaganda in der gesamten Region. Viele Leute lehnten das iranische Regime ab und unterstützten Nasser, der behauptete, dass er 24 Stunden nach Beginn des Krieges alle Juden ins Mittelmeer werfen würde. Solche Propaganda beeinflusste auch die Menschen in Chuzestan.

Eines Tages kam ich auf meinem in Russland

gefertigten Fahrrad daher, gekleidet in ein blaues Hemd und eine graue Hose. Ich sollte zunächst hervorheben, dass mir zu dieser Zeit mein Ansehen als Sportler Respekt und Achtung der anderen Schüler einbrachte. Plötzlich bemerkte ich eine schreiende Gruppe von Schülern, die folgenden Satz skandierten: „Wir nehmen eine Säge und schneiden Moshe Dayan den Kopf ab – das wird seine Beschneidung sein!"

Zu dieser Zeit hatte ich keine Ahnung, wer Moshe Dayan war, denn ich interessierte mich nicht für Politik, aber Nassers Absicht, die Region Chuzestan zu erobern, erweckten in mir negative Gefühle ihm gegenüber. Ich glaubte, dass der Iran und alle seine Regionen unabhängig bleiben müssten und dass die arabische Bevölkerung in Chuzestan ein fremdartiges Kraut sei, das sich nicht in den Iran integrieren wollte: Und wenn das so war, musste es gänzlich entfernt werden.

Die demonstrierenden Schüler, die mich auf meinem Fahrrad bemerkten, luden mich ein, mich ihnen anzuschließen, doch ich lehnte ab. Aus meiner Sicht war jeder Feind Nassers ein Freund von mir, und in diesem Fall war der „Freund" Moshe Dayan. Ich war verärgert und rief ihnen zu, dass sie falsch lägen. Meine Reaktion löste einen Kampf zwischen uns aus.

Während dieses Kampfes wurde ich schwer verletzt und eine Menge Blut sickerte aus meinen Wunden. Jedoch war auch ich nicht frei von Schuld, wie ich zugeben muss, denn nicht wenige meiner Angreifer wurden ernsthaft verwundet. Der Schuldirektor rief die Polizei und wir wurden mit der erforderlichen Würde in Gewahrsam genommen.

Ich hatte mir zu der Zeit nicht vorstellen können, dass ich einmal genau wissen würde, wer Moshe Dayan war, und das Glück hätte, in Israel zu leben, aber ich möchte der Geschichte nicht vorweggreifen.

Nach dem Kampf lud der Schuldirektor meinen Vater zu einem Gespräch ein und erklärte ihm, dass meine Familie in Gefahr sei. Die Winde in der Stadt, in der die Araber die Mehrheit bildeten, waren stürmisch, und die Chance war groß, dass man versuchen würden, mich und meine Familie wegen meiner pro-israelischen Meinung zu schikanieren.

Trotz der feindlichen Atmosphäre, die sich in der Stadt ausbreitete, war die höhere Befehlsebene pro-israelisch eingestellt. Lassen Sie uns nicht vergessen, dass nach Israels Unabhängigkeitserklärung im Jahr 1948 der Iran und die Türkei die einzigen moslimischen Länder waren, die den Staat Israel anerkannt hatten. Als die oberen Befehlshaber von der explosiven Situation erfuhren, nutzten sie ihren Einfluss, um meinen Vater in eine größere Stadt zu versetzen– Ahvas, was für ihn ein Fortschritt war.

Das unergründliche Schicksal macht aus der Not eine Tugend: Wegen einer Rauferei, die meine Familie in Gefahr brachte, erhielt mein Vater also eine unerwartete Beförderung.

Ich schloss meine Oberschulzeit in Ahvas im Jahr 1963 ab und schrieb mich beim Militär ein. Ich durchlief ein vier monatiges Training und wurde danach in eine Einheit namens „Sepah-e Danesch", die "Armee des Wissens" abkommandiert, die als Teil des Ausbildungskorps der iranischen Armee fungierte. Unsere Pflicht war es, Bauern in verschiedenen Dörfern das Lesen und Schreiben beizubringen.

Während des Trainings herrschte ein ständiger Wettkampf zwischen den Rekruten. Alle wussten genau, dass von hundert Soldaten nur die drei Besten den Rang des Unteroffiziers erreichen würden; sieben würden Hauptgefreite werden, während die restlichen 90 Soldaten Obergefreite bleiben würden. Am Ende des Trainings wurde ich als der herausragendste Soldat der einhundert klassifiziert. In jenen Tagen bekamen ausgezeichnete Soldaten einen höheren Sold und erhielten außerdem das Privileg sich auszusuchen, an welchem Ort sie eingesetzt werden wollten. Als die Einteilung begann, bei der wir erfuhren, in welche Dörfer wir geschickt wurden, geschah folgendes: Ein junger Soldat, der mit mir im gleichen Kurs war, weinte, denn er wollte in der Nähe seiner Verlobten bleiben. Aber dieser Soldat war nur als Obergefreiter eingestuft. Dementsprechend wurde er in ein Dorf geschickt, das weit entfernt von dem Ort lag, in dem seine Verlobte lebte. Ich sah seine tiefe Enttäuschung, trat an meinen Befehlshaber heran und sagte: „Ich habe das Privileg, zu gehen, wohin ich möchte. Senden Sie stattdessen diesen jungen Mann an den Ort, den er wünscht, und mich an den Ort, der für ihn bestimmt war."

Dieser Soldat war mir sehr dankbar, nie hätte er gedacht, dass jemand so etwas für ihn tun würde. Der Rest der Offiziere und meine Freunde aus dem Kurs waren erstaunt. Mir wurden drei verschiedene Dörfer angeboten, in denen ich hätte arbeiten können. Schließlich wurde ich in ein Dorf geschickt, das 500 Kilometer von meinem Elternhaus entfernt lag.

MIT DEM BLICK NACH VORN

„Mit einem Abschlusszeugnis wie dem Ihren gibt es keinen Grund, warum Sie an der Universität nicht angenommen werden sollten." Diese Worte haben sich bis zum heutigen Tag in mein Gedächtnis eingegraben. Sie stammten von einem meiner Lehrer an der Ahvas-Schule, obwohl er mich nur kurze Zeit kannte. Man muss bedenken, dass ich nach unserer Abschiebung aus Hurmashad gerade einmal ein Jahr in Ahvas zur Schule ging.

Ich wusste genau, dass ich die Erwartungen meiner Eltern erfüllt hatte Es gab nur wenige Kinder aus der Mittelstufe, die es geschafft hatten, die Schule zu beenden, und noch weniger erhielten die Berechtigung, an einer Universität zu studieren. Ich freute mich auf das Studium an der Universität. Mir war klar: Um Erfolg zu haben, musste ich studieren.

Mir war aber bewusst, dass meine Aufnahme an der Universität nicht garantiert war, auch wenn ich mir in der Schule exzellente Noten erarbeitet hatte. Die Konkurrenz unter den Bewerbern war groß. Hunderttausende Schulabgänger versuchten, sich für ein Studium einzuschreiben, aber es war nicht möglich, alle unterzubringen. Daher konnten nur Schüler mit hohem Potenzial angenommen werden, und das auch erst nach Bestehen der komplizierten und schwierigen Zugangsprüfungen.

Meine Schwester, die zwei Jahre jünger war als ich, studierte an einer medizinischen Hochschule. Aber ich war bereits zwei Jahre im Armeedienst und schaffte es nicht, an der Universität angenommen zu werden. Zum ersten Mal kostete ich den Geschmack des Versagens. Ich war deprimiert und verspürte einen Ärger, der seinen Ausdruck in meinem Verhalten fand.

Zu meinem Bedauern sah mein Vater die Dinge auf eine andere Weise. Er dachte, dass ich kein höheres Studium benötigte. „Was strebst Du noch an?", fragte er mich. „Du hast hart gearbeitet, um sehr gute Leistungen zu erreichen. Mit deinem Abschlusszeugnis kannst du eine gute Arbeit mit passender Bezahlung finden." Ich verstand seinen Standpunkt sehr gut. Viele Jahre lang musste er eine achtköpfige Familie versorgen, und wenn ich arbeiten würde, wäre ich in der Lage, ihm beim Unterhalt der Familie unter die Arme zu greifen. Aber seine Worte stießen auf taube Ohren. Meine Leidenschaft und mein Verlangen waren so stark, dass ich nicht bereit war, mir anzuhören, dass ich meine akademischen Studien aufgeben sollte. Ich antwortete höflich, aber bestimmt, dass ich nicht die Absicht hätte, in Bezug auf mein Studium nachzugeben – mochte kommen, was wollte! Meine Antwort führte zu Disputen zwischen meinem Vater und mir und eine Zeit lang war die Beziehung zwischen uns sehr angespannt. Meine Mutter wiederum schwieg und ich verstand, dass ihr Schweigen ihrem stummen Einverständnis mit meinem Handeln gleichkam.

Zwischenphase: Rekrutierung in den Polizeidienst
Ich suchte nach jedem erdenklichen Weg, auf die Akademie zu kommen, und ich entdeckte, dass der Polizeidienst ein großartiges Sprungbrett für die Annahme zum Studium war und für Pluspunkte sorgte. Also reichte ich meine Bewerbung bei der iranischen Polizei ein. Die Grundvoraussetzungen, um angenommen zu werden, waren ein Zeugnis, das meinen Schulabschluss attestierte, und eine militärische Ausbildung. Diejenigen, auf die diese Kriterien zutrafen, mussten anschließend ein sechsmonatiges theoretisches Training durchlaufen und sammelten anschließend zwei Jahre lang praktische Erfahrungen in unterschiedlichen Teilen des Landes. Am Ende dieses Zeitraums hatten sie die Möglichkeit, im Rahmen der Polizeiakademie die Beamtenlaufbahn einzuschlagen. Die Dauer dieser Ausbildung betrug etwa achtzehn Monate. Aufgrund meiner bisherigen Leistungen wurde ich in das Programm aufgenommen, trotz der niedrigen Stufe meiner Sicherheitsbescheinigung und der Tatsache, dass meine Mutter nicht im Iran geboren war. Zusammen mit neun weiteren Schülern erhielt ich eine

Spezialausbildung als Motorradpolizist mit der Pflicht, das Gefolge wichtiger Persönlichkeiten zu eskortieren.

Im Laufe der ersten zwei Jahre der Ausbildung war ich das leuchtende Beispiel eines disziplinierten Polizisten, aktiv und jemand, der all seine Energie und Aufmerksamkeit in seine Arbeit steckte. Ich wartete mit angehaltenem Atem darauf, für die versprochene Beamtenlaufbahn akzeptiert zu werden, aber am Ende der vorgegebenen Zeit erwartete mich das bitterböse Erwachen. Aus unterschiedlichsten Gründen hatte man die Bedingungen des Programms geändert, für das ich angenommen worden war. Meinen Freunden und mir wurde gesagt, dass wir nicht auf die Akademie gehen dürften und nicht verbeamtet würden. Wir protestierten gegen das neue System. Ich und einige meiner Freunde repräsentierten den Rest der Bewerber bei der Begegnung mit der Führungsetage. In der Diskussion, die stattfand, um das Problem zu klären, forderte ich gegenüber den hochrangigen Beamten: „Sie haben uns ein Versprechen gegeben und Sie müssen es einhalten!"

Allerdings schien es, als stießen meine Worte auf taube Ohren. Die Antwort war resolut und bestimmt: „Sie haben kein Recht, die Entscheidungen der Ranghöheren anzufechten. Der bloße Versuch der Anfechtung stellt Meuterei dar."

Da ich ein stürmisches Temperament hatte und damals recht hitzköpfig war, fühlte ich mich in der Seele verletzt. Was mich anging, lag die Sache im Bereich von ‚Lassen wir das Gesetz seinen Lauf nehmen'. Ein

Versprechen war gegeben worden, und ein Versprechen musste eingehalten werden! Ich sah die Angelegenheit nur in zwei Farben – schwarz oder weiß. Von meinem Standpunkt aus waren die, die nicht für mich waren, gegen mich, und wenn dies der Fall sein sollte, musste ich bis zum Schluss kämpfen.

Ich entschied, das System herauszufordern und war fest entschlossen, die Einhaltung des Versprechens zu erzwingen. Bei einem meiner Versuche sprach ich sogar den Polizeipräsidenten an und sagte zu ihm: „Sie müssen Ihre Versprechen einhalten, sonst...“ Und für den Fall, dass immer noch jemand Zweifel an der Ernsthaftigkeit meiner Absichten hegte, präsentierte ich ihm und seinen Begleitern die Bekanntmachung, in der sie alle die Ausbildung begleitenden Leistungen einschließlich der Beamtenlaufbahn detailliert erklärt und veröffentlicht hatten. Die Reaktion des Polizeipräsidenten traf mich sofort und streng. Er ordnete an, dass mein Kopfhaar abrasiert werden sollte, und befahl, mich für siebenundzwanzig Tage zu inhaftieren.

Ich sah ein, dass meine Situation ernst war, aber ich ließ mich nicht brechen. Ich war darauf vorbereitet, die Sache durchzuziehen. Ich weigerte mich, mich zu entschuldigen und meine Äußerung zurückzunehmen. Meine Situation war wirklich schlechter denn je: Ich saß im Gefängnis, war isoliert, mein beruflicher Werdegang war blockiert. Ich befand mich in einem passiven Zustand und wartete auf das Ungewisse. Ich wusste auch nicht,

ob man mich aus dem Polizeidienst entlassen würde;
aber selbst das war mir egal.

Die Rettung kam aus einer unerwarteten
Richtung. Die Gerüchte bezüglich meine Arrestierung
und der Sturm, den diese verursacht hatten, etwas, was
ich erst im Nachhinein entdeckt hatte, erreichten die
Ohren einer legendären Person im Iran – Oberst Ahmed
Jawan. Er prüfte meine Akte, sah die vielen Empfehlungen
und verstand, dass mein Ärger und derjenige meiner
Gefährten gerechtfertigten Gründen entsprangen,
als Folge des nicht gehaltenen Versprechens, in eine
Offizierslaufbahn versetzt zu werden. Er kam mich
im Gefängnis besuchen. Die leitenden Beamten waren
nicht glücklich über diesen Schritt, aber Oberst Jawan
ignorierte sie. Er sprach auf väterliche Art zu mir, mit
Wärme, mit Toleranz und Respekt. Sein Verhalten
berührte mein Herz und ich spürte, dass ich diesem
besonderen Mann vertrauen konnte. Er versprach,
mir zu helfen - unter der Bedingung, dass ich meine
Aggressionen bändigte. Er erklärte mir, dass ich ruhiger
werden müsse, wenn mein Kampf erfolgreich sein solle,
und machte mir ein einmaliges Angebot: Ich sollte
jeden Morgen zur Zeremonie des Flagge-Hissens und
zur morgendlichen Parade im Polizeirevier antreten.
Während der reich bemessenen Freizeit, die mir noch
bliebe, könnte ich studieren und mich auf die in Kürze
stattfindenden Aufnahmeprüfungen der Universität
vorbereiten. Er sagte zu mir: „Du bist eine talentierte
Person und du kannst an der Universität angenommen
werden."

Ich stimmte Oberst Jawans Vorschlag zu und habe es nie bereut. Eifrig lernte ich jeden Tag viele Stunden lang, um von der Universität angenommen zu werden. Gleichzeitig setzte ich meine Arbeit als Polizist fort. Mein neues Verhalten änderte die Einstellung meiner Vorgesetzten mir gegenüber und ermöglichte mir auf diese Weise, an den Zugangsprüfungen der Polizeiakademie teilzunehmen mit dem Ziel, Offizier zu werden. Ich erhielt die beste Note, die vergeben wurde.

Fast gleichzeitig mit den Prüfungen in der Polizeiakademie bestand ich die Zugangsprüfungen der juristischen Fakultät an der Universität Teheran. Diese Zugangsprüfungen waren besonders schwierig. In dem Jahr, in dem ich die Prüfungen ablegte, reichten 850.000 andere Studenten ihre Bewerbungen ein, von denen nur 15.000 akzeptiert wurden. Es war nicht leicht, aber ich bestand die Prüfungen und wurde zur juristischen Fakultät zugelassen.

Die vier Jahre Jurastudium an der Universität Teheran waren nicht einfach, aber ich habe sie erfolgreich durchlaufen, während ich gleichzeitig bei der Polizei arbeitete. Die Studiengebühr überstieg meine finanziellen Kapazitäten. Zur Finanzierung meiner Studien nutzte ich ein besonderes Stipendium, das mir für meine Fähigkeiten als herausragender Sportler und insbesondere für meinen Status eines unter allen Universitätsstudenten im Iran herausragenden Leichtathleten verliehen wurde. So konnte ich die Studiengebühr zahlen und mit meinem Studium fortfahren.

Eine Liebe, die zur Heirat und zur Teilnahme an der Universiade führte

Im Jahr 1972 gab es eine grundlegende Veränderung in meinem Leben: Ich, der erklärte Junggeselle, verliebte mich. Wie man sich erinnert, arbeitete ich zu dieser Zeit als Polizist und studierte an der juristischen Fakultät. Ich war abhängig vom Sport-Stipendium, das ich als iranischer Champion erhalten hatte, um meine Studiengebühren zu bezahlen. Die Polizei wusste nichts von meinem Studium und demzufolge konnte ich mich auch in meiner Klasse nicht als Polizist zu erkennen geben. Meine Mutter war sehr daran interessiert, dass ich heiratete; ich war bereits sechsundzwanzig Jahre alt. Eines Tages äußerte sie die Absicht, mir ein nettes Mädchen vorzustellen. „Ich möchte sie und ihre Mutter zum Abendessen einladen", informierte sie mich. Ich war nicht erfreut über die Initiative meiner Mutter, weil ich emotional nicht für eine romantische Beziehung bereit war. Außerdem ließ mein Stundenplan mir keinen Spielraum für einen solchen zusätzlichen Zeitaufwand. Ich war zwar interessiert an Frauen, aber nicht an einer Heirat. Ein paar Wochen vorher war meine Mutter nach Isfahan gereist, um meinen Vater zu besuchen, der dort arbeitete. Der Vorgesetzte meines Vaters hatte seine Frau und seine Kinder eingeladen, ihn zu besuchen, und hatte meinem Vater vorgeschlagen, auch seine Frau einzuladen. Meine Mutter hatte auf diese Weise Gitti, die Tochter des Vorgesetzten, kennengelernt. Gitti war ein gebildetes Mädchen, hübsch, mit hellem Teint und hellen Haare. Sie hatte ihr Psychologiestudium abgeschlossen und arbeitete als Lehrerin an einer Schule. Meine Mutter war sehr beeindruckt von ihr.

Zu guter Letzt ergab ich mich der Überzeugungskunst meiner Mutter. Als ich Gitti schließlich traf, war ich begeistert von ihrem Intellekt und ihrer Schönheit. Wir mochten einander auf Anhieb und nach einigen Monaten entschieden wir uns zu heiraten. Wir informierten unsere Eltern, gestanden unsere Liebe und erklärten, dass wir uns eine gemeinsame Zukunft aufbauen wollten.

Der Befehlshaber des Polizeireviers, bei dem ich arbeitete, war Kommandant Hasan Rustah. Traditionsgemäß sprach ich auch bei ihm vor und bat ihn, als mein Vertreter bei Gittis Eltern um ihre Hand anzuhalten. Das steigerte meine Motivation, sie zu heiraten. Gitti und ich diskutierten ernsthaft über unsere gemeinsame Zukunft. Ich war besorgt und das aus gutem Grund. Ich kam aus einer mittelständischen Familie, war zwar gebildet, aber ohne Vermögen und konnte mir nur einen durchschnittlichen Lebensstandard leisten, während Gitti aus einer wohlhabenden Familie stammte. Ich fürchtete, dass ich ihr nicht das Leben bieten konnte, das sie gewohnt war. Nach fünf Monaten gaben wir unsere Verlobung bekannt, aber mir war klar, dass ich nicht in der Lage war, ihre finanziellen Bedürfnisse und die ihrer Familie zu erfüllen. Wir hatten Auseinandersetzungen über diese Angelegenheit, obwohl wir uns liebten. Die Streitigkeiten führten dazu, dass ich eine Entscheidung traf, die mir zu diesem Zeitpunkt sehr schwer fiel und mir das Herz brach. Zwei Monate vor der Hochzeit sagte ich ihr, dass ich nicht fähig wäre, sie finanziell so zu unterstützen, wie sie es sich wünsche. Ich streifte den Verlobungsring ab und legte ihn auf den Tisch. Gitti brach in Tränen aus, denn sie verstand, in welcher Zwickmühle ich mich befand. Sie sagte, sie denke nicht daran, mich aufzugeben. Sie hatte mit ihrer Familie über deren Forderungen mir gegenüber gestritten und bestand darauf, dass diese Forderungen gemindert würden. Wir schafften es, einen Kompromiss zu finden: Ich würde mein Möglichstes tun, um für sie zu sorgen, während ihre Familie, besonders ihr Vater, seine Forderungen herunterschraubte. Ich verstand, dass ich eine weitere Einkommensquelle brauchte, und so war ich gezwungen, zusätzlich zu meiner Arbeit bei der Polizei als Privatlehrer zu arbeiten.

Ich lieh mir Geld von meiner Familie, auch wenn sie nicht erfreut darüber war. Am Ende heiratete ich Gitti und wir bekamen einen Sohn. Jetzt war ich Vater, und die Last, die ich zu tragen hatte, wuchs, aber die Herausforderungen, mit denen ich konfrontiert wurde, stärkten mich. So war ich nur noch fester entschlossen, meine Karriere voranzutreiben.

August 1973: ein Jahr nach meiner Hochzeit, mein Sohn war gerade zwei Monate alt; zwischen der Sowjetunion und dem Westen herrschte der Kalte Krieg. Unerwartet wurde ich zur Universiade eingeladen, die in Moskau, in der Sowjetunion, stattfinden sollte. Zu jener Zeit war eine Reise zu den Sowjets der Traum eines jeden Polizisten, insbesondere für mich als Champion der Universitäten. Es war jedoch verboten, nach Russland zu reisen. Ich musste mich an die Behörden der iranischen Geheim- und Sicherheitsdienste wenden, um deren Genehmigung zu bekommen. Ich absolvierte alle Sicherheitsklassifikationstests und reiste nach Russland, wo ich Studenten aus verschiedenen Ländern kennenlernte.

Vor der Reise wurde uns vom Geheimdienst drei Monate lang eingeschärft, worüber wir sprechen konnten und wie wir uns verhalten sollten. Sie leiteten uns an, wie wir in unterschiedlichen Szenarios reagieren sollten. Zusätzlich besuchte ich einen russischen Sprachkurs im Zentrum für Russische Kultur im Iran.

Bei der Eröffnungszeremonie der Universiade waren Studenten aus den verschiedensten Ländern zugegen und ich genoss es sehr, dort zu sein. Auch wenn wir es nicht schafften, in den Wettbewerben bedeutsame Siege zu erringen, war es eine schöne Erfahrung.

Nachdem ich in den Iran zurückgekehrt war, wandten sich Agenten des Geheimdienstes an mich und baten um ein Treffen. Sie horchten mich aus und forderten, dass ich über die verschiedenen Ereignisse berichtete, die während der gesamten Zeit, die wir dort verbracht hatten, stattgefunden hatten. Ich meinerseits empfahl ihnen, alle „Linken", die an den verschiedenen Universitäten studierten und mit der Politik im Iran unzufrieden waren, für mehrere Monate nach Russland zu schicken. Dort würden sie sehen und verstehen, wie die Kommunisten lebten. Anschließend könnten sie ihr eigenes Land sehr viel mehr schätzen. Ich wurde gebeten, einen Bericht zu schreiben und für die Informationen gelobt, die er enthielt.

Mein Onkel Mousa war inoffizielles Mitglied der kommunistischen Partei. Er war zwar aktiv für die Partei, aber nur verdeckt. Während der Schulungsphase vor meiner Reise war Mousa sehr aufgeregt. Mousa nannte Russland meist: „Die Mutter der kommunistischen Länder." Er fühlte eine sehr große Affinität zu Russland, weil er in Buchara geboren war, das zu dieser Zeit zur Sowjetunion gehörte. Vor meiner Reise gab er mir zwei kleine Flaschen und bat mich, sie zu füllen – eine mit Erde und die andere mit Wasser. Seine Bitte berührte mich, weil es eine der wenigen Situationen war, in der er der Außenwelt seine Empfindsamkeit offenbarte. Er hatte es nie geschafft, in seine Geburtsstadt zurückzukehren, also tat ich es für ihn.

Als ich nach Teheran zurückkehrte und ihm die zwei Flaschen brachte, war er emotional sehr bewegt und küsste die Flaschen. Ich erinnere mich daran, dass er die Flaschen auf ein Regal in seinem Haus stellte, als Symbol seines geliebten Heimatlandes.

Kämpfe mit den Behörden auf dem Weg zum Diplom

Die Last auf meinen Schultern war gewaltig. Mir war klar, dass ich mich entscheiden musste – Polizist oder

Anwalt. Ich konnte nicht zur selben Zeit beide Funktionen erfüllen. Jedoch musste ich mich einer großen Hürde stellen – der iranischen Polizei. Legal konnte nur die Polizei einen Polizisten aus seiner Pflicht entlassen. Wenn ein Polizist ein Kündigungsschreiben einreichte, hatte die Polizei das Recht, abzulehnen, wohingegen der Polizist keinerlei Rechtsmittel gegen diese Entscheidung einlegen konnte. Ich entschied, mich selbst zu befreien. Zu diesem Zweck waren mir alle Mittel recht.

Ich begann, die Polizeiverwaltung mit Briefen zu überfluten, in denen ich um meine Entlassung bat. Anfangs erhielt ich freundliche Antwortschreiben mit Ablehnungen, doch später wurden meine Briefe komplett ignoriert. Ich gab nicht auf, denn ich wusste genau, dass diese Briefe meinem Aufstieg bei der Polizei schaden würden, und ich wollte sie dermaßen verärgern, dass sie mich feuerten.

Alle paar Wochen schickte ich einen Brief und wartete. Mit der Zeit wurde mir allerdings klar, dass ich meine Aktivitäten erweitern musste, um mein Ziel zu erreichen, aus dem Polizeidienst entlassen zu werden. Also begann ich, mein Verhalten zu ändern, um die undurchdringbare Wand der Polizei zu durchbrechen.

Zu dieser Zeit war ich bei der „Gendarmerie" eingesetzt, einer Spezialeinheit der Polizei, die außerhalb der großen Städte operierte. Dies machte es mir natürlich schwer, mein Ausbildungssystem aufrechtzuerhalten und die anspruchsvollen Belastungen meines Jurastudiums zu erfüllen. Es waren keine leichten Zeiten für mich, und acht Jahre lang war ich gezwungen, viele Hürden zu bewältigen, bis ich endlich den Punkt erreichte, an dem ich die Abschlussprüfung im Rahmen der juristischen Fakultät ablegen konnte.

Eines Tages wurde ich angewiesen, mich in General Amin Afshars Büro zu einem persönlichen Treffen einzufinden. Der General war einer der führenden Funktionäre bei der Polizei und zeigte Interesse an meinem speziellen Fall. Er versuchte zu verstehen, wie es möglich war, dass ich sowohl Jura studierte als auch den Titel Champion der Universitäten trug. Zusätzlich enthielt meine Akte die Information, dass ich zur Universiade in die Sowjetunion gereist war. Er wollte wissen, wer ich war und sendete daher eine spezielle Nachricht an den Befehlshaber meiner Einheit, in der er darum bat, mich in sein Büro zu einem Vorstellungsgespräch zu schicken.

Man muss verstehen, dass die Mentalität der iranischen Armee und Polizei zu diesem Zeitpunkt auf Äußerlichkeiten basierte - passende Kleidung und sehr gute Organisation. Jeden Morgen überprüften die Offiziere das Aussehen der Soldaten: kurz geschnittenes Haar, rasiertes Gesicht, polierte Stiefel und gebügelte Uniform. Alles musste perfekt sein. Aber ich war eine Ausnahme in Bezug auf alles, was Ordnung und Vorzeigbarkeit betraf. Vier Jahre Studium an der Universität verschafften mir Achtung und räumten mir gewisse Rechte in meiner Einheit ein. Ich verhielt mich, wie ich es wünschte, und meine Kameraden deckten mich. Ich sorgte mich kein bisschen um mein Äußeres. Ich trug lange Haare, einen Bart, und meine Uniform war weder ordentlich, noch gebügelt.

Ich betrat General Amin Afshars Büro und sah ihn in Begleitung zweier anderer Generäle. Ich trat auf sie zu und salutierte, wie es vorgeschrieben war. Als ich mein Barett abnahm, bemerkte ein Jungoffizier meine langen Haare, meinen Bart und meine zerknitterte Uniform. Der General schrie mich wütend an: „Wer hat Sie heute Morgen überprüft?" Er war bei der Polizei als übellauniger Mann bekannt und alle hatten Angst vor ihm.

Ich kochte vor Wut, aber mein großer Ärger rührte nicht vom Geschrei des Generals her. Mein Groll beruhte auf den 170 (!!!) Kündigungsbriefen, die ich geschrieben hatte und die keiner Antwort würdig waren. Daher auch meine Entscheidung, in schludriger Kleidung aufzutauchen, um gegen das geringschätzige Verhalten, dem ich ausgesetzt war, zu protestieren und zu rebellieren.

Der Oberst forderte mich auf, mein Jackett zu öffnen. Die Polizistenjacketts zierten Metallknöpfe mit eingeprägtem iranischen Nationalsiegel. Ich streckte meine Hand aus und riss mit Gewalt an der Jacke. Mit dieser Aktion wollte ich meine Haltung bezüglich meiner Situation demonstrieren. Im Nachhinein verstand ich, dass ich den Generälen und hochrangigen Befehlshabern gegenüber mit diesem Verhalten nicht klug gehandelt hatte. Als Folge der übertrieben angewandten Kraft löste sich ein Metallknopf vom Jackett, fiel herunter und rollte über den Boden bis er schließlich mit einem Schlag zum Stillstand kam. Das Geräusch erschien unverhältnismäßig schrill inmitten der Stille, die dort herrschte.

Ungläubig starrten die Beamten auf das vor ihren Augen begangene „Sakrileg", unfähig ihre Verwirrung zu überspielen. Von ihrem Standpunkt aus war es gleichbedeutend einem schallenden Schlag ins Gesicht. Indes erlangte der General seine Fassung zurück und begann wütend zu schreien. Er telefonierte seinem Stellvertreter, Captain Salahashur, und brüllte: „Kommen Sie her und nehmen Sie diesen Idioten unverzüglich in Haft... diesen Provokateur!"

Der Captain erschien umgehend im Büro. Er sah

Drei Henkersknoten | 65

den aufgebrachten Ausdruck in meinem Gesicht und mein zerrissenes Jackett. Nach kurzem Zögern trat er an mich heran mit der Absicht, den Auftrag des Generals auszuführen, aber ich stieß ihn zur Seite und sagte zum General: „Nicht Sie sind der Mann, der mich veranlasst hat, Jura zu studieren. Ich selbst habe es mir aufgrund meiner eigenen Fähigkeiten ermöglicht. In wenigen Wochen werde ich mein Studium abschließen. Warum haben Sie auf keinen einzigen der vielen Briefe reagiert, die ich Ihnen geschickt habe?"

Das Gesicht des Generals lief rot an und verzerrte sich vor Zorn. Er ignorierte meine Worte und ordnete an, dass mein Kopf rasiert und ich ins Gefängnis gesteckt werden solle. Mehrere andere Polizisten kamen und überwältigten mich. Während ich mit ihnen kämpfte, schrie ich: „General! Der Schah ist der Herrscher dieses Landes. Er hat angeordnet, dass die Menschen in der Armee ausgebildet werden sollen. Und ich, ein einfacher Polizist, schaffte meinen Weg zur Universität nur dank meiner persönlichen Fähigkeiten. So erfülle ich den Wunsch des Schahs. Sie dürfen mich nicht inhaftieren! Ich habe keine Angst davor, ins Gefängnis geschickt und dem Urteil der Armee unterworfen zu werden, weil ich sicher bin, dass ich recht habe. Im Prozess wird festgestellt werden, dass ich gesetzesgemäß und getreu der Wünsche des Schahs gehandelt habe. Ich habe Ihnen viele Male geschrieben, aber Sie haben sich nicht einmal bemüht, mich zu verstehen. In drei Wochen werden die Abschlussprüfungen des Jurastudiums stattfinden. Wenn Sie mir nicht erlauben, an diesen Prüfungen teilzunehmen, verspreche ich Ihnen, mich selbst zu verbrennen und dabei laut zu rufen: ‚Der General ist für meinen Tod verantwortlich, denn er hat gegen den Willen des Schahs gehandelt!'"

Das Gesicht des Generals war rot vor Wut und ich erkannte, dass meine Worte ihn nicht nur schockierten, sondern ihm auch bewusst machten, dass er in der Falle saß.

Nach zwölf Tagen im Gefängnis kam der Stellvertreter des Generals zu mir und sagte: „Hören Sie zu: Sie sind ein vom Glück gesegneter Mann. Der General hat angeordnet, dass ich hierherkommen und Sie fragen soll, welche Bücher Sie für Ihre Prüfung benötigen. Sie sollen eine Liste machen und ich soll dafür sorgen, dass Sie alle Bücher bekommen."

Ich antwortete dem Captain: „Ob ich ein vom Glück gesegneter Mann bin oder ein Mann, der selbst viel erreicht hat: ich bitte Sie darum, dem General in meinem Namen Dank auszurichten." Ich schrieb eine Liste von Büchern, die ich brauchte, und fügte eine Liste von weiteren Dingen hinzu. Ich wies ihn an, zu meinem Haus zu gehen und meine Frau nach den Sachen auf der Liste zu fragen. Kurze Zeit später kehrte er mit einem großen Paket in den Händen zurück, das alles enthielt, was ich brauchte. Da ich als Gefängnisinsasse alle Freizeit hatte, die ich brauchte, nutzte ich dies aus und lernte eifrig für die Abschlussprüfung.

Ich schrieb die Abschlussprüfung mit kahl

rasiertem Kopf, gekleidet in eine Gefängnisuniform und eskortiert von zwei bewaffneten Polizisten. So wurde ich zur juristischen Fakultät gebracht. Die Szene war absurd und irrsinnig. In den Augen der anderen Studenten erschien es als Unding, dass jemand aus dem Gefängnis hierher an die juristische Fakultät kam, um eine Prüfung abzulegen.

Ich absolvierte alle Prüfungen höchst erfolgreich und schloss mein Jurastudium ab. Nachdem die Prüfungen vorbei waren, kam der Captain ins Gefängnis und fragte mich im Namen des Generals, ob ich das Examen bestanden hätte. Ich sagte: „Ja. Dankeschön." Er sagte zu mir: „Waschen Sie sich, ziehen Sie Ihre Uniform an und gehen Sie ins Büro des Generals. Er möchte Sie erneut sehen." Ich antwortete: „Mein Jackett ist zerrissen, und es ist das einzige, das ich habe." Ich bat ihn, zu mir nach Hause zu gehen und mir meinen Seidenanzug und meine Fliege zu bringen.

Ich erschien in Zivilkleidung mit dem Zweck, dem General zu demonstrieren, dass ich keinerlei Reue in Bezug auf mein Verhalten verspürte, doch auch, um ihm klar zu machen, dass er, nicht ich, derjenige war, der sich despektierlich und moralisch unangemessen verhalten hatte.

Als ich das Büro des Generals erneut betrat, gekleidet in Anzug und Fliege, wirkte ich sehr respektabel. Im Büro befanden sich einige leitende Offiziere. Als sie mich sahen, wurden sie sehr aufgeregt und sagten: „Sie sind eine sehr ansprechende Person, erfolgreich, Sportler und Rechtsanwalt. Warum haben Sie sich so verhalten?"

Ich antwortete ihnen: „Man ließ mir keine Wahl, und das ist sehr bedauerlich." Schlussendlich akzeptierte der Befehlshaber meine Bitte und ich wurde aus dem Polizeidienst entlassen. Einige Tage später war ich bereits Mitglied der iranischen Rechtanwaltskammer.

Der Aufenthalt in Frankreich – Wenige Lichtblicke und viele dunkle Wolken

Zwei Jahre Wehrdienst und acht Jahre Dienst bei der Polizei hatten mich gestärkt und gestählt für das, was noch kommen sollte. Nach Jahren des Leidens und der Kämpfe hatte ich den Status eines Anwalts errungen. Ich war sehr stolz auf diesen Titel und war jetzt auch nicht mehr neidisch auf meine jüngere Schwester, die Ärztin. Damals wurde sie vor mir an der Universität angenommen und erlangte auch vor mir ihren Abschluss. Befriedigt konstatierte ich nun, dass ich ebenfalls einen akademischen Status innehatte, der dem ihren durchaus vergleichbar war

Ein paar Wochen, nachdem ich meinen Titel erhalten hatte, beschloss ich, nach Frankreich zu reisen, um für den zweiten Titel zu studieren und anschließend meinen Doktortitel zu erlangen. Diese Entscheidung resultierte, neben anderen Gründen, aus einem Gespräch, das ich mit der Königin geführt hatte – Farah Pahlavi.

Während der Zeit, in der ich Jura studierte und nachdem ich den Meisterschaftstitel als Sportler gewonnen hatte, bekam ich zweimal die Möglichkeit, Ihre Majestät Farah Pahlavi zu treffen. Die Königin stattete jedes Jahr den Universitäten einen Besuch ab, um die Studenten mit den besten Leistungen zu ehren. Zweimal wurde ich ihr als hervorragender Student vorgestellt, aber nie hatte ich diese Chance ausgenutzt, um ihr von meinem Kampf um die Entlassung aus dem Polizeidienst zu erzählen. Auch wenn es sehr verführerisch war, sie um die Lösung meiner Probleme zu bitten, zog ich es vor, nicht von ihrem Einfluss abhängig zu sein. Das zweite Mal traf ich sie gegen Ende meines Jurastudiums und meiner Spezialisierung. Die Königin fragte mich: „Was sind Ihre Pläne, wenn Sie Ihr Studium beendet haben?" Ich antwortete: „Eure Majestät, ich bin daran interessiert, als Rechtsanwalt im Iran zu arbeiten, weil ich glaube, dass es mein Schicksal ist, meinem Volk zu helfen." Die Königin nickte verständnisvoll und sagte: „Wenn Sie möchten, können Sie in Paris auf einen zweiten Titel und ein Doktorat hin studieren und dann zurückkehren und uns helfen, die Situation in unserem Heimatland zu verbessern."

Der Vorschlag der Königin beinhaltete auch die Möglichkeit, ein spezielles Stipendium zum Zweck des Studiums zu erhalten, aber mein Stolz behielt einmal wieder die Oberhand und ich entschied mich gegen eine Unterstützung. Ich wollte aus eigener Kraft vorwärtskommen.

So führte ich mein Studium in Frankreich fort – in Begleitung meiner Frau und meiner zwei Kinder. Meine Tochter Bahareh war gerade zwei Monate alt, mein Sohn Payman zählte schon vier Jahre. Als junger, iranischer Anwalt musste ich gute Beziehungen zur iranischen

Gesellschaft in Frankreich knüpfen. Ich mietete ein ansprechendes Apartment in der Nähe des Eiffelturms und nahm an, dass ich iranische Klienten empfangen könnte, während ich an der Sorbonne studierte. Meine Frau Gitti war Psychologin und auch sie wollte ihr Studium in Frankreich fortsetzen. Wir lebten auf hohem Niveau, ich arbeitete hart und war in meinem Studium erfolgreich. Im September 1980 erhielt ich den zweiten Jura-Titel, auf den im September 1984 der Doktortitel folgte.

Mit Leidenschaft das islamische Regime bekämpfen

Das Jahr, in dem Humaini nach Paris kam, 1978, war das Jahr, in dem ich meine politischen Aktivitäten gegen ihn begann. Ich denke, ich war der erste Iraner in Frankreich, der Humaini ablehnte, weil es das Ziel dieses verabscheuungswürdigen Mannes war, mein Heimatland zu zerstören.

In diesen Tagen voller Höhen und Tiefen gewann Humaini die überwältigende Unterstützung der Iraner in aller Welt, besonders derer, die außerhalb des Irans lebten. Sogar die kommunistischen Iraner ergriffen im Rahmen ihres Widerstandes gegen das Schah-Regime Partei für Humaini. Zwei iranische Studenten, die der kommunistischen Ideologie folgten und mich gut kannten, waren sehr überrascht über die Tatsache, dass ich Humaini ablehnte. Sie waren iranische Diplomaten, die mit mir an der Pariser Universität Jura studierten. „Ihr macht einen Fehler!", sagte ich zu ihnen. „Bald schließt ihr euer Studium ab und werdet gezwungen, diesem Mann zu dienen!"

Aufgrund meiner Worte dachten sie, ich würde für den iranischen Sicherheitsdienst im Namen des Schahs arbeiten, auch wenn dies nicht stimmte. Sie antworteten, dass die Zeit des Schahs vorüber sei.

Ich war sehr verärgert und dementsprechend aggressiv reagierte ich: „Ihr seid Diplomaten und es ist eure Pflicht, den Mund aufzumachen und Humainis Reden abzulehnen!" Aber meine Worte stießen auf taube Ohren. Sie waren als Diplomaten nicht bereit, ihre Ansichten zu verteidigen.

Ich muss betonen, dass diese Reaktion typisch war und die Meinung vieler Iraner reflektierte, zumindest jener, die ich aus Paris kannte. Ich war frustriert und wütend angesichts dieser Situation. Mir war deutlich bewusst, was es für den Iran bedeutete, wenn Humaini die Kontrolle übernahm. Als Kind, das eine sehr strenge schiitische Erziehung genossen hatte, wusste ich sehr gut, welche Art von erschreckender Zukunft den Iran erwartete, wenn er von einer schiitischen Regierung geführt werden würde. Mit der Zeit stellte sich heraus, dass meine Voraussicht korrekt gewesen war, aber in diesen stürmischen Tagen war ich allein mit meinem Kampf. Stürmische Gefühle wallten in mir auf, heftige Frustration und tiefe Traurigkeit. Meine Verzweiflung wuchs mit den Aufständen, die im Iran stattfanden und ich sorgte mich um meine Familie. Die Behörden ermordeten jeden Tag gnadenlos Anhänger der

Opposition. Zur gleichen Zeit war der Cousin meiner Frau, Ibrahim Yazdi, Humainis Vertreter in den USA und wurde anschließend der erste Außenminister der sich bildenden Islamischen Republik.

Yazdi und seine Kohorten kontaktieren mich regelmäßig und sagten mir, dass die Ära des Schahs zu Ende und jetzt Humaini an der Reihe sei: „Du musst mit ihm kooperieren!" Als Reaktion auf ihre Worte sagte ich einige sehr harsche Dinge über Humaini und sie wurden wütend auf mich. Sie waren sicher, dass ich mich dumm verhielt, weil ich meinen Prinzipien treu blieb. Meine Ansichten waren die eines Nationalisten und ich liebte mein Land. Ich war bereit, meinen Standpunkt im Hinblick auf vielerlei Dinge zu ändern, aber ich war nicht bereit, meinen Patriotismus oder meine Identität zu verleugnen.

Meine kompromisslose und aggressive Denkweise bescherte mir viel Schaden, in jeder Hinsicht, besonders aus sozialer und familiärer Sicht. Viele meiner guten Freunde mieden mich und schließlich kam der Punkt, an dem der Kontakt zur Familie meiner Frau abbrach. Zu meinem großen Bedauern unterstützte auch meine Frau den Standpunkt ihrer Familie. Auch sie dachte, meine Position sei unrealistisch. Im Rahmen ihrer Überzeugungsversuche, kamen ihre Mutter und ihre Schwester nach Paris, um meine Meinung zu ändern. Sie strengten sich an, mir auf unmissverständliche Weise zu erklären, ich müsse mit Humaini und der Familie zusammenarbeiten, wenn ich erfolgreich sein wolle –

und wenn ich dies nicht täte, würde ich alles verlieren.

„Die Situation hat sich komplett verändert und der Schah ist am Ende", sagten sie. „Das Volk hat sich bereits vom Schah abgewendet. Du kannst diese Tatsache nicht ignorieren und dich isolieren ."

Als ich hörte, was sie zu sagen hatten, kochte ich vor Wut. „Der Schah mag vielleicht am Ende sein", rief ich erhitzt, „aber Humaini wird das Land vernichten. Dieser schwarze Schädling wird alles Gute, was noch geblieben ist, zerstören und uns in mittelalterliche Zeiten zurückführen. Ihr versteht überhaupt nichts."

Sie schüttelten ihre Köpfe, eine Bewegung, die zeigte, dass sie hilflos waren und mich bemitleideten. An ihren Augen war klar abzulesen, dass sie mich für einen armen Dummkopf hielten, der die Realität nicht richtig zu erkennen vermochte. Die Ironie des Schicksals sollte 30 Jahre später zeigen, dass ich recht gehabt hatte.

Mein Vater und ich sprachen nie über Politik, nur über aktuelle Angelegenheiten. Dementsprechend überrascht war ich eines Tages, als ein Brief meines Vaters ankam. Auf den oberen Teil der Seite hatte mein Vater geschrieben: „Lang lebe der Iran und lang lebe der Schah!" Zum ersten Mal hatte mein Vater eine klare politische Position bezogen und drückte sie in diesem Brief aus. Während ich las, war ich zu Tränen gerührt. Der Brief bestärkte mich sehr und gab mir geistige Nahrung. Aus den Worten meines Vaters las ich, dass er mir komplett zustimmte. Er war die erste Person in meinem Leben, die mich spüren ließ, dass ich nicht allein war, dass ich nicht der Einzige war, der Humaini ablehnte. Er wusste, dass der Brief ihn in Gefahr bringen konnte, und das war es, was mich stolz auf ihn machte. Jetzt konnte ich verstehen, warum der Stamm, dem mein Vater angehörte, „Shahsavan" genannt wurde, was so viel bedeutet wie „die dem Schah treu dienen", ein Stamm, der für seine enthusiastische Unterstützung des Schahs im Iran bekannt war.

In dem Moment war mir klar, dass mein Vater ein Held war, indem er tatsächlich bereit war, den Schah als wahren Führer anzuerkennen, selbst wenn er nicht öffentlich gehandelt hatte. Mein Vater verspürte Hochachtung und Bewunderung für den Schah, nicht als Person, sondern wegen seines Einsatzes für die Bürger im Rahmen der Monarchie, eine Regierungsform, die bereits seit Tausenden von Jahren in der iranischen Geschichte verankert war.

Die Mitglieder der Familie meiner Frau erklärten mir, Humaini werde „Der Heilige der Heiligen" genannt. Nur ich rebelliere und bliebe starr bei meiner Behauptung, er sei es nicht. Diese Äußerungen verursachten regelmäßige Konfrontationen mit meiner Familie und trugen zur Zerstörung des Familienlebens bei. Ich erinnere mich an den ersten Tag, als Humaini aus dem Irak nach Paris kam. Drei Monate später kehrte er in den Iran zurück und begann die Islamische Revolution. Alle meine Kommilitonen und sogar die Diplomaten gingen Humaini besuchen, um ihm die Hand zu reichen und ihn zu unterstützen. Ich stand zu meiner Feindseligkeit und demonstrierte offen meine Ablehnung gegen ihre Handlungsweise.

Später fragten sie mich: „Warum bist du nicht gekommen?"

Aufgebracht und wütend antwortete ich: „Ihr seid alle verrückt! Ihr werdet noch einen hohen Preis für die Unterstützung dieses tyrannischen und bösen Führers zahlen." Sie schüttelten mitleidig die Köpfe, als sie meine Worte hörten.

Die Islamische Revolution erreichte ihren Höhepunkt, während ich studierte, arbeitete und meinen Familienfrieden bewahrte. In unserem Wohngebäude lebte in der gegenüberliegenden Wohnung eine Familie aus dem Iran. Der Mann, genannt Oberst Mutlavi, war Offizier in der iranischen Armee. Er war aus dem Iran gekommen, um an der Nationalen Militärakademie zu studieren. Die iranische Regierung schickte ausgewählte Armeeoffiziere nach Paris, damit sie einen einjährigen Kurs an der St. Cir Militärakademie absolvierten. Oberst Mutlavi war einer dieser Offiziere. Wir redeten viel über die Revolution und er drückte seine heimlichen Ängste aus. Einige Stunden, bevor die Islamische Revolution die alte Regierung vom Thron stieß, aßen wir zusammen mit unseren Familien zu Abend, während wir den aufregenden Berichten aus dem Radio lauschten. Zu unserem Kummer wurde berichtet, dass das Regime zusammengebrochen war. As Resultat der Islamischen Revolution werde nun im Iran eine Regierung im Sinne des Islam eingesetzt.

Mehdī Bāzargān wurde zu Humainis erstem Premierminister gewählt. Aus meiner Sicht wurde der Mann so zum Feind des Volkes. Nachdem Humaini seine Regierung mit Bāzargān als ihrem Kopf vorgestellt hatte, musste nun alles Menschenmögliche getan werden, um diese Person aus ihrem Amt zu entfernen!

Der Oberst und ich tranken Wodka, weil wir wütend und unsere Nerven zum Zerreißen gespannt waren. Plötzlich erhob der Oberst ein volles Glas Wodka, stellte es vor mich hin und deklamierte: „Auf das Wohl von Mehdī Bāzargān!"

Ich war schockiert und fragte verwundert: „Wovon sprichst du?"

Mutlavi sagte: „Wir liegen falsch, der Schah ist tot!"

Ich nahm mein Glas Wodka, schüttete seinen Inhalt auf den Tisch und verfluchte ihn. Ich wandte mich zu meiner Frau und meinen Kindern und befahl ihnen, sein Haus zu verlassen. Ich konnte nicht glauben, dass ein Armeeoberst sich traute, den Schah zu verleugnen. Darüber hinaus konnte ich nicht verstehen, wie ein hochrangiger iranischer Armeeoffizier den Erzfeind des

Schahs unterstützen konnte.

Ich hatte den Oberst mit meiner Reaktion

verletzt und mehrere Tage sprachen wir nicht miteinander. Ich hasste ihn und seine Familie, aber meine Frau hatte eine sehr warmherzige Beziehung zu seiner Frau; sie waren gute Freundinnen. Meine Frau erzählte mir, der Oberst habe zu seiner Frau gesagt, ich sei ein verrückter Fanatiker, dessen uneingeschränkte Loyalität dem Schah gelte. Ich wusste, dass Mutlavi jeden Morgen sein Heim sehr früh verließ, um sich auf den Weg zur Militärakademie zu machen. Ich lauschte also zur gegebenen Zeit an meiner Apartmenttür und als ich hörte, dass er aufbrach, öffnete ich meine Tür, stürzte mich auf ihn und riss ihm die Abzeichen von seiner Uniform. Ich verfluchte ihn und sagte, er habe kein Recht, diese Rangabzeichen zu tragen. Er war über meinen Angriff sehr erzürnt und als die Polizei kam, um mich festzunehmen, wehrte ich mich nicht. Die Polizei verbot mir, mich ihm zu nähern und inhaftierte mich für etwa zwei Tage. Ich wurde gewarnt, dass ich mit aller Härte des Gesetzes verurteilt werden würde, wenn ich mich ihm nähern sollte.

Mehrere Tage, nachdem ich ihn überfallen hatte, kehrte der Offizier in den Iran zurück. Seine Frau und seine Kinder blieben in Paris. Im Iran wurde er im Rang befördert, weil er die Islamische Revolution unterstützte, aber nach einem Aufenthalt von etwa sechs Monaten kehrte er nach Paris zurück.

Zwickmühlen und die Reise nach Rabat

Während ich mich noch in dieser verzwickten Situation

befand und Sympathisanten für meine Denkweise suchte, traf ich einen guten Freund, Humayoun Arami, der aus dem Iran nach Paris gekommen war. Sein Vater war vor der Islamischen Revolution General in der Armee gewesen. Zwischen uns hatte eine gute Beziehung bestanden, bevor ich den Iran verlassen hatte. Als wir uns trafen sagte er mir, er werde nur ein paar Tage in Paris bleiben. Er sprach offen und hob hervor, er sei über meine politische Aktivität und meine Meinungen überrascht. Ich sprach mit ihm über die politische Situation, erklärte ihm, dass ich wegen meiner Meinung gemieden würde, aber das Gefühl habe, nichts tun zu können, um den Stand der Dinge zu verändern. Humayoun riet mir, eine kurze Reise nach Marokko zu unternehmen und mit dem Schah zu sprechen, der dort im politischen Exil lebte.

Ich dachte über seinen Vorschlag nach und schließlich wurde mir klar, dass es eine gute Idee war. Nach einigen Schwierigkeiten, die ich nach ein paar Tagen überwunden hatte, kaufte ich eine einfache Flugkarte: Paris–Casablanca. Meine Handlungen machten mir deutlich, dass ich vielleicht einen Riss zwischen mir und meiner Familie in Paris erzeugt hatte, der nicht mehr zu kitten war. Auch wenn ich meine Familie, meine Frau und meine Kinder, liebte, hatte ich bemerkt, wie meine Frau sich im Zuge der politischen Geschehnisse verändert hatte. Diese Veränderung war ich nicht bereit zu akzeptieren.

Ich verließ meine Kinder, als mein Sohn sechs

und meine Tochter zwei Jahre alt waren. Ich erzählte niemandem von meiner Reise, auch meiner Familie nicht. Ich wusste, dass jeder, der den Schah kontaktierte, von den Behörden der Islamischen Republik zum Tode verurteilt wurde. Daher verheimlichte ich meiner Familie mein Vorhaben. Ich wollte sie nicht in Gefahr bringen. Ich wollte das Beste für mein Land tun, selbst wenn mir dabei etwas zustoßen sollte. Aber ich wollte meine Familie nicht aufregen. Daher sagte ich ihnen nur, ich würde ein paar Tage nicht in Paris sein.

Am 20.März 1979 kam ich in Rabat, Marokko an, zwei Tage vor dem persischen Neujahrsfest Nouruz. Auf dem Flugfeld wurde ich von Geheimdienstbeamten untersucht. Unter anderem wurde ich gefragt: „Warum haben Sie keinen Antrag auf ein Visum gestellt, um Marokko zu besuchen?" Ich antwortete: „Weil ich davon nichts wusste." Nach dem Zweck meines Besuchs in Marokko gefragt, überraschte ich die Ermittler durch meine Antwort: „Ich, ein Jurastudent und ein einfacher Mann, bin an einem Treffen mit dem Schah interessiert!" Meine Antwort löste einen Regen von Fragen aus, die auf mich einprasselten, weil man mein Erscheinen als außergewöhnlichen Fall ansah. Ich versuchte, ruhig und besonnen zu bleiben und alle Fragen, die mir gestellt wurden, offen zu beantworten.

Unter anderem wurde ich nach meinem familiären Hintergrund gefragt, nach meinen Brüdern und anderen Verwandten, nach meiner Erziehung, meinem Arbeitsverhältnis und meinem Militärdienst, doch insbesondere nach meiner Meinung zur Islamischen Revolution und den Ereignissen im Iran. Schließlich wurde ich nach der Art meiner Beziehung zur Pahlavi-Dynastie gefragt. Die Ermittler waren begierig darauf, die Gründe für mein Kommen zu verstehen und zu erfahren, wie die Nachricht lautete, die ich übermitteln wollte. Ich beantwortete alle Fragen außer derjenigen, die den Inhalt der Nachricht betraf, die ich dem Schah mitteilen wollte. Ich erklärte, dass diese Nachricht persönlicher Natur sei und aus meinem Herzen komme. Ich fügte hinzu, dass niemand mich geschickt habe, sondern dieser Besuch aus eigener Initiative geschehe. Außerdem betonte ich, es sei heute der erste Tag des Nouruz-Festes, so dass ich auch ohne Einladung das Recht habe, den Schah zu besuchen, wie es Brauch war.

Die Befragung dauerte viele Stunden und nach ihrem Abschluss wählte einer der Beamten eine Nummer und übergab mir das Telefon. Vom anderen Ende hörte ich einen Mann fließend Persisch sprechen. Er fragte mich, wer ich sei, was ich in Marokko tun wolle und warum ich mit dem Schah sprechen wolle. Abschließend wollte er wissen, ob ich in der Vergangenheit schon jemanden aus der Königsfamilie getroffen hätte. Ich antwortete, dass ich zu ihrer Majestät in der Vergangenheit bereits Kontakt gehabt hätte, als ich Leichtathletik-Champion der Universität gewesen war. Er erklärte mir, dass in einer halben Stunde jemand käme und mich mitnehmen würde.

Vier in Anzüge gekleidete Männer trafen ein, drei

Marokkaner und ein Iraner. Sie führten mich zu einem Mercedes mit Diplomatenkennzeichen. Die iranische Flagge war gehisst. Sie wiesen sich mir gegenüber aus und stellten mir dieselben Fragen wie die Männer auf dem Flugfeld. Nach genauer Kontrolle brachten sie mich in eine luxuriöse Suite, erklärten, ein Diener werde sich um all meine Wünsche kümmern und baten mich höflich, den Raum nicht zu verlassen. Später kehrten sie zurück und erkundigten sich, welche Nachricht ich dem Schah überbringen wolle. Sie bestanden darauf, im Vorhinein den Inhalt der Nachricht und den Zweck meines Treffens zu erfahren, aber ich blieb unerbittlich dabei, selbst mit dem Schah sprechen zu wollen.

Eine kleine Weile später hörte ich ein Geräusch von draußen. Die Tür der Suite öffnete sich und zu meiner Freude sah ich Ihre Majestät mit einer Gruppe von Leuten den Raum betreten. Alle Anwesenden küssten ihre Hand und verließen dann den Raum. Sie trat auf mich zu und stellte mir mehrere Fragen, unter anderem, wer ich sei, warum ich zu Besuch komme, sowie weitere Fragen über meinen Hintergrund und meine Erziehung. Danach fragte ich sie, ob sie sich an mich erinnere. Sie antwortete, dass sie eine verschwommene Erinnerung daran habe, dass wir uns bereits vor zwei Jahren an der Universität Teheran begegnet seien. Sie erzählte mir, dass der König sehr krank sei und sie in seinem Namen komme, um meine Nachricht zu hören. Ich erklärte ihr, dass ich meinem Land zehn Jahre lang in Armee und Polizei gedient habe. Ich hob hervor, der beste Scharfschütze gewesen zu sein und dafür sogar eine Medaille erhalten zu haben. „Ich führe meine militärischen Fähigkeiten an“, sagte ich bewegt zur Königin, „weil ich Ihnen einen Vorschlag unterbreiten möchte: Ich bin bereit, zur Alavy-Schule nach Teheran zu reisen, wo sich Humaini aufhält. Als treuer Soldat bin ich bereit, Humaini zu ermorden, weil ich glaube, dass er unser Land zerstört. Sofort danach werde ich mich selbst erschießen und keiner wird von der Verbindung zwischen uns erfahren. Ich bin bereit, diese Tat als treuer Soldat, der seinem Land dienen will, auszuführen und bin bereit, mich selbst dafür zu opfern.“ Ich fügte hinzu, dass anlässlich des Nouruz-Festes jeder Iraner einer anderen Person ein Geschenk mache, und bat die Königin, mein Angebot als eine Art „Festgeschenk“ für mein Volk anzusehen.

Die Königin war völlig überrascht von meinem Plan. Sie wusste nicht, was sie sagen sollte, begann eine Zigarette nach der anderen zu rauchen und wirkte sehr traurig. Nach einer Weile sagte sie: „Das ist eine Idee, die sehr schwer zu beurteilen ist.“ Nachdem sie weiter darüber nachgedacht hatte, dankte sie mir für meine Bereitschaft, ein solch großes persönliches Opfer für die iranische Nation bringen zu wollen, aber sie müsse ablehnen. Sie erklärte: „Ich bin sicher, dass der König Ihren Vorschlag ebenso abweisen würde und ich in seinem Sinne entschieden habe.“ Ich spürte Enttäuschung bei diesen Worten, aber ich gab nicht auf und fragte sie: „Warum denkt Ihr das?“

Die Königin lächelte nachsichtig und erwiderte:

„Weil wir keine Terroristen sind.

Am Ende unseres Gesprächs riet die Königin mir, zu meiner Familie und zu meinen Kindern nach Frankreich zurückzukehren. Sie äußerte ihren großen Respekt vor mir: „Sie werden Ihrem Land sehr viel besser dienen, wenn Sie nach Hause gehen und versuchen, gleichgesinnte Menschen um sich zu sammeln."

Nach ein paar weiteren Tagen in Marokko kehrte ich nach Paris zurück. Ich kontaktierte meinen Bruder, meine Schwester und meine Cousins, von denen einer Pilot in der iranischen Armee war. Ich sagte ihnen: „Kommt nach Frankreich!" Dies tat ich aus zwei Gründen: Erstens, weil sie sich in Gefahr befanden, zweitens, weil ich treue Freunde suchte. Ich glaubte, dass ich mit den Mitgliedern meiner Familie mit der Oppositionsbildung beginnen könnte, um gegen die Regierung im Iran kämpfen zu können. Zur selben Zeit arbeitete ich mit Mr. Shafur Bachtiar zusammen, der der letzte Premierminister unter dem Schah gewesen war und nur siebenunddreißig Tage im Amt war, bevor Humaini ihn hinauswarf.

Ich versuchte mein Bestes, um mit Bachtiar zusammenzuarbeiten, aber mit der Zeit musste ich einsehen, dass unüberbrückbare Differenzen zwischen uns standen. Diese Differenzen basierten auf drei Gründen: a. Ich akzeptierte seine Überzeugung nicht, laut der er von sich selbst glaubte, den Schah aus dem Iran befreit zu haben. Ich war hingegen davon überzeugt, der Schah habe das Land auf eigenen Wunsch verlassen.

b. Er löste den "Sawack", den iranischen Geheimdienst, auf. Ich betrachtete diesen Schritt als von Grund auf falsch und war mir sicher, dass kein Staat, auch kein demokratischer, ohne Geheimpolizei existieren könne, da es ihre Funktion ist, die rechtmäßige Regierung zu unterstützen; c. ich entdeckte, dass er während seiner Amtszeit als Premierminister mit Humaini zusammengearbeitet hatte. Von meinem Standpunkt aus war eine Kooperation mit Humaini eine unverzeihliche Handlung. Also brach ich die Beziehungen zu Bachtiar ab, ohne ein Gefühl von Schuld zu haben, und versuchte, andere Menschen zu finden, die bereit waren, einen Kampf zu beginnen, um Humaini und seine Kohorten zu stürzen.

Zu dieser Zeit wusste ich noch nicht, wie lang und erschöpfend dieser Weg werden würde, und vielleicht war das auch gut so. Vielleicht hätte ich anders gehandelt, wenn ich die spätere Entwicklung der Ereignisse vorausgesehen hätte, aber zu jener Zeit wusste ich noch nicht, was mir passieren würde.

Die Fortsetzung des Kampfes

Nach der Revolution, im April 1979, organisierte die Humaini-Administration eine Volksbefragung, deren Zweck es war, die Stimmung der Iraner in Bezug auf die Revolution zu untersuchen. Die zentrale Frage lautete: „Sind Sie mit der Revolution und der Islamischen Republik einverstanden?" Die Befragung betraf sowohl die Bürger im Iran als auch jene Iraner, die außerhalb des Landes lebten. In Paris standen Tausende von Leuten Schlange vor der iranischen Botschaft, die in der Yenah-Straße lag, und warteten auf Einlass. Die Reihe erstreckte sich über mehrere Kilometer. Auch ich als iranischer Bürger ging dorthin, um meine Bürgerpflicht zu erfüllen. Als ich die Botschaft betrat, sah ich eine mit Vorhängen verdeckte Wahlkabine. In der Kabine befanden sich zwei Stapel Karten. Auf dem einen lagen rote Karten, auf denen zu lesen war: „Nein, ich bin nicht einverstanden mit der Revolution." Auf dem anderen Stapel lagen grüne Karten, auf denen gedruckt stand: „Ja, ich bin mit der Islamischen Revolution einverstanden". Jede Person, die zur Wahl kam, musste sich mit ihrem iranischen Pass ausweisen, um sich registrieren zu lassen.

Ich wartete viele Stunden und sah der Ausübung meines Wahlrechts entgegen. Als ich das Gebäude betrat, sah ich das Botschaftspersonal den Stapel grüner Karten auffüllen, aber nicht den Stapel roter Karten. Ich verstand, dass tatsächlich niemand eine rote Karte wählte. Als ich an der Reihe war, meinen Umschlag in die Wahlurne zu schieben, um die die Aufseher saßen, die die Rechtsgültigkeit der Wahl prüften, schob ich eine rote Karte in den Umschlag und rief: „Jeder, der nicht wie ich wählt, wird unser Land zum Tode verurteilen, weil er für den Feind stimmt!"

Die Aufseher reagierten wütend, beleidigten mich und äußerten harsche Worte mir gegenüber. Zusätzlich lachten die Leute über mich, die mit mir gewartet hatten. Ich schob den Umschlag in die Wahlurne und rief erneut: „Jeder, der nicht wählt wie ich, macht einen schrecklichen Fehler und treibt den Iran in den Ruin!"

Einige Monate nach dem Regimewechsel im Iran traf ich einen Gegner der Regierung – General Awissy. Die Medien im Iran nannten ihn den „Schlächter von Teheran", weil er ein General war, der seine Feinde schonungslos bekämpfte und als typischer Anti-Kommunist bekannt war. Er sagte zu mir: „Wenn der Ruf, den du erlangt hast, wahr ist und du stark genug bist, können wir zusammenarbeiten. Fünfhundert meiner Leute werden uns begleiten und wir werden den Iran infiltrieren, um die Regierung zu bekämpfen." Ich schrie fast vor Begeisterung über das, was er sagte. Ich fühlte ein starkes Verlangen, eine lohnende Aktion gegen die Regierung zu organisieren. Allerdings kühlte der General meinen Eifer schnell ab, als er einen kleinen Koran aus seiner Tasche zog und seine Hand darauflegte. Er sah mich an und sagte: „Wir müssen mit Vorsicht vorgehen. Der Schah bekam keine Möglichkeit, gegen seine Feine vorzugehen, weil Faktoren von außerhalb ihm Steine in den Weg legten. Wir anderseits müssen auf die passende Stunde warten, um die Hilfe zu erhalten, die uns erfolgreiches Handeln ermöglicht. Aktuell stehe ich in Kontakt mit den Amerikanern und habe guten Grund anzunehmen, dass sie und wir identische Interessen haben. Wir werden von ihrer Hilfe profitieren und das Blatt zu unseren Gunsten wenden."

Ich war sehr enttäuscht von General Awissys Worten. Er leistete nicht nur einen Eid auf den Koran, der den Islam symbolisierte, der dem Iran mit Gewalt aufgezwungen wurde, sondern – noch schlimmer – war tatsächlich bereit, Verordnungen zu akzeptieren, die von der Außenpolitik der Vereinigten Staaten abgeleitet wurden. Der General war bekannt als einsatzbereiter Mann mit starkem Charakter und bewiesener Leistungsfähigkeit. Aber sein Zögern machte mich traurig und ließ mich einsehen, dass ich einen Verbündeten suchen musste, der keine Aufträge von ausländischen Interessengruppen akzeptierte, sondern aus dem Wunsch für das Wohl des Irans handelte, um dieses zu seinen glorreichen Tagen als aufgeklärter, progressiver Staat zurückzuführen und damit die Anerkennung und Freundschaft der Familie der Nationen zu verdienen.

Ich nahm Kontakt auf mit Prinzessin Azada, der Nichte des Schahs. Nach ein paar Wochen Verhandlung zwischen der Prinzessin und meinen Leuten erklärte sie mir, dass sie mir ebenso vertrauen würde wie sie ihrem verstorbenen Bruder Shahriar, seligen Angedenkens, vertraut habe. Ihre Worte glichen einem großen Kompliment und ich war sehr bewegt. Shahriar war ein aktiver Gegner und ein Offizier in der iranischen Marine gewesen bevor die Revolution ausbrach. Für seine Aktivität zahlte er einen hohen Preis: Agenten der Islamischen Revolution ermordeten ihn.

Ich willigte ein, ihr Verbündeter zu sein im Kampf gegen die Islamische Republik.

Ein Schritt vorwärts: die Etablierung der Javan

Man muss bedenken, dass in jenen Tagen eine große Mehrheit der iranischen Bevölkerung die Islamische Revolution unterstützte. Menschen zu finden, die offen gegen sie standen, war sehr schwierig. Ich versuchte, meine Familie und meine engen Freunde um mich zu versammeln. Ich sprach mit verschiedenen Leuten und erklärte ihnen, dass die Islamische Revolution nicht nur schlecht für kommende Generationen sei, sondern eine Katastrophe für unser Land bedeute.

Schließlich trug meine anstrengende Überzeugungsarbeit Früchte und ich schaffte es, eine kleine und engagierte Gruppe von Aktivisten zu bilden, die die Wichtigkeit des Kampfes gegen die islamische Regierung erkannte. Die Grundlage dieser Opposition war bereits geschaffen, aber sie war mangelhaft. Ich verstand, dass es nötig war, ein Gremium zu gründen, das unter seiner Schirmherrschaft alle Gegner des bösen Regimes vereinen konnte, wo auch immer sie sich befanden. So fällte ich die Entscheidung, eine paramilitärische Organisation aufzubauen, die unter anderem die praktische Fähigkeit besaß, militärähnliche Aktionen gegen die Herrschaft des Ayatollahs durchzuführen.

Die Organisation, die ich mit meinen Freunden ins Leben rief, wurde „Javan" genannt, was auf Persisch „Jugend" bedeutet. Der Grund für diesen Namen lag in der Tatsache, dass die meisten Leute, die ich rekrutierte, das Durchschnittsalter iranischer Studenten hatten, fünfzehn bis fünfundzwanzig Jahre.

Ich glaube, dass eine internationale Kooperation zwischen den westlichen Vertretern in Guadeloupe ("Carter, Schmidt, Giscard d'Estaing und Callaghan") beschlossen hatte, den Schah durch Homeini zu ersetzen. Sie folgten der gegen die Sowjetunion gerichteten „Green Belt" – Theorie von Zbigniew Brzeziński, die letztendlich muslimische Extremisten fördern würde. Islamisten und Kommunisten im Iran und den anderen muslimischen Ländern waren die Gewinner!

Im Verlauf der folgenden Monate führten wir eine Reihe von Aktivitäten unter den Studenten aus, sowohl in Europa als auch in den Vereinigten Staaten. Wir rekrutierten junge Leute, die loyal waren und die mit der Zeit verstanden, dass die Islamische Republik eine Katastrophe über die iranische Nation bringen und den Menschen niemals helfen würde. Durch Artikel, die wir veröffentlichten, durch Reden und Interviews, versuchten wir, unsere Gefühle gegenüber dem System im Iran zum Ausdruck zu bringen. Wir sprachen mit Iranern und Nicht-Iranern, die mit dem System kooperierten, und versuchten, sie davon zu überzeugen, dass sie sich irrten. Auch wenn wir zugaben, dass sich die Regierung des Schahs ebenfalls geirrt und gewisse Fehler begangen hatte, insbesondere die in vielen Fällen unnötige Unnachgiebigkeit, war trotzdem klar, dass diese Regierung einem extremen islamischen Regime vorzuziehen war. Die Gewalt, für die das Regime des Schahs verantwortlich gemacht wurde, wurde von der Gewalt Humainis und seiner Kohorten in den Schatten gestellt. Sie wandten fast wahllos Gewalt gegen Bürger, besonders Soldaten und Beamte, die als Anhänger des Schah-Regimes enttarnt und exekutiert wurden.

Uneinigkeit und Konfrontation

Nur sehr wenige Menschen stimmten uns und unseren Ansichten zu. Viele Anhänger des Islam oder des Kommunismus verspotteten unsere Ideen, lachten über sie oder lehnten sie ab. Dennoch erlaubten wir unseren Gegnern nicht, unsere Position zu schwächen. Wir waren entschlossen, jeden erdenklichen Weg zu nutzen, um die Grundlagen des islamischen Regimes zu untergraben. Zuerst griffen wir die Botschaften und die Kulturzentren des Iran in verschiedenen Städten Europas an. Unter anderem entfernten wir große Bilder von Humaini, die in diesen Gebäuden hingen. Wir kämpften gegen fundamentalistische Muslime. Dabei muss betont werden, dass die meisten Mitglieder unserer Bewegung selbst Muslime waren, die aber die Islamische Revolution ablehnten und die versteckten

Gefahren für den Iran erkannten.

Neben anderen Aktionen hingen wir die Nationalflagge des Iran an den Eiffelturm. Wir schafften es, die benötigte Ausrüstung zu verstecken und auf den Turm zu schmuggeln, obwohl es absolut verboten war, etwas mit hinauf zu nehmen. Ziel war es, in das Bewusstsein der Bürger auf der ganzen Welt zu dringen und die positive Seite des Iran aufzuzeigen, die auf Kultur und Fortschritt basierte, und nicht die negative Seite, die den üblen schiitischen Extremismus verkörperte.

Während unserer Aktivitäten in Universitäten, Schulen und anderen Kulturzentren der verschiedensten Städte Europas trafen wir oft auf Agenten der Islamischen Revolution. Einige der Konfrontationen waren gewalttätig, aber wir blieben standhaft und entschlossen, den Vertretern des fundamentalistischen Regimes zu beweisen, dass sie es nicht schaffen würden, unsere Aktivitäten zu verhindern.

Insbesondere die Pariser Universität war durchsetzt mit Agenten der islamischen Regierung, studentischen Mitgliedern des Mudschahid Halk und Studenten, die vom Kommunismus überzeugt waren. Diese drei politischen Gruppen waren in den Universitäten ganz Europas aktiv und bezeichneten sich selbst als Iraner. Jeder iranische Student, der nicht zu einer dieser Gruppen gehörte, wurde daran gehindert, als Iraner über politische Angelegenheiten zu sprechen und wurde so in der Tat „exkommuniziert".

Wir beschlossen, diese Situation zu ändern und herumzudrehen. Zu diesem Zweck traf sich der harte Kern der Javan, der aus fünfundzwanzig Männern und zwei Frauen bestand, allesamt Studenten. Wir entschieden, zur Pariser Universität zu reisen, um unsere Präsenz zu demonstrieren und unsere Ansichten unter den iranischen Studenten zu verbreiten. Etwa achthundert iranische Studenten trafen sich regelmäßig jeden Samstag in der Universität und führten Diskussionen über die unterschiedlichsten Geschehnisse des Tages, aber unserer Javan-Gruppe gab man keine Stimme, obwohl wir zu den Diskussionsthemen überzeugende Argumente vorbereitet hatten.

So fanden wir uns also an einem Samstag vor der Universität ein. Ich trug die drei Meter lange iranische Flagge; hinter mir marschierten die Studenten unserer Gruppe. Alle anderen Studenten, die sich auf dem Platz befanden, wurden plötzlich ruhig und für ein paar Minuten herrschte Stille. Niemand an dieser Universität hatte bis jetzt eine solche Demonstration von Treue innerhalb einer Gruppe von Studenten iranischer Nationalität erlebt. Mehrere Minuten lang war die Menge vor Empörung wie gelähmt und beobachtete uns gebannt. Als wir uns erhobenen Kopfes den Weg durch das Meer von Menschen bahnten und die Nationalhymne des Iran sangen, fühlten wir uns sehr stolz. Noch nie zuvor hatten die Studenten eine solche Disziplin und einen derartigen Glauben in eine Aktion gesehen. Ich deklamierte mit erhobener Stimme: „Dies ist der Tag, an dem wir den Iran erobern wollen, der von den Feinden des Volkes regiert wird."

Als wir den Gesang beendet und die Bühne erreicht hatten, skandierten wir, dass wir unser Volk liebten, denn das sei unsere Verpflichtung. Wir kritisierten die Kommunisten und die Mudschahid wegen ihrer terroristischen Mittel und die Anhänger des islamischen Regimes, weil sie für die iranische Zivilisation nur einen Rückschritt bedeuteten. Es dauerte einen Moment, bis die anwesenden Studenten unsere Botschaft verarbeitet hatten, dann riefen sie plötzlich: „Tod Bachtiar!", obwohl wir diesen nicht einmal unterstützten. Sofort danach begannen sie, uns zu attackieren. Wir hatten keine Chance, auf zivilisierte Art und Weise zu reagieren und uns argumentativ zu rechtfertigen. Wir waren gezwungen, uns körperlich zu verteidigen, und standen Schulter an Schulter gegen eine uns überrennende Welle von Gegnern. Nach einer 45-minütigen Auseinandersetzung waren viele von uns verletzt und zerschrammt. Die Flagge, die wir getragen hatten, war zerfetzt, ebenso die Fotoausrüstung, mit der wir das Ereignis dokumentieren wollten. Die Polizei traf ein und viele Mitglieder unserer Gruppe wurden ins Krankenhaus gebracht, inklusive meiner selbst.

Während ich im Krankenhaus lag, kamen mich viele Iraner besuchen. Sie grüßten mich mit dem Segensspruch „Viel Glück", den sie benutzten, seitdem wir das erste Mal das schiitische Regime angegriffen hatten. Dies erwähnten auch die Beschreibungen in den Medien. Königin Farah schickte mir einen Strauß Blumen und kam mich sogar besuchen. Betroffen fragte sie mich: „Erinnern Sie sich daran, dass sie letztes Jahr zu mir kamen und mir einen gewissen Vorschlag machten? Was Sie jetzt getan haben, ist sehr viel wirkungsvoller."

Die Aktion an der Universität machte die Organisation bekannt und bescherte ihr einen hervorragenden Ruf. Viele Leute wollten uns helfen, die Zustände zu ändern. Während des Nouruz-Festivals kam ein reicher Iraner direkt auf mich zu und fragte mich, wie er uns helfen könne. Ich sagte zu ihm: „Sehen Sie, diese Menschen haben nicht die Mittel ihre Grundbedürfnisse zu finanzieren. Weil sie mit uns zusammenarbeiten, erlaubt das Regime im Iran ihren Eltern nicht, ihnen Geld zu senden. Sie können noch nicht einmal ihre Miete zahlen und so muss ich mich um sie kümmern." Daraufhin schlug er vor, die Nouruz-Festlichkeiten in einem etwa achtzig Kilometer von Paris entfernten Park zu arrangieren, der „Des Yivlines" genannt wurde. Am dreizehnten Tag feierten wir eine große Party in diesem Park und luden viele Iraner zu diesem Ereignis ein. Während des Festes sprach ich mit den Anführern der Opposition und sagte zu ihnen: „Diese jungen Leute sind sehr motiviert. Sie müssen in Ländern wie Israel, Jordanien oder Ägypten mit einer guten Ausrüstung ausgebildet werden, damit sie in den Iran zurückkehren und die

Situation dort verändern können." Ich erklärte, dass wir die Islamische Revolution angreifen und zerstören wollten. Auch wenn unsere Streitmacht klein sei und wir keinerlei Ressourcen hätten, wir also Unterstützung bräuchten, wollten wir nicht auf amerikanische Hilfe warten, sondern alle Kräfte der Opposition vereinen, um die nötigen Operationen zum Sturz des islamischen Regimes zu planen.

Am Ende des Festes vereinbarten wir, eine Finanzierung auf die Beine zu stellen, die den Javan-Mitgliedern und allen, die sich ihnen anschließen wollten, ermöglichte, ein spezielles Training zu absolvieren, um sich auf militärische Aktionen vorzubereiten. Außerhalb der Stadt fanden wir eine passende Örtlichkeit, um ein militärisches Trainingscamp zu errichten. Wir kauften Militäruniformen in Second-Hand-Shops und ich nutzte meine militärische Erfahrung und begann mit der Ausbildung der Rekruten.

Eines Tages erschienen einheimische Polizeibeamte im Camp, um zu prüfen, was dort vor sich ging. Neugierig fragten sie mich, was wir da täten und was die Gründe für die Militäruniformen und der unbekannten Flagge seien, die an der Spitze der Fahnenstange wehe. Ich blieb gelassen und erklärte ihnen, dass im Camp arme Studenten wohnten, deren Eltern es wegen der Islamischen Revolution nicht möglich wäre, Geld zu schicken. Jetzt könnten sie weder ihr Studium fortsetzen, noch Wohnräume mieten. Da ich sie davor bewahren wolle, in die Kriminalität abzurutschen, versammelte ich sie hier in diesem Camp, das durch Spenden von großzügigen Iranern finanziert würde. Vom politischen Standpunkt aus gab ich zu, dass wir Nationalisten seien, wie General de Gaulle es gewesen war, als er zur Zeit seines Kampfes gegen das Vichy-Regime und die Nazis nach England flüchtete. Unser Kampf sei identisch mit jenem.

Der Polizeichef ließ sich von meinen Erklärungen beruhigen, aber trotzdem forderte er, dass wir immer, wenn wir das Camp verließen, die Uniform ablegen sollten. Zusätzlich verlangte er, dass ich ihm jede Woche von unserem Programm berichtete.

Später erfuhren wir, dass in der Nähe des Camps wohnende Menschen sich bei ihrem Vertreter im französischen Parlament über uns beschwert hatten. Sie hatten behauptet, dass Frankreich vor eineinhalb Jahren die Islamische Revolution unterstützt habe und sich hier nun eine Gruppe auf einen Krieg vorbereite. Das Parlamentsmitglied hatte mit dem Innenminister gesprochen und ihn danach gefragt. Die Konfrontation zwischen Parlamentsmitglied und Innenminister hatte die Medien erreicht und sofort danach war die Polizei zu uns gekommen, um uns zu überprüfen.

Im Verlauf der Konflikte mit der französischen Polizei, erlebten wir normalerweise eine wöchentliche Inspektion, manchmal jedoch auch zwei. Eines Abends kam uns Prinzessin Azada besuchen. Sie forderte uns auf: „Geht nach Hause und evakuiert diesen Ort sofort!" Sie schien verzweifelt und verängstigt, aber nicht einer von uns war bereit, diesen Ort zu verlassen, weil es der einzige war, an dem wir leben konnten. Die Mitglieder der Gruppe fragten sie: „Warum machen Sie diesen dummen Vorschlag?"

Anstelle einer Antwort signalisierte mir die Prinzessin, dass sie mit mir unter vier Augen zu reden wünschte. Sie trat auf mich zu und sagte: „Sie wollen dich an den Ort schicken, an den sie auch deinen Bruder geschickt haben." Trotz ihrer Warnung wandte ich mich mit folgenden Worten an meine Leute: „Wenn ihr nach Hause gehen wollt, fühlt euch frei, zu gehen. Wenn allerdings jemand wünscht, hier zu bleiben, selbst wenn es nur ein Einziger ist, werde ich bei ihm bleiben. Wenn alle von euch gehen, werde ich auch gehen." Zu meiner großen Freude antworteten alle einstimmig: „Wir bleiben hier. Dies ist unser Zuhause. Was die Prinzessin dir gesagt hat, ist schlimm, aber wir haben keine Angst vor Terror."

Ein paar Tage später kam die Prinzessin erneut. Unzufrieden mit unserer Entscheidung hierzubleiben bat sie mich: „Bitte, zu meiner persönlichen Sicherheit, bitte verlasst diesen Ort!" Schließlich, nach vielen Komplikationen und stürmischen Diskussionen, entschieden wir, der Bitte der Prinzessin nachzukommen und den Ort zu evakuieren.

Während der Tage, die wir im Camp verbrachten, arbeiteten und trainierten wir und erlernten militärische Strategien. Abends zündeten wir ein Lagerfeuer im Zentrum des Camps und schliefen um das Feuer herum.

Wenn wir uns um das Lagerfeuer versammelten, hielt ich historische Vorträge über die glorreichen Tage des Irans. Ich bewies ihnen, wie die muslimische Eroberung des Irans unser Land zerstört und das positive Image verändert hatte, welches der Iran genossen und welches auf Frieden, Barmherzigkeit und der Gnade Gottes beruht hatte.

Ich erzählte meinen Kampfgefährten vom fortlaufenden Widerstand der Iraner gegen die muslimische Okkupation, die bereits in den Tagen von Kalif Omar begonnen hatte, der von einem der iranischen Nationalhelden, Piruz Nahawandi, und seinen Anhängern getötet worden war. Sie wollten das islamische Regime stürzen, indem sie den Kalifen töteten.

Ich kritisierte auch die Kommunisten, selbst wenn ich persönlich einige Mitglieder dieser Bewegung respektierte. Ich erklärte meinen Freunden, dass die Kommunisten vor allem der Sowjetunion, nicht aber dem Iran, treu sei – eine inakzeptable Haltung. Unter allen Umständen schulde ein iranischer Bürger seine Treue zuallererst seinem eigenen Land und dessen Interessen.

In erster Linie unterrichtete ich meine Freunde über die Quälereien, die die Ayatollahs und ihre Kohorten dem iranischen Volk antaten. Detailliert schilderte ich die Akte der Grausamkeit und des Blutvergießens, denen all jene zum Opfer fielen, die vom religiösen Regime gebrandmarkt wurden.

Einer der Ayatollahs, berüchtigt für seine
Grausamkeit, Ayatollah Chalchali, ordnete die Exekution
Hunderter unschuldiger Menschen an, weil sie mit der
vorherigen Regierung zusammengearbeitet hatten. Als
oberster Richter am Gericht des revolutionären Regimes
exekutierte Chalchali unbesehen zahlreiche Menschen,
weil sie seiner Meinung nach grundsätzlich schuldig
waren. Prinzipien der Barmherzigkeit, der Vergebung
und der Gnade waren ihm vollkommen fremd, und nicht
nur ihm, sondern auch dem Rest der religiösen Sekte.

Eine erste Nachricht aus dem Iran: Ich bin eine
gebrandmarkte Person

Eines Tages erhielt ich einen Anruf. Der Anrufer
weigerte sich, seinen Namen zu nennen, behauptete
aber, Polizeikommissar zu sein, und bat mich, für ein
Gespräch zu ihm zu kommen. Er betonte, dass er mich
nicht verhören, sondern Informationen weitergeben
wolle. Ich fürchtete schlechte Neuigkeiten, aber ich
hatte keine Wahl. Als ich auf dem Polizeirevier eintraf,
wurde ich in einen Raum geführt, in dem ein dünner
Mann mit sehr ernster Miene saß. Ohne zu zögern und
beinahe grausam kam er direkt auf den Kern dieser
Unterredung zu sprechen: „Gewisse Personen haben
Sie im Visier, mein Freund", sagte er. „Es wäre besser,
Vorsicht walten zu lassen."

Ich zuckte mit den Schultern und antwortete:
„Als aktiver Gegner des Regimes im Iran ist mir klar,
dass ich viele Feinde habe." Der Kommissar nickte
zustimmend und sagte: „Ja, aber in Ihrer Abwesenheit

wurde in Teheran das Todesurteil über Sie verhängt. Es lohnt sich, an die Konsequenzen zu denken. Es scheint, als hätten Sie denen deutlich zu stark auf die Füße getreten."

„So scheint es, ja, aber das war von Anfang an meine Intention. Auf jeden Fall werde ich meine Aktivitäten fortführen, aber ich werde versuchen, vorsichtig zu sein."

„Ja!", erwiderte der Kommissar nachdenklich. „Sie sollten besser sehr vorsichtig sein."

Teil 2

Die Tabarzin-Operation

DAS TREFFEN MIT GENERAL ARYANA

Als ich das Telefonat beendet hatte, legte ich sanft den Hörer auf und starrte ihn an, mich weigernd, meinen Ohren zu glauben. Vor ein paar Sekunden hatte ich mit Coresh Aryana gesprochen, dem Sohn des Generals Bahram Aryana. Zu meinem großen Erstaunen hatte Coresh mich kontaktiert und zu einem Abendessen mit seinem Vater eingeladen, General Aryana. Die Einladung schmeichelte mir sehr. General Aryana war für die Iraner im Iran und im Rest der Welt eine wohlbekannte Persönlichkeit. Er hatte sich aus der Armee zurückgezogen, den Iran vor der Revolution verlassen und war nach Frankreich gereist. Während der Revolution war er einer der Generäle, die sich öffentlich gegen die Revolution aussprachen und die „Azadegan"-Organisation auf die Beine stellten, die auf nicht-militante Weise gegen die Revolution kämpfte.

Meiner Meinung nach beschränkten sich die kontrarevolutionären Aktionen der Organisation auf verbalen Protest in Zeitschriften und Flugblättern verschiedenster Art. Von meinem Standpunkt aus war diese Beschäftigung fade und hoffnungslos. Daher hatte ich gar nicht erst versucht, Kontakt zu dieser Organisation aufzunehmen.

Als ich zu diesem Treffen eingeladen wurde, war mir klar, dass der General von meiner angeregten politischen Aktivität wusste und mich nicht grundlos treffen wollte.

Im Verlauf des Festmahls führte ich eine lange Diskussion mit dem General. Er erzählte mir von seinem Interesse an einer möglichen Kooperation mit den Javan. Nachdem ich über die Worte des Generals nachgedacht hatte, antwortete ich ihm, dass ich zuerst Prinzessin Azada konsultieren müsse, weil ich mit ihr in Kontakt stünde. Als er meine Antwort vernahm, widersprach er vehement: „Nein! Sagen Sie niemandem ein Wort davon." Ich fragte: „Warum?" Er antwortete: „Weil wir eine Sonderoperation planen, von der niemand etwas wissen darf." Er setzte seine Ausführung fort und erklärte, wenn ich seinen Vorschlag annähme, solle ich meine treuesten Anhänger einsetzen, um eine Operation an der Nordgrenze des Iran auszuführen.

Ich grübelte mehrere Tage über den Vorschlag des Generals und akzeptierte ich ihn schließlich.

Nachdem wir uns noch mehrere Male getroffen hatten, eröffnete der General mir, dass eine Gruppe von nationalistischen Beamten bereit sei, eine Operation gegen das Regime im Iran durchzuführen. Er bat mich, zwanzig meiner Leute auszuwählen, damit diese den Feldzug begleiteten.

Also wählte ich die besten zwanzig Leute der Organisation aus und bat sie, mit niemandem über unsere Operation zu sprechen. Aufgrund der bisherigen Aktivitäten waren die jungen Studenten leicht für den neuen Plan zu begeistern, aber was sie nun ausführen

sollten, unterschied sich grundsätzlich von allem, was
sie bisher getan hatten, denn dieses Mal sollte der
Feldzug zuhause im Iran stattfinden. Voller Energie und
Motivation bereiteten sie ihre Rückkehr in den Iran vor.
Sehr oft kamen sie zu mir, um mehr Details über die
Aktion in Erfahrung zu bringen, aber ich erwiderte, dass
sie Geduld haben müssten, und wenn die Zeit käme,
würden sie erfahren, was es zu erfahren gäbe. Erneut
verpflichtete ich sie zur Geheimhaltung und nahm
ihnen das Versprechen ab, nicht einmal ihren Familien
gegenüber etwas über unsere Pläne verlauten zu lassen.

Lügen – eine notwendige Tarnung

General Baharam Aryana, Generalstabschef der
iranischen Armee 1964/1969, sagte mir, dass wir über
Kurdistan in den Iran gehen würden, um gegen die
Armee der Islamischen Republik zu kämpfen. Ein Angriff
auf drei Flugkörperschnellboote in Spanien – wie sich
später herausstellte das wirkliche Ziel der Operation –
wurde mit keinem Wort erwähnt.

Alle Mitglieder unserer Organisation waren der
französischen Polizei bekannt. Das System wusste,
wer diese Menschen waren, was sie taten und welche
Ideologie sie leitete. Ich hatte Angst, dass die französische
Polizei Verdacht schöpfen würde, wenn viele Aktivisten
verschwanden. Um keinen Verdacht seitens der
Polizei oder der eigenen Familien zu erregen, wurde
jeder Teilnehmer der Operation dazu aufgefordert,

sich eine Geschichte auszudenken, die brauchbar und vertrauenswürdig klang und erklärte, warum sie Frankreich für ein paar Wochen verlassen mussten. Somit war sichergestellt, dass auch Familienmitglieder bei Verhören in Unkenntnis der Wahrheit die Operation nicht an die Polizei verraten konnten.

Jeder von uns sollte Frankreich zu einem anderen Datum verlassen, um die Polizei hinsichtlich unserer Absichten zu verwirren. Es war geplant, unsere Reise nach Kurdistan von Spanien aus zu starten. Den Teilnehmern wurde strengstens verboten, Persisch zu sprechen, öffentliche Kontakte zu knüpfen oder sich gar als Iraner zu erkennen zu geben.

Der vereinbarte Treffpunkt aller Teilnehmer war der Hafen von La Coronia in Spanien, das festgesetzte Datum war der 9. 8. 1981.

Nach der Einsatzbesprechung redete ich persönlich mit jedem Einzelnen und versicherte mich, dass alles verstanden worden war und alle Teilnehmer vorbehaltlos den Zweck der Aktion akzeptiert hatten. Alle erklärten, sie verstünden, was auf dem Spiel stehe, auch sehnten sie sich danach, die Aktion im Iran zu starten, um die erhofften Änderungen in Gang zu bringen.

Händeschütteln, Umarmungen, und der Moment des Abschieds - nun war jeder bis zum vereinbarten Treffen in Spanien auf sich allein gestellt.

Eine glückliche Begegnung, verbunden mit einer Enttäuschung

Ich hatte mit Coresh Aryana (dem Sohn des Generals) und Admiral Habibollahi (Kommandeur der iranischen Marine), General Pilot Minusepehr und General Pilot Bbaghery diskutiert, die später mit uns beim Angriff auf die drei Flugkörperschnellboote kooperierten. Meinem Land zuliebe, um es vor der Bedrohung durch den Schiismus zu retten, hatte ich der Beteiligung meiner Guerilla-Kämpfer zugestimmt.

Zur abgesprochenen Zeit erschienen alle Teilnehmer der Gruppe sicher am Treffpunkt im Hafen von La Coronia, am Fuß der Herkules-Statue, der in der griechischen Mythologie körperliche und geistige Stärke symbolisiert.

Die Teilnehmer waren aufgeregt, aber auch sehr freudig. Captain Coresh Aryana kam in Begleitung einiger weiterer Generäle, die uns bei der Operation begleiten sollten, wie General Pilot Minusepehr, Pilot Bbaghery and Kamal Habibollahi. Wir zählten einundzwanzig Aktivisten – zwanzig Männer und eine Frau, Nahid. Während eines Marsches, den wir an einer Universität durchgeführt hatten und an dem Nahid teilgenommen hatte, war ein harter Kampf mit Anhängern der Hisbollah und den Kommunisten ausgebrochen. Nahid hatte von einem kommunistischen Aktivisten einen schweren Tritt in den Magen bekommen und war schwer verletzt worden, eine Verletzung, die verhindern sollte, dass sie jemals Kinder bekam. Sie symbolisierte für uns die Rechte der Frauen auf Freiheit und Feminismus.

Wir verließen den Hafen und suchten im Stadtzentrum nach einem Platz, an dem wir reden konnten, ohne dass unerwünschte Zeugen zuhörten. Wir waren froh, als wir einen abgelegenen Platz in einem großen öffentlichen Garten fanden und warteten sehnsüchtig darauf, vom Fortlauf der Operation zu hören.

General Aryana und die übrigen Offiziere schienen gestresst und ungewöhnlich ernst. ‚Ist etwas passiert?‘, fragte ich mich. Mehrere Minuten später kam Coresh Aryana auf mich zu und bat mich, mich zu seinem Vater und den anderen Generälen zu gesellen. General Aryana schüttelte meine Hand und sagte ohne weitere Umstände: „Es gibt eine Änderung in Bezug auf das Ziel der Operation.“

Ich war so schockiert, dass ich nicht antworten konnte. Ich war sicher, dass ich etwas falsch verstanden hatte.

„Was meinen Sie?“ fragte ich, ohne das Gehörte verarbeitet zu haben.

„Es gibt aus bestimmten Gründen eine Planänderung“, sagte General Aryana erneut.

„Aber warum?“, stammelte ich. „Was ist passiert?“

„Wir wollten nicht, dass die Teilnehmer das echte Ziel erfahren, bis zu dem festgesetzten Zeitpunkt, an dem die Operation beginnen soll,“ sagte General

Aryana und fügte hastig hinzu: „Wir hatten Angst vor einer undichten Stelle und dies war der einzige Weg, sie zu verhindern."

Ich spürte Ärger in mir aufkommen und sagte: „Und auch ich als Anführer wurde ausgeschlossen?"

„Ja", sagte General Aryana. „Sie müssen verstehen, wir mussten die Risiken minimieren, auch wenn wir uns in Bezug auf Sie in jeder Hinsicht sicher waren."

„Ja?", sagte ich mit einiger Bitterkeit. „Und was soll ich den Mitgliedern erzählen?"

„Die Wahrheit!", erwiderte General Aryana und der Ton seiner Stimme drückte Ungeduld aus. „Diese Vorsichtsmaßnahmen wurden getroffen, um die Sicherheit eines jeden, der an dieser Aktion teilnimmt, zu wahren."

„Und was ist das neue Ziel?", fragte ich, nicht willens, gegenüber General Aryana so schnell nachzugeben.

„Zuerst müssen Sie den Teilnehmern erklären, dass es eine Änderung gibt und dann werde ich ihnen das wahre Ziel unseres Feldzuges nennen", sagte General Aryana beschwichtigend.

Ich ging hinüber zu den erwartungsvollen Gruppenmitgliedern und sagte: „Eine Änderung wurde beschlossen."

Ich erklärte kurz die Gründe und sorgte dafür, dass alle wussten, dass auch ich nicht an der Entscheidung beteiligt gewesen war. Ich stellte klar, dass auf diese Weise verfahren worden war, um die Sicherheit eines jeden Teilnehmers der Operation zu schützen. Meinen Worten folgte eine stürmische Diskussion. Erst jetzt würden sie das wahre Ziel der Expedition erfahren und einige von ihnen fühlten sich betrogen. Im Gegensatz dazu gab es andere, die keine Einwände erhoben, weil es für sie am wichtigsten war, mit einer gelungenen Operation der Herrschaft Humainis zu schaden.

Ich versuchte diejenigen, die sich betrogen fühlten, zu überzeugen, ihre Meinung zu ändern. Ich gab ihnen zu verstehen, dass wir unser Ziel auch erreichen konnten, wenn wir nicht im Iran selbst agierten, sondern außerhalb, solange wir nur eine ausführliche Berichterstattung in den Medien erreichten. Ich beendete meine Ausführungen mit der Aussage, dass wir im Interesse unseres gemeinsamen Kampfes die Operation in jedem Falle durchführen müssten.

Schließlich baute sich General Aryana vor meiner Gruppe auf. Er erklärte, der Zweck der Operation sei, die Kontrolle über drei Flugkörperschnellboote der iranischen Marine zu erlangen. „Dies ist eine einmalige Gelegenheit, die sich nicht wiederholen wird", sagte er. „Durch Zufall wird uns eine Chance geboten. Die Boote liegen im Hafen von La Coronia vor Anker, bevor sie zum Iran segeln. Ich werde Jamshid alle Details der Operation erläutern und er wird diese an Sie weitergeben. Ich hoffe,

Sie werden verstehen, warum wir gezwungen waren, diese Änderung erst in letzter Minute zu verkünden. Wir haben viele Feinde und wir hatten Angst, dass diese unsere Pläne entdecken und die Operation vereiteln könnten, bevor sie überhaupt angefangen hat."

Nach stundenlangen Diskussionen akzeptierten alle Teilnehmer das Unvermeidliche, außer einem Studenten namens Stahr. Er war entmutigt, äußerte vehement Widerspruch und bat mich um die Erlaubnis, nach Paris zurückkehren zu dürfen und nicht am Feldzug teilnehmen zu müssen. Ich war gezwungen, seiner Bitte zu widersprechen, weil nach der Einweihung in den wahren Plan kein Einziger die Einsatztruppe vor Beendigung der Operation verlassen durfte. Wir hatten Angst vor einem Informationsleck und mussten außerdem die Disziplin innerhalb unserer Organisation wahren. Stahr beschwerte sich bei mir: „Ich kann nicht schwimmen, wie soll ich ein Marineschiff kapern?" Ich antwortete Stahr, dass er nicht der Einzige sei, der nicht schwimmen könne, aber die anderen Nichtschwimmer hätten die Entscheidung ohne Zögern akzeptiert.

Es muss betont werden, dass von zweiundzwanzig Teilnehmern nur sechs Militärerfahrung hatten. Der Rest hatte nicht in der Armee gedient und keinerlei Sachkenntnis von militärischen Aktionen. Ich realisierte, dass die Zusammensetzung der Gruppe ein Hindernis darstellte, denn aufgrund der Art der Operation gab es weder die Zeit noch die nötigen Mittel, sie zu auszubilden. Aber hier bot sich uns eine einmalige

Gelegenheit, die wir nicht verpassen durften, daher wurde die Entscheidung gefällt, auch unter diesen einschränkenden Umständen zu handeln. Mir wurde befohlen, die Mitglieder der Gruppe im Rahmen der wenigen Zeit und des engen Budgets auf die Operation vorzubereiten. Der „Glaube in unsere Sache" diente als unsere Hauptwaffe und sollte unseren Mangel an militärischen Fähigkeiten aufwiegen.

Eine andere Angelegenheit, über die wir wegen ihrer großen Bedeutung diskutierten, betraf die Verhaltensmaßregeln bis zum Start der Aktion. Wir stimmten darin überein, dass es am besten wäre, in getrennten Hotels zu übernachten und es zu unterlassen, Persisch zu sprechen. Dieses Verbot leitete sich von der Tatsache ab, dass etwa einhundertfünfzig Matrosen der Islamischen Republik in La Coronia verweilten, die angereist waren, um die drei Flugkörperschnellboote, die aus Cherbourg in Frankreich hergebracht worden waren, in den Iran zu bringen. Sie sollten von Spanien aus über das Mittelmeer in den Indischen Ozean zum Iran gelangen.

1974, fünf Jahre vor der Revolution, hatte die iranische Armee 14 Flugkörperschnellboote gekauft. 11 wurden vor der Islamischen Revolution in den Iran gebracht, während die übrigen drei Boote in der Werft in Cherbourg verblieben. Aufgrund der heiklen Zeiten und des Krieges im Irak wurden die iranischen Soldaten nach Frankreich geschickt, um die Boote in den Iran zu holen. Zu dieser Zeit brauchte der Iran diese Boote dringend.

General Aryana und seine Freunde planten, die Matrosen der iranischen Marine auf „iranischem Gebiet" zu verhaften. Wenn wir diese Flugkörperschnellboote der iranischen Armee kaperten, lag die wahre Bedeutung darin, dass wir einen „Teil des iranischen Hoheitsgebietes" besetzten. Wir wollten dieses „Territorium" erobern und die Soldaten handlungsunfähig machen, um mit dieser Aktion zu symbolisieren, dass wir die Autorität über einen Teil des iranischen „Staatsgebietes" erlangt hätten. Danach wollten wir die Führer der Opposition einladen, um eine Regierung auf iranischem „Territorium" aufzustellen – in diesem Fall auf den Booten.

Die Aktion war als Akt des Trotzes und der Rebellion gedacht mit dem Ziel, das Augenmerk der Weltmedien auf die Bewegung der iranischen Rebellen zu lenken, und gleichzeitig Unbehagen und Verwirrung für die Herrschaft der Ayatollahs im Iran zu stiften. Wir gingen von der Annahme aus, dass die Medien uns gegen Versuche, uns zum Schweigen zu bringen, verteidigen würden, ob sie nun aus dem Iran oder aus anderen Staaten mit politischem Interesse kommen würden, und die darauf aus waren uns in die Ecke zu drängen, allein der Tatsache wegen, dass die Beziehungen zu den offiziellen iranischen Behörden ihnen von Nutzen waren.

Zusätzlich war geplant, dass General Aryana gleichzeitig einen Militärfeldzug ausführte, an dem neben iranischen Offiziere auch Kurden, die gegen die Islamische Republik kämpfen wollten, teilnahmen. Wenn bekannt werden sollte, dass eine Regierung im Exil aufgebaut worden war, würden wir schon mit den Booten im Persischen Golf ankommen. Wir nahmen an, dass viele Marineoffiziere uns bei unserem gewagten Bestreben unterstützen würden. Schon zu dieser Zeit führten wir im Zentrum des Irans Verhandlungen mit großen ethnischen Gruppen wie Ghashghai und Bakhtiari.

Wir glaubten, dass unsere Operation trotz der heiklen Zeiten und dem Krieg mit dem Irak eine breite Öffentlichkeit aktivieren würde. Viele würden sich uns anschließen und das unerträgliche Regime stürzen. Ich schärfte meinen Leuten ein, Entschlossenheit und Opferbereitschaft zu zeigen, und erklärte ihnen, dass sie in die Geschichte unseres Volkes eingehen würden. Wir sollten als Fackelträger der Freiheit und des Fortschrittes für zukünftige iranische Generationen verewigt werden.

Die Salazon-Affäre

Eine Nasenlänge voraus

Während wir die Planänderung noch verdauten und uns mit der neuen Realität vertraut machten, wurden wir informiert, dass wir La Coronia verlassen müssten. Im Hafen gäbe es nicht die passenden Bedingungen, um die Flugkörperschnellboote zu übernehmen. Die Boote müssten auf See gekapert werden. Also müssten wir den Booten auf ihrem Weg auflauern. Der ausgewählte

Zielhafen sei Cadiz.

Die Mitglieder der Gruppe waren unglücklich über die erneute Änderung, aber schließlich verstanden sie, dass es keine Alternative gab und wir La Coronia zum Wohl der Operation verlassen mussten. Nach einer erschöpfenden Reise, die etwa sechsunddreißig Stunden dauerte, trafen wir in Cadiz ein. Während der Reise war es uns wieder verboten, Persisch zu sprechen und wir sollten uns keinesfalls als Iraner vorstellen, sondern als Bergarbeiter, die kein Spanisch sprachen.

Bei der Ankunft in Cadiz versammelte ich die Gruppe und sprach mit ihnen, um ihren Willen zu stärken angesichts der bevorstehenden Operation, die in ein paar Tagen die heiße Phase erreichen sollte. Ich sprach insbesondere mit Stahr, der nicht am Feldzug hatte teilnehmen wollen. Ich befürchtete, er könne die anderen Teilnehmer mit seiner düsteren Stimmung anstecken.

Unsere erste Aufgabe bestand darin, ein Fischerboot zu finden, das unseren Anforderungen für die Operation entsprach. Am zweiten Tag unseres Aufenthalts in Cadiz traf ich mich mit dem ehemaligen Admiral und Captain Coresh Aryana. Wir wandten uns an einen einheimischen Fischer namens Paitrus. Er besaß einen großen Fischdampfer, zweiundzwanzig Meter lang und sechs Meter breit. Wir verhandelten drei Tage lang mit ihm über die Nutzung seines Bootes, genannt die „Salazon". Wir stellten uns als griechische Meeresforscher vor, die daran interessiert seien, das

Gebiet um Cadiz zu untersuchen. Der Admiral übernahm die Funktion des Professors, ich war sein Assistent und der Kapitän war verantwortlich für die Studenten – einundzwanzig an der Zahl. Wir besprachen mit Paitrus, dass wir jeden Morgen auslaufen und in den späten Nachmittagsstunden zurückkehren würden.

Wir vereinbarten ein Treffen am Hafen für eine Probefahrt, unter anderem auch, weil wir während der Diskussion über die Details der Operation, die wir von da an „Tabarzin-Operation" nannten, eine gewisse Privatsphäre benötigten. Wir legten ab, ausgestattet mit Wasser und einer Menge Nahrungsmittel. Paitrus leitete das Boot als Kapitän, und wir spielten unsere Rollen entsprechend.

Im Heck des Schiffes gab es einen großen Tisch, auf dem eine skizzierte Karte des Flugkörperschnellboots „Tabarzin" lag. Der Admiral erklärte uns, was wir darauf sahen. Es sei daran erinnert, dass der Admiral während der Zeit des Schahs der Kommandeur der iranischen Marine gewesen war. Er erläuterte uns, was ein Flugkörperschnellboot sei, das Ausmaß dessen Kampfkraft, die verschiedenen Arten der darauf installierten Waffen und wie viele Besatzungsmitglieder es mit sich führte. Und was noch viel wichtiger war – er erklärte im Detail, wie wir, einundzwanzig unausgebildete Menschen, ein Schnellboot angreifen konnten, das eine Besatzung von einunddreißig ausgebildeten Kämpfern beherbergte.

Und schließlich führte er aus, wie wir ein

Schnellboot kapern und die Offiziere mit nur minimalen Verletzungen gefangen nehmen konnten. Die Kernfrage jedoch blieb: Wie kann ein spanischer Fischdampfer ein Flugkörperschnellboot in spanischem Territorium auf See stoppen? Die Antwort schockte uns: Wir würden das Boot auf offener See, außerhalb des spanischen Hoheitsgebietes, anhalten müssen. Dann wäre die spanische Regierung nicht mehr in der Lage, uns zu stoppen, weil wir uns außerhalb ihrer Gerichtsbarkeit befänden.

Die Erläuterungen dauerten etwa vier Stunden, in denen auch viele Fragen gestellt wurden. Anschließend nahmen wir ein exzellentes Mittagessen ein, bei dem wir Paitrus zu einem Cognac einluden, was dazu beitragen sollte, eine gute Beziehung zu ihm aufzubauen.

Nach dem Mittagessen entschieden wir, das warme Wetter auszunutzen, das im August am Mittelmeer herrschte, und viele von uns sprangen ins Wasser und schwammen. Es war das erste Mal in meinem Leben, dass ich im offenen Meer schwamm. Ich tat es, unter anderem, weil ich die Leute ermutigen wollte, und um sie mental abzuhärten.

Nach dem Schwimmen versammelten wir uns erneut um den Kartentisch und der Admiral gab weitere Anweisungen, wie wir uns zu verhalten hatten, um die Schnellboote zu kapern. Er betonte, dass die Boote in einer Reihe hintereinander führen und das letzte Boot, die „Tabazin", dasjenige sei, das wir zuerst angreifen müssten. Danach würden wir die Boote „Hanjar" und

„Naizah" einnehmen.

Unserem Deckmantel zufolge gaben wir vor, Beamte der spanischen Küstenwache zu sein, die das Boot für eine Routine-Kontrolle anhielten. Wenn die Boote nahe beieinanderlägen, würden wir an Deck der „Tabarzin" gehen, um sie zu überprüfen. Es wurde entschieden, dass ich als Erster vom Fischdampfer auf die „Tabarzin" aufspringen sollte. Meine Aufgabe sei es, jeden festzunehmen, der unsere Untersuchung ablehnte. Anschließend würde ich vom Kommandeur des Bootes den Schlüssel zur Waffenkammer verlangen, um meine Leute zu bewaffnen. Ich sollte einen Dolch bei mir tragen, während alle anderen mit Luftpistolen ausgestattet wären. Sofort danach würde eine zweite Gruppe von sieben Leuten an Bord der „Tabarzin" gehen, um uns zu decken und erst dann würde die dritte Gruppe das Boot betreten.

Auch wenn die Worte des Admirals klar und vertrauenserweckend klangen, war die Furcht groß. Das Machtverhältnis fiel deutlich zu unseren Ungunsten aus. Einer unserer Teilnehmer brachte diese Tatsache zur Sprache, als der Admiral sich Zeit für Fragen nahm. Der Admiral lächelte und entgegnete, dass er einige geheime Informationen habe, die er uns allen nun enthüllen wolle, Informationen, die eine einfache und schnelle Kaperung der „Tabarzin" sichern würden. „An Deck der ‚Tabarzin' werden nur sechs Leute sein", sagte er und genoss offensichtlich den überraschten Ausdruck unserer Gesichter. „Aber ...", unterbrach einer der Teilnehmer.

Der Admiral lächelte erneut und sagte: „Einen Moment!
Hören Sie zu, bis ich zu Ende gesprochen habe. Kurz
nach dem Ablegen wird der Kommandeur der ‚Tabarzin'
einundzwanzig seiner Soldaten in den Laderaum
des Bootes abkommandieren, um dem Vortrag eines
Offiziers zuzuhören. Also werden nur sechs tatsächlich
an Deck sein, was die Chance einer gewalttätigen
Konfrontation signifikant senken wird." Nach seinen
Worten herrschte Stille und die Teilnehmer begannen
den ausgeklügelten Plan zu verstehen. Die Stimmung
veränderte sich, die mit Furcht belastete Atmosphäre
löste sich auf und die Teilnehmer waren nun in einer
begeisterten und übermütigen Gemütsverfassung.

Der Admiral erklärte weiterhin, dass wir das
Kommunikationsequipment unseres Fischerbootes
unbrauchbar machen müssten, bevor wir es verliessen,
damit es dem Kapitän nicht möglich sein würde, von
den außerordentlichen Vorfällen zu berichten. „Jedoch
müssen wir", sagte der Admiral, „den Schiffskapitän mit
Respekt und Höflichkeit behandeln und ihm natürlich
auch das Geld bezahlen, das wir ihm schulden." Er fuhr
fort, dass wir, nachdem wir die „Tabarzin" unter unsere
Kontrolle gebracht hätten, sofort aufbrechen und die
anderen Boote erreichen müssten. Dieses sei möglich,
indem wir den Kapitän der „Tabarzin" dazu zwängen,
das Boot vor ihm zu informieren, dass er ein technisches
Problem festgestellt habe und um Hilfe bäte. Wenn das
Boot sich der „Tabarzin" nähere, würden wir die Chance
ergreifen und es übernehmen, und danach auch das
dritte Boot.

Da mir die Mentalität meiner Leute und ihre körperlichen Fähigkeiten aufgrund der Jahre, die ich sie ausgebildet hatte, bekannt waren, teilte ich sie in Gruppen auf und bildete aus den besten Leuten die erste Gruppe.

Während der langen Seereise sprach ich ausführlich mit den Mitgliedern meiner Gruppe und betonte erneut die Wichtigkeit der Aufgabe. Ich erklärte ihnen, dass wir niemals scheitern oder, Gott behüte, uns ergeben dürften.

Wir kehrten abends in den Hafen von Cadiz zurück. Ich wandte mich an die Anführer der Gruppen und wies sie an: „Erholen Sie sich gut heute Nacht. Trinken Sie keinen Alkohol, weil Sie den ganzen Tag lang in der Sonne waren. Sparen Sie Ihre Energie. Denken Sie daran, wir haben immer noch ein paar Tage eines anstrengenden Trainings vor uns. Der schicksalhafte Tag, an dem wir die Operation starten, wird Dienstag sein." Am Ende des Tages trennte ich mich vom Admiral und er bat mich, ihn am nächsten Morgen am gleichen Ort zu treffen, um die Hotelrechnung zu bezahlen.

An unserem ersten Tag in Cadiz kauften wir uns spanische Militäruniformen. Dies war nicht einfach, wenn man bedachte, dass wir kein Spanisch sprachen. Wir kauften außerdem Gummistiefel und jeder von uns bekam eine Luftpistole. Wir mussten all diese Ausstattung so einpacken, dass Paitrus, der Kapitän des Fischdampfers, keinen Verdacht schöpfte. Der Admiral bat mich, das überzählige Equipment und die

Wertsachen getrennt unterzubringen und legte sie in einen Rucksack. Er sagte, dass jeder von uns am nächsten Tag mit einem Rucksack mit der für die Operation nötige Ausrüstung am Fischerboot auftauchen solle.

Wie jeden Tag stand ich zu früher Morgenstunde auf, um meine Leibesübungen auszuführen. Danach setzte ich mich hin und grübelte über der Operation, an der wir beteiligt waren, und über mögliche Konsequenzen eines solchen Feldzuges. Das Klingeln des Telefons riss mich aus meinen Gedanken. Ich nahm den Hörer ab und vernahm die entschiedene Stimme des Admirals. „Jamshid", begann er, ohne eine Begrüßungsfloskel, „eine weitere Veränderung ist aufgetreten: Die Operation wird heute stattfinden, Montag, und nicht morgen, wie geplant." Ich war überrascht und mir sicher, mich mitten in einem gestellten Szenario zu befinden. „Einen Moment", stammelte ich, „was ..." Aber der Admiral schnitt mir das Wort ab und sagte bestimmt: „Es gibt kein ‚was'." Seine Stimme klang ungeduldig. „Die Operation muss heute stattfinden. Es gibt eine Änderung im Zeitplan der Boote, worüber wir erst in letzter Minute informiert wurden. Kommen Sie, lassen Sie es uns anpacken. Teilen Sie Ihrer Truppe mit, dass die Operation heute stattfindet und dass sie sich darauf vorbereiten soll. Lassen Sie uns einen großartigen Erfolg einfahren!" Ich konnte nicht auf seine Worte reagieren, bevor ich am Telefon nur noch das Freizeichen hörte.

Nach dem Frühstück machte ich meine Kameraden mit der veränderten Situation vertraut: „Die Operation wird schon heute stattfinden. Wir haben also keinen zusätzlichen Tag für das Training. Heute ist der Tag." Nachdem die Teilnehmer die Nachricht aufgenommen hatten, kam ein aufgeregtes Gemurmel auf. Ich erhob meine Hand zum Zeichen der Stille. „Freunde, wir erhielten im letzten Moment die Information, dass der Zeitplan der Schnellboote geändert wurde und sie einen Tag früher ablegen. Wir haben keine Alternative, das ist eine einmalige Gelegenheit, die wir nicht verpassen dürfen."

Wir erreichten rechtzeitig den Treffpunkt, an dem der Admiral uns schon erwartete. Wir stellten den Rucksack mit dem überzähligen Equipment in den Citroën von Captain Aryana und den zwei Generälen, die ihn begleiteten, und umarmten einander; sie segneten uns und wünschten uns Erfolg. Danach gingen wir in Richtung der „Salazon".

Die Aufregung war deutlich spürbar. Aber jetzt wurden alle Gedanken, Fragen und Zweifel, die vor der Operation aufgekommen waren, beiseitegeschoben. Wir wussten genau, dass wir eventuell einen hohen Preis für unsere Tat bezahlen müssten, aber unsere Beharrlichkeit war groß und wir waren uns der Gerechtigkeit unseres Weges und unseres Zieles sicher.

Wir gingen an Bord des Fischerbootes und verließen den Hafen. Während der Reise sprach der Admiral über die technischen Seiten der Flugkörperschnellboote. Er erläuterte die Motoren, das Verteidigungssystem und den Umstand, dass ein kleines Stück Metall einen Motor zerstören konnte. Er prägte uns ein, dass wir unter allen Umständen verhindern sollten, dass sich die Soldaten dem Motor näherten. Er betonte: „Nun stehen Sie einem fähigen Feind gegenüber. Das ist ein deutlicher Unterschied zur Trainingssituation im Camp." Er erklärte uns, wie wir uns auf einem Flugkörperschnellboot selbst schützen und wie wir miteinander kommunizieren könnten. Er betonte außerdem, dass wir strenge Selbstdisziplin bewahren müssten. Drei Stunden später sah der Admiral durch sein Fernglas in Richtung Cadiz und seines Hafens. Wir waren nur noch zwanzig Kilometer von ihm entfernt. Plötzlich gab er sein Fernglas an mich weiter und bat mich hindurchzusehen. Ich sah die Schatten dreier Schnellboote, die hintereinanderfuhren. Nun war die Zeit gekommen, sich auf die Endphase vorzubereiten, bevor wir die Kontrolle über die Boote übernahmen. Ich ging zusammen mit den Teilnehmern der ersten Gruppe hinunter in den Laderaum des Schiffs. Wir wechselten unsere Kleidung und zogen die spanischen Soldatenuniformen an. Einen Moment lang kam ein Kichern auf. Wir sahen einander an und dachten uns, dass wir Spaniern überhaupt nicht ähnlich sähen. Als wir an Deck gingen, betrachtete uns Kapitän Paitrus überrascht. Er befürchtete, dass wir einer illegalen Organisation wie der Mafia angehörten, aber da der Rest der Teilnehmer sich darum gekümmert hatte, ihn mit alkoholischen Getränken zu versorgen, war er so betrunken, dass er innerhalb weniger Minuten in Ohnmacht fiel. Der Admiral übernahm das Kommando über das Fischerboot und stellte sich hinter das

Steuerrad.

Drei Schatten am Horizont

Wir standen an Deck, hielten stark vergrößernde
Ferngläser in den Händen und suchten das Meer nach
einem Zeichen der Boote ab. Schon nach kurzer Zeit
signalisierte einer unserer Leute, dass er drei Schatten
ausmachen könne, die auf uns zukämen. Eine genaue
Überprüfung bestätigte in der Tat die Annäherung der
drei Flugkörperschnellboote. Langsam verringerte sich
die Distanz und wir versuchten, uns dem dritten Boot zu
nähern, das wir zuerst kapern wollten – die „Tabarzin".
Unsere Herzen schlugen wild. Der Admiral steuerte
unser Schiff mit hoher Geschwindigkeit auf das Boot zu.
Paitrus, der zu diesem Zeitpunkt vollkommen betrunken
war, beugte kurz den Kopf und bekreuzigte sich. Er
verstand, dass wir im Begriff waren, das Schnellboot
am Horizont anzugreifen. Er befürchtete zurecht, dass
unsere Aktion seinem Fischerboot erheblichen Schaden
zufügen würde.

Alle Teilnehmer trugen nun die Uniformen
spanischer Soldaten. Nun wurde es Zeit, das Funkgerät
des Fischerboots außer Betrieb zu setzen, Paitrus zu
bezahlen und die Kaperung der „Tabarzin" und ihrer
Schwestern zu beginnen.

Wenn ich als erster Krieger an Bord der

„Tabarzin" ging, würde es etwa 40 Sekunden dauern – so schätzten wir – bis der letzte der Kämpfer bei mir ankäme. Jeder von uns hatte eine festgelegte Aufgabe. Meine war es, die hochrangigen Offiziere unter meine Kontrolle zu bringen und ihnen den Schlüssel der Waffenkammer abzunehmen, um mein Team mit den Waffen zu versorgen.

Wir wussten, dass wir schnell vorgehen und das Schiff innerhalb einer sehr kurzen Zeitspanne einnehmen mussten. Wir befürchteten, dass der Rest der Besatzung im Laderaum erkennen würde, was passierte. Das würde unsere Operation in einen Fehlschlag mit unnötigen Toten auf beiden Seiten verwandeln.

Die Distanz zwischen uns und dem Flugkörperschnellboot verringerte sich schnell. Der Admiral lenkte die „Sarazon" näher an die „Tabarzin" heran. Ich rief über ein Megafon: „Stopp! Im Auftrag unserer Zentrale müssen wir Sie in Gewahrsam nehmen!" Der Abstand zwischen unserem Boot und der größeren „Tabarzin" betrug nun nur noch wenige Zentimeter. Jede kleinste Bewegung eines der Boote konnte einen Zusammenstoß verursachen. Eine äußerst gefährliche Situation: 22 Kämpfer mussten von einem Boot auf das andere wechseln.

Wie abgemacht sprang ich als Kommandeur der ersten Gruppe als erster auf das Flugkörperschnellboot. Direkt nach mir enterten sechs weitere Kämpfer meiner Gruppe. Sie waren die Stärksten der gesamten Organisation. An Deck des Flugkörperschnellbootes wurden wir von einem kräftigen, bärtigen Seemann fotografiert. Ich trat auf ihn zu und fragte auf Spanisch und Englisch nach dem Schlüssel zur Waffenkammer. Plötzlich rief dieser Matrose: „Iraker! Iraker greifen uns an!" Er rannte in Richtung Laderaum des Bootes, wo sich noch mehr Seeleute befanden.

Kurz bevor wir das Flugkörperschnellboot bestiegen, hatte der Admiral mich persönlich gebeten, nach diesem bärtigen Matrosen Ausschau zu halten. Er behauptete, dass dieser Seemann gefährlich und einer von Humainis Leuten sei. Der Admiral hatte ausdrücklich befohlen: „Wenn er versucht, die Operation zu ruinieren, handeln Sie!" Ich stürzte mich mit dem Dolch in meiner Hand auf den Matrosen. Er versuchte, sich zu wehren, aber ich schaffte es, ihn zu überwältigen. „Sei still, wenn du überleben willst", sagte ich, während ich die Klinge des Dolches fest gegen seinen Hals drückte. Ich sah, dass die Wunde zu bluten begann. „In deinem eigenen Interesse wäre es besser, zu kooperieren. Wenn du mir keine andere Möglichkeit lässt, wirst du Fischfutter. Wenn du einwilligst, nicke mit dem Kopf." Ein paar Sekunden später gab er mir das Zeichen der Zustimmung. Da ich noch mehr Aufgaben zu erledigen hatte, bat ich einen der von mir befehligten Männer darum, den Dolch zu halten und den Seemann zur Waffenkammer zu eskortieren. „Passen Sie auf!", warnte ich meinen Mann, als ich ihm den Dolch übergab. „Er ist so gefährlich wie eine Kreuzotter. Halten Sie die Augen offen. Wenn er auch nur eine verdächtige Bewegung macht, haben Sie meine Erlaubnis, ihn zu töten." Ich rief zwei weitere meiner Kämpfer herbei, die ihn begleiten sollten, um die dringend benötigten Waffen aus der Waffenkammer zu holen. Ein paar Minuten später kehrten die Männer mit den verschiedensten Waffen an Deck zurück. Es gab russische Sturmgewehre, „Kalaschnikows", in Israel hergestellte Maschinenpistolen, Uzis, und amerikanische „Colts". Die Waffen wurden unter den Kämpfern verteilt. Die sechs Matrosen, die mit dem Schnellbootkapitän auf der Kommandobrücke gewesen waren, bemerkten in diesem Augenblick, dass dies ein Angriff war; mehrere knieten nieder und zeigten öffentlich ihre Furcht.

Jede Sektion des Bootes „Tabarzin" wurde von zwei oder drei unserer Leute kontrolliert: der Maschinenraum, die Navigation, der Funk- und Radarraum, die Kommandobrücke. Alle Teilnehmer zeigten beispielhafte Disziplin, Besonnenheit und folgten genau den Anweisungen des Admirals.

Nun mussten wir die Matrosen im Laderaum unter Kontrolle bringen. Bevor wir die Chance hatten, eine Abteilung in den Laderaum zu schicken, hörten wir lautes Gebrüll: „Iraker! Iraker!" Ich sah in Richtung der Schreie und war fassungslos. Es war der gleiche bärtige Seemann, vor dem mich der Admiral gewarnt hatte. Er hatte seine Chance genutzt, als keiner auf ihn geachtet hatte, und während er sich seinen Weg zum Laderaum des Bootes bahnte, stieß er laute Warnungen aus. Ich war auf der Kommandobrücke positioniert, aber ich zögerte keine Sekunde, als ich das Geschehen bemerkte. Ich sprang aus einer Höhe von drei Metern, entschlossen, ihn zu bändigen. Ich konnte ihn ergreifen, als er gerade die Stufen in den Laderaum hinabstieg und gewann nach einem harten Kampf die Oberhand, während er weiterhin schrie: „Iraker! Iraker!" Im Laderaum des Bootes befanden sich fünfundzwanzig Seeleute, die uns beide voller Bestürzung anstarrten und nicht begriffen, was gerade vor sich ging. Ich schlug ihn erneut und brüllte: „Ich bin mehr Iraner als ihr alle zusammen! Ich bin kein Iraker!" Unsere Schreie erregten die Aufmerksamkeit meiner Freunde; einige von ihnen kamen herunter in den Laderaum, ihre entsicherten Waffen in der Hand, bereit, jeden zu erschießen, der es wagte, sich zu bewegen. Der Schnellbootkapitän kam langsam die Treppe herunter, hinter ihm der Admiral. Beide wandten sich an mich und baten darum, keiner Seele etwas zuleide zu tun. „Wir alle sind Iraner", sagte der Admiral und bemühte sich, alle zu beruhigen.

Die Matrosen waren verängstigt, da sie immer noch glaubten, dass irakische Soldaten sie angriffen. Jedoch beeilte sich der Admiral, ihre Ängste zu zerstreuen, salutierte und sprach zu ihnen: „Wir sind nach Hause gekommen. Wir repräsentieren die iranische Freiheitsarmee." Da verstanden sie, in welcher Situation sie gefangen waren. Wir baten sie, Ruhe zu bewahren. Einer der Seeleute kümmerte sich um einen verletzten Soldaten und verband ihn.

Der Admiral sprach freundlich mit den Matrosen. Er sprach im Namen der „iranischen Freiheitsarmee", im Namen des vorherigen Stabschefs, und sagte, dass wir

Kämpfer seien, die das Regime im Iran ändern wollten. „Dies ist eine Operation zum Wohl des Landes, das unser aller Heimat ist. Wir sind nicht daran interessiert, euch zu schaden. Wir kommen in Frieden!"

Ich konnte die Gedanken der Matrosen an ihren Gesichtern ablesen. Ich sah, wie einige von ihnen sich freuten, es aber nicht wagten, dies öffentlich auszudrücken. Ich bemerkte aber auch, wie sehr verärgert andere, sich aber ihrer momentanen Hilflosigkeit bewusst. Auch wenn wir in Frieden kamen, warnten wir sie: „Wenn jemand versucht, sich gegen uns zu erheben und uns zu verletzen, wird ihm ein schreckliches Schicksal widerfahren. Wir beabsichtigen, uns respektvoll zu benehmen. Im Augenblick sind Sie dem Gesetz nach unsere Gefangenen."

Die Ansprache des Admirals an die Seeleute war sehr bewegend. Er sagte: „Sie alle sind meine Kinder und treue Soldaten unseres Landes, aber das Schicksal hat sich zwischen uns gestellt und nun stehen wir auf gegensätzlichen Seiten, doch in Wirklichkeit sind wir ein Volk. Wir müssen einander helfen und kooperieren. Wir sind Kinder derselben Nation. Die Ideologie der iranischen Freiheitsarmee basiert auf der Verteidigung der Menschenrechte, der Nationalehre, des Pluralismus und der Demokratie im Iran. Wir kämpfen für die totale Freiheit des Staates. Wir glauben, dass die Grundsätze guter Gedanken, freundlicher Worte und guter Taten besser sind als die Ideologie von Rot oder Schwarz (die Farben, die den Kommunismus und den Islam symbolisieren). Die Erfahrung hat uns gezeigt, dass diese Ideologien nicht gut für uns sind. Gerade jetzt werden Hunderttausende Menschen im Iran umgebracht, und unser Ruf in der Welt ist jämmerlich. Die Freiheitsarmee steht für Frieden, Mitgefühl, Pluralismus und Demokratie."

Die Rede des Admirals hinterließ bei vielen Matrosen einen positiven Eindruck. Der Bootskapitän, der hinter dem Admiral stand, wandte sich nun auch an seine Besatzung: „Ich hatte keine Ahnung von dieser Operation, aber ich verstehe, dass diese Menschen zum Wohl des Irans kämpfen, genauso wie wir." Er zeigte sich uns gegenüber als jemand, der zwar nicht kooperierte, uns aber respektierte. „Wir müssen einander vertrauen, weil die Angreifer nicht unsere Feinde sind. Etwas Derartiges geschah noch niemals zuvor. Dementsprechend fordere ich Sie auf, meine Soldaten und Offiziere, sie mit Respekt und Höflichkeit zu behandeln, weil sie unsere Gäste sind. Wir müssen mit ihnen zusammenarbeiten, um diese Affäre friedlich zu beenden."

Nachdem der Bootskapitän seine Rede beendet hatte, wandte sich einer der Offiziere namens Sadri an ihn und warf ein paar fundamentale Fragen auf. Der Offizier kam aus Isfahan und war ein Anhänger der Kommunisten. Er war sehr verärgert über die Kaperung. Er wollte wissen, wie unsere Pläne lauteten, soweit sie die Bootsbesatzung betrafen, wohin wir vorhätten zu fahren und was das Endziel dieses Feldzugs wäre.

Der Bootskapitän maß den Admiral mit einem fragenden Blick und seine Hilfslosigkeit war nicht zu übersehen. Der Admiral wandte sich ihm zu und erhob mit besänftigenden Blick seine Hand, um den wütenden Offizier zum Schweigen zu bringen. Seine Gelassenheit und Entspanntheit waren offensichtlich. „Dies ist unser nationales Projekt. Es steht Ihnen frei, der Freiheitsarmee beizutreten. Aber wenn Sie kein Teil der Operation sein wollen, werden wir Ihnen erlauben, im ersten Hafen, den wir erreichen, von Bord zu gehen. Das wird Casablanca sein."

Daraufhin brachten die anderen Seeleute weitere Fragen vor. Einer der Matrosen, wahrscheinlich ein Kadett, fragte plötzlich: „Wo ist General Aryana?" Der Admiral antwortete ihm, der General sei derzeitig der Leiter der Freiheitsarmee. Er befinde sich in der Türkei und kooperiere mit einer Gruppe kurdischer Rebellen. Ein anderer Seemann fragte: „Was werden Sie mit den anderen Flugkörperschnellbooten machen?" Der Admiral versicherte, dass alle Boote mit ihnen kooperieren würden.

Nichtidentifiziertes Flugobjekt am Horizont

Der Admiral sprach ruhig und freundlich zu den Matrosen des Schnellboots, wie einer der Gründer der iranischen Marine. Viele von ihnen schätzten und bewunderten den ehemaligen Kommandeur der iranischen Marine. Allerdings gab es auch einige, welche die Ideologie Humainis unterstützten und sich nicht die Mühe machten, ihre Feindseligkeit und Ablehnung gegenüber unserer Aktion zu verbergen.

Während der Admiral sprach, hörten wir das typische Rattern eines Helikopters und kurz danach das Stampfen von Füßen. Schwer atmend erschien einer der Kämpfer. Er atmete tief ein und stieß dann hervor: „Zwei Militärhelikopter kreisen über dem Boot. Sie haben uns per Funk kontaktiert und verlangen, den Kapitän des Schiffes zu sprechen." Wir alle sahen den Admiral an, in Erwartung seiner Entscheidung. Der Admiral nickte: „Lassen Sie uns auf die Kommandobrücke gehen. Sie müssen", trug er dem Bootskapitän auf, „mit den Helikopterpiloten sprechen." Ich blieb mit vier meiner ausgebildeten Männer im Laderaum des Bootes, um die gefangenen Seeleute zu bewachen.

Die Verhandlung zwischen dem Kommandeur der „Tabarzin", instruiert vom Admiral, und den Piloten der Helikopter dauerte etwa eineinhalb Stunden, während unser Boot mit hoher Geschwindigkeit weiterfuhr. Die Helikopterpiloten stellten viele Fragen: „Wer sind Sie? Was ist hier passiert? Was sind Ihre Absichten? Wohin sind Sie unterwegs? Was haben sie mit der Besatzung des Bootes gemacht? Gibt es Verletzte oder Tote? Was ist der Zweck der Operation? Verstehen Sie die Bedeutung Ihrer Handlung – pure Piraterie?"

Die Piloten betonten, dass sie vermutet hatten, irakische Soldaten hätten das iranische Flugkörperschnellboot gekapert. Erst nachdem sie

134 | Daniel Dana

die Antworten des Bootskapitäns erhalten hatten, verstanden sie, dass wir Iraner waren, die zur Freiheitsarmee gehörten. Der Admiral hob hervor: „Wir wollen unser Land befreien und eine Exilregierung aufbauen. Es gibt keine Verletzten oder Toten auf dem Boot. Alle hier sind Iraner und wir sollten unsere Angelegenheiten untereinander klären. Wir kehren in den Iran zurück mit dem Ziel, das Regime im Iran zu stürzen."

Nach einer langen Diskussion waren die Piloten schließlich von dem politischen Hintergrund der Operation überzeugt, ohne einen strafrechtlichen Aspekt gefunden zu haben

Störungen und Improvisation

Als die Verhandlungen beendet waren, kehrten der Kommandeur und der Admiral in den Laderaum des Bootes zurück, wo sich die fünfundzwanzig Matrosen befanden.

Die Soldaten stellten weitere Fragen und der Admiral versuchte, angemessen zu antworten, um sie zu beruhigen und ihre Angst zu beschwichtigen. „Keiner will Ihnen wehtun. Wir respektieren Sie, aber wir müssen uns gegenseitig verstehen und die Freundschaft zwischen uns erhalten."

Mehrere Stunden vergingen, bis der Admiral mich zu einem Gespräch einlud. Ich ging an Deck und atmete glücklich die salzige Seeluft ein. Der Admiral saß auf einem Stuhl auf der Kommandobrücke. Er klopfte mir herzlich auf die Schulter und fragte: „Sind Sie bereit, die gleiche Aktion auf dem zweiten Flugkörperschnellboot durchzuführen – der ,Hanjar'? Möchten Sie mit demselben Team arbeiten, das die Kontrolle über die ,Tabarzin' übernommen hat, oder bevorzugen Sie, Änderungen vorzunehmen?" Ich antwortete, dass ich mit den gleichen Leuten arbeiten wolle, aber befürchte, dass das Hauptproblem bei der Übernahme des zweiten Bootes die Identität der Angreifer sei. Die Crew der „Hanjar" würde sehen, dass an Deck keine Crew-Mitglieder der „Tabarzin" waren, sondern Milizen, die

die Uniformen spanischer Soldaten trugen. Der Admiral war der Meinung, dass wir mit den Offizieren unseres Bootes zusammenarbeiten sollten, um die „Hanjar" zu übernehmen. Er schlug vor, die Rangabzeichen der iranischen Offiziere anzulegen, um die Besatzung der Hanjar zu täuschen. Ich bestand darauf, dass nur meine eigenen Leute das Boot zusammen mit mir betreten durften.

Also kontaktierten der Admiral und der Bootskapitän das zweite Flugkörperschnellboot – die „Hanjar". Sie baten seinen Kommandeur zu stoppen und ihnen bei der Lösung eines technischen Problems zu helfen, das auf dem Boot entdeckt worden war. Aber die Reaktion des Kapitäns der „Hanjar" machte uns klar, dass wir keine Chance hatten, unseren Plan auszuführen. Er antwortete, dass er und seine Männer die Funkdiskussion gehört hätten, die wir mit den Piloten des spanischen Helikopters geführt hatten. Er machte uns unmissverständlich klar, dass er nicht mit uns kooperieren würde und es seine Intention sei, direkt den Iran anzulaufen. Eine identische Nachricht erhielten wir auch vom dritten Flugkörperschnellboot – der „Naizah".

Angesichts dieser unerwarteten Reaktion waren wir gezwungen, zu improvisieren und den eigentlichen Plan zu ändern. Nun blieben wir hier mit nur einem Flugkörperschnellboot zurück, während die beiden anderen sich aus unserer Reichweite entfernen und sich beeilen würden, von der Entführung zu berichten. Was würde uns erwarten? Wir befürchteten, dass die zwei zusätzlichen Schnellboote eventuell entschieden, uns zu attackieren, nachdem sie die Fassung zurückerlangt und erkannt hatten, dass ihre gebündelte Macht größer war als unsere. Die Verwirrung war gewaltig. Wir konnten unsere Leute in Spanien nicht kontaktieren, die zu dieser Zeit, wie sich schließlich herausgestellt hatte, von der spanischen Polizei festgenommen worden waren. Wir blieben allein und mussten unsere eigenen Entscheidungen treffen. Die Führungsriege, bestehend aus dem Admiral, mir selbst, dem Kapitän des Bootes und zwei weiteren Mitgliedern der Javan, sollte schicksalhafte Entscheidungen treffen.

Nach einer stürmischen Diskussion, während der die unterschiedlichsten Vorschläge aufkamen, wurde entschieden, nach Marokko zu fahren. Wir hofften, in Marokko die Möglichkeit zu haben, Kontakt zu unseren Kommandeuren aufzunehmen, um mit ihnen zu beraten, wie wir das Bestmögliche aus der Übernahme der „Tabarzin" herausholen konnten. Außerdem hatten wir immer noch Angst, auf dem Weg nach Marokko von den beiden anderen Flugkörperschnellbooten angegriffen zu werden. Alles, was wir im Moment tun konnten, war, eine maximale Einsatzbereitschaft aufrechtzuerhalten und auf das Beste zu hoffen.

Die Ruhe vor dem Sturm

Wir informierten die gefangenen Seeleute über unser neues Ziel – Marokko. Sie reagierten darauf mit Unmut, aber sie verstanden, dass sie keine Wahl hatten und dass wir jeden Widerstand kompromisslos beantworten würden.

Wir positionierten genügend Männer im Maschinenraum, um Sabotageversuche seitens der Matrosen zu verhindern. Außerdem stellten wir dem Kapitän einen persönlichen Wächter zur Seite. Der Admiral, der Bootskommandeur und drei Offiziere instruierten uns, wie wir uns vor den Seeleuten verhalten, was wir sagen und was wir auf keinen Fall sagen sollten. Sie betonten, dass nicht wenige der Matrosen versuchen würden, das Ruder herumzureißen und wieder die Kontrolle über das Boot zu übernehmen. „Denken Sie daran!", sagte der Admiral. „Wenn Ihre Aufmerksamkeit und Alarmbereitschaft auch nur für eine Minute nachlassen, werden die Matrosen ihre Chance nutzen und im Gegensatz zu Ihnen werden sie kein Leben schonen. Halten Sie die Augen offen und verfolgen Sie wachsam jede neue Entwicklung."

Die Kämpfer unserer Gruppe waren gezwungen, sich an das Leben und die Umstände an Bord des Schnellbootes anzupassen. Sie mussten ein Auge auf die gefangenen Seeleute haben, immer und in jeder Situation reaktionsbereit sein und ständige

Bereitschaft zeigen, rebellische Versuche jeder Art zu vereiteln. Einer der Kämpfer, Vishtaseb, teilte ein, wer wachen und wer schlafen sollte. Während der ersten zehn Stunden der Operation hatte ich mich nicht von einem anderen Kämpfer auswechseln lassen, weil das Bewachen der gefangenen Matrosen meiner Meinung nach die wichtigste Aufgabe war. Abgesehen von dem kurzen Zeitraum, in dem ich mich an der Diskussion mit dem Admiral beteiligen musste oder wenn ich mich erleichterte, war ich nicht bereit, die Gefangenen in der Obhut von anderen Wachen zurückzulassen. Ich muss zugeben, ich befürchtete, es seien die ersten paar Stunden, in denen die Wahrscheinlichkeit, dass man sich unseren Handlungen widersetzte, am größten war, So glaubte ich, sie würden die gefährlichsten werden.

Im Laufe der Zeit entspannte sich die Atmosphäre auf dem Boot und die Spannung legte sich etwas. Ich nutzte die Möglichkeit und schickte nach Stahr, dem Mitglied, das uns vor der Operation verlassen und nach Paris zurückkehren wollte. Ich sagte zu ihm: „Sie gehören zu uns. Sie werden noch stolz darauf sein, dass Sie an dieser Operation teilgenommen haben. Sie müssen verstehen, dass wir ihre Bitte aus Gründen der Geheimhaltung abgelehnt haben und wir unter enormem Stress standen." Stahr nickte als Zeichen des Verständnisses. Sein Gesichtsausdruck bezeugte, dass er nun die Wichtigkeit der Aktion verstand und das Privileg, an der Operation teilnehmen zu dürfen, schätzte.

Unsere Milizsoldaten waren erfüllt von Stolz und dem Gefühl, einer wichtigen Mission zu dienen. Man konnte sie verstehen. Sie hatten die Übernahme der ‚Tabarzin' in tadelloser Weise durchgeführt und jede Situation gemeistert. Einige Stunden später, während sie weiterhin ein Auge auf die gefangenen Seeleute hatten, begannen sie, die Nationalhymne zu singen. Aus dem Blickwinkel eines Außenstehenden eine bizarre Szene: Die Häscher und ihre Gefangenen sangen gemeinsam die iranische Hymne. Am Ende des Liedes herrschte Stille und beide Seiten bedachten einander mit tiefgründigen Blicken. Ich rief begeistert: „Wir alle sind Brüder. Vergesst das nicht. Wir alle sind Iraner und wir alle wünschen uns nur das Beste für unser Land." Ich hatte die Absicht, eine Atmosphäre des Verständnisses zwischen beiden Seiten zu schaffen. Es stellte sich heraus, dass meine Worte sehr wohl einen Effekt auf die gefangenen Seeleute hatten. Als wir sie zu den Toiletten eskortierten, erzählten sie uns unter vier Augen, dass sie uns unterstützten und uns als Helden ansähen. Aber natürlich bemühten sie sich, klarzustellen, dass sie diese Meinung keinesfalls vor anderen zeigen konnten. „Wenn wir in den Iran zurückkehren, würden die Obrigkeiten uns exekutieren. Erwartet von uns nicht, euch öffentlich zu unterstützen, denn wir können den anderen Matrosen nicht vertrauen." Wir hörten weitere Aussagen, die in dieselbe Richtung gingen. Wir verstanden die Umstände und versprachen, kein Wort zu sagen. Aber die heimlich geäußerten Worte der Solidarität ermutigten uns doch sehr und stärkten unseren Glauben daran, dass es unter den Bürgern der

Islamischen Republik viele Sympathisanten mit einer ähnlichen Meinung gab.

Trotz meiner Versuche, eine gute Stimmung zu schaffen, wussten wir von Matrosen, die unsere Handlungen missbilligten und nach der kleinsten Möglichkeit suchten, den Spieß umzudrehen und die ‚Tabarzin‘ zurückzuerobern. Diese Seeleute gaben sich nicht einmal die Mühe, ihre feindseligen Blicke zu verbergen und ihre Gesichter zeigten offen ihre Einwände gegen unsere Anwesenheit. Zu diesem Zeitpunkt verstand ich die Bedeutung des Ausdrucks „Blicke können töten“. Wenn ein Blick hätte töten können, wären meine Kameraden und ich zweifellos schon lange tot gewesen. Kapitän Sadri, der Anführer der aufsässigen Seeleute, bat um ein Gespräch mit dem Kommandeur des Bootes. Ich akzeptierte seine Bitte und brachte ihn selbst zum Bootskommandeur.

In höflichem Ton begann Sadri das Gespräch: „Warum fahren wir nach Marokko und nicht nach Ägypten?“ Er und seine Kollegen würden sich den Soldaten auf den beiden anderen Flugkörperschnellbooten anschließen wollen, die gerade auf dem Weg in den Iran waren. Der Kommandeur der ‚Tabarzin‘ antwortete ihm knapp: „Ich bin selbst ein Gefangener der Iranischen Freiheitsarmee.“ Zusätzlich bat Sadri um medizinische Versorgung für den von mir verwundeten Seemann, der nun in einer der Kabinen schlief. Der Kommandeur und der Admiral versuchten, seinen Bitten, soweit es möglich war, zu entsprechen, und befahlen mir anschließend, ihn in seine Zelle zurückzubringen. Als wir auf dem Weg zum untersten Deck waren, attackierte Sadri plötzlich einen der Soldaten mit Offiziersrang. Sie begannen zu kämpfen, beleidigten einander und schrien sich an. Meine Leute und ich versuchten, sie zu trennen. Sadri behauptete, der Offizier kooperiere mit uns. Als Reaktion auf seine Worte schrie dieser ihn an: „Wir dienen unserer Nation, aber wir verkaufen uns nicht an die Armee unserer nördlichen Nachbarn!" Der Offizier bezog sich auf die sowjetische Armee.

"Ein Offizier der königlichen Armee„

Wieder an Deck schickte ich einen meiner Freunde zum Admiral und zum Bootskommandeur. Ich bat ihn darum, sie höflich in den Speisesaal zu bitten und begab mich in Begleitung von Vishtasab ebenfalls dorthin. Diesem erklärte ich, dass ich die angespannte Stimmung abschwächen wolle, die Sadri hatte aufkommen lassen. Um meinen Respekt auszudrücken, bot ich Kapitän Sadri und den anderen Offizieren einen Cognac an.

Ich versuchte, dem jungen Offizier die Lage zu erklären und ihm zu verdeutlichen, dass ich seine Gefühle verstünde. „Sie denken, dass dieser Offizier uns geholfen hat, dieses Boot zu entern, aber da liegen Sie falsch: Er hat uns in keiner Weise geholfen. Die religiösen Führer in Teheran tragen die Schuld an dem, was wir taten. Wir sind keine Feinde und das müssen Sie einsehen. Wir haben gemeinsame Feinde wie die Iraker, und wir sehen Sie und Ihre Freunde nicht als unsere

Feinde an." Ich bekam keine Antwort, aber ich sah, dass meine Worte ihn berührt hatten, auch wenn er keinerlei Zustimmung ausdrückte.

Mit der Absicht, die Atmosphäre zu verbessern, bat ich darum, ein gemeinsames Mittagessen für meine Leute und die Gefangenen zu arrangieren. Der Koch servierte das Mahl für uns alle im Speisesaal. Das wohlschmeckende Essen trug dazu bei, die Spannung zu verringern, und ich entdeckte die ersten lächelnden Gesichter unter den gefangenen Matrosen. Langsam begannen sie zu begreifen, dass ihre Entführer keine Feinde waren.

Am Ende der Mahlzeit wandte sich einer der gefangenen Seeleute, ein Mann mit starkem, gesunden Körper, der einen Jeansoverall trug und dessen Bewegungen tollpatschig wirkten, an den Admiral. Als er sprach, bemerkte ich sofort, dass er aus der Region Chuzestan stammte, demselben Distrikt, in dem ich den Großteil meiner Jugend verbracht hatte. Die Worte, die er gegenüber dem Admiral wählte, waren höflich und zivilisiert. Er erklärte, dass er die Islamische Republik unterstütze, obwohl er überzeugter Kommunist sei. Er sagte zum Admiral: ‚Sie waren viele Jahre lang der Oberbefehlshaber der iranischen Marine. Ich respektiere Sie, aber Sie wissen besser als jeder von uns, dass wir als Soldaten daran gebunden sind, dem Gesetz der Armee zu gehorchen und nicht einer Gruppe von Guerillas, die das Boot illegal erobert haben. Ich spreche im Namen der Crew. Ja, wir lehnen den Kommandeur und die anderen Offiziere, die mit Ihnen kooperieren, ab. Da wir nun Ihre Gefangenen sind, sollten Sie wissen, dass wir Sie und den Offizier der königlichen Armee respektieren, aber nicht die Studenten."

Der Admiral verstand, dass der Seemann wütend war, aber dessen Einwände basierten auf Gefühlen und Neigungen, die rationale Überlegungen ausschlossen. Er antwortete dem Matrosen mit Höflichkeit und Respekt. „Es gibt keine königlichen Offiziere unter uns, all diese Kämpfer sind Studenten, die ihren Ansichten treu sind. Die Stärke unserer Krieger basiert auf ihrer gemeinsamen Ideologie und nicht auf professionellen militärischen Fähigkeiten. Für Sie als Mann des Militärs sollte das aber keinen Unterschied machen. Sie müssen ihnen gehorchen, ebenso wie dem Militärgesetz, das Sie als Gefangener definiert."

Der Admiral versuchte, ihm das Konzept hinter dieser politischen Aktion begreiflich zu machen. Er versuchte, ihn zu überreden, mit mir, „einem Offizier der königlichen Armee", und dem Rest der Kämpfer, zusammenzuarbeiten. Der Soldat kehrte zu seiner Crew zurück und sagte zu einem unserer Wächter: „Ihr hättet uns über eure Operation in Kenntnis setzen sollen, damit wir uns vorab um unsere Familien hätten kümmern können. Wenn wir vorher von der Aktion gewusst hätten, hätten wir mit euch kooperiert." Seine Reaktion löste bei meinen Freunden und mir ein hohes Maß an Zufriedenheit aus, aber wir wussten, dass wir noch einen langen Weg vor uns hatten, und wir hatten wichtigere Dinge zu tun, als ideologische Diskussionen zu führen. Und doch waren diese Worte aus unserer Sicht ein kleiner Riss in einem gewaltigen Damm, und erfüllten meine Freunde und mich mit Optimismus für die bevorstehende Zukunft.

Als ich vor den gefangenen Seeleuten stand, erinnerte ich mich an einen Brief, den mein Vater mir einmal geschickt hatte. Einige der geschriebenen Sätze erschienen vor meinen Augen, und in diesem Moment vor allem dies: „Respekt, Fairness, Integrität – das sind die wichtigsten Prinzipien. Du musst deine persönlichen Ambitionen dem Interesse des Landes opfern. Fürchte dich nicht! Sei nicht schwach! Erinnere dich daran, dass Gott mit dir ist." In den Augen des besagten Seemanns und nach seinem Verständnis war ich ein Offizier der Imperialen Garde des Schahs und ein professioneller Kämpfer; die anderen waren Studenten der Pariser Universitäten. Ich erzählte ihnen, wie ich Kämpfer und aktiver Gegner von Humainis Regime geworden war, und um meinen Standpunkt zu untermauern, zitierte ich Teile aus dem Brief meines Vaters. Unter anderem sagte ich, dass es im Iran viele Menschen gäbe, die die existierende Herrschaft ablehnten, aber sie fürchteten die grausame Unterdrückung durch das Regime. Doch die Situation würde nicht ewig dauern. Die religiösen Führer würden es nie schaffen, die Flamme der Freiheit zu löschen. Viele, außer mir, seien bereit, ihr Leben diesem Zweck zu opfern. Ich erinnerte sie daran, dass wir nur ein kleiner Teil eines großen Lagers seien, das die Absicht habe, gegen die tyrannische Regierung zu kämpfen, die

146 | Daniel Dana

den Iran in die dunklen Zeiten zurückwerfe. Ich sprach
sehr emotional und war zu Tränen gerührt. Für ein
paar Minuten herrschte Stille. Ich erwartete Flüche und
vielleicht auch einen Versuch, mit Gewalt zu reagieren,
aber aus den Blicken der gefangenen Matrosen sprach
keine Feindseligkeit, sondern ganz im Gegenteil Respekt
und Verständnis für die Art und Weise, wie ich mich
verhalten hatte.

Ich hoffte, dass meine Worte früher oder später
auf offene Ohren stoßen würden.

Die Helden des Persischen Golfs

Bei einer der Gelegenheiten, als ich die Gefangenen
bewachte, bat mich einer der Matrosen um ein privates
Gespräch. Er war ein sympathischer junger Mann von
fünfundzwanzig Jahren. An seinem Dialekt erkannte
ich, dass er aus Chuzestan stammte. Ich akzeptierte
seine Bitte. Ich nahm ihn mit aus dem Lagerraum,
der als Gefängnis diente, bat um eine Vertretung
für meinen Wachposten und ging mit ihm an Deck,
um zu reden. Er erläuterte mir seinen militärischen
Hintergrund. Er beschrieb, wie die Mannschaft des
Bootes vom Geheimdienst der Republik ausgewählt
worden und in Frankreich angekommen war, um die
Flugkörperschnellboote in den Iran zu bringen. Es gab
Vorteile, wenn man für diese Aufgabe ausgewählt wurde.
Die Besatzungsmitglieder wurden unter anderem mit
einem finanziellen Zuschuss belohnt, was es ihnen

ermöglichte, verschiedene Dinge für ihre Familien zu kaufen.

Er erklärte, dass diese Schnellboote für die iranische Marine wegen des Krieges mit dem Irak sehr wichtig seien. „Ich diente acht Tage lang auf dem Flugkörperschnellboot ‚Azerachsh' und auch auf einem anderen, der ‚Rostam', im Persischen Golf während des Kriegs gegen den Irak. Alles verlief gut. Plötzlich, am Morgen des achten Tages, hörten wir, dass die irakische Luftwaffe uns attackieren würde. Während der ersten Angriffe nutzten wir unsere Kanone und vertrieben sie, und später erhielten wir vom Kommandeur die Information, dass eine große Marinestreitmacht bereits auf dem Weg sei, um uns zu unterstützen. Mittags verließen wir Hor Mussah, eine strategisch wichtige Insel im Persischen Golf, und alle Seeleute waren beschäftigt mit ihrer Arbeit auf dem Boot. Die ‚Rostam' fuhr hinter uns. Plötzlich bemerkte ich auf unserem Radarschirm sich nähernde Kampfflugzeuge. Ein paar Augenblicke später machten wir irakische MIGs aus. Sie stießen wie Raubvögel im Sturzflug auf uns nieder und warfen Bomben ab. Es waren fünf Kampfflugzeuge, die wir mit unseren Kanonen beschossen. Einige Minuten heftigen Kampfes vergingen, bevor wir es schafften, eins der Flugzeuge abzuschießen. Es war ein furchtbarer Anblick, wie eine Art Vulkan, der auf dem Wasser schwamm. Unser Funker berichtete der Kommandozentrale vom Geschehen. Wir verstanden, dass wir uns in einer höchst gefährlichen Situation befanden. Ein paar Minuten später sahen wir weitere Kampfflugzeuge nahen. Eins der Flugzeuge schoss eine Rakete auf unser Boot ab, das in zwei Teile brach und zu sinken begann. Ich wurde vom Feuer verletzt, das auf dem Boot ausbrach, und stürzte ins Wasser, brennend wie ein Feuerball. Ich war halb tot, aber ich versuchte, meinen Helm abzunehmen und meinen Körper von der Ausrüstung zu befreien, damit ich schwimmen konnte. Ich verstand nicht, was passierte, aber ich sah, wie das brennende Boot im Meer versank. An der Stelle, an der das Boot noch vor Kurzem getrieben hatte, erschien eine große Benzinlache und ich spürte, wie ich das Bewusstsein verlor. Nach einer Weile herrschte absolute Stille, die MIGs verschwanden und es war kein Geräusch mehr zu hören. Ich begann, nach meinen Kollegen zu suchen und zu überprüfen, ob es irgendwelche Überlebenden gab. Ich erinnerte mich, dass ich ein paar Sekunden, bevor die Rakete das Boot getroffen hatte, mit meinem Freund Sundy an Deck gesessen hatte. Ich rief seinen Namen: ‚Sundy! Sundy!‘, aber ich erhielt keine Antwort. Ich war verzweifelt. Ich sammelte all meine Kraft und rief mit lauter Stimme: „Mr. Smandar, Ara Smandar!“ Mein ganzer Körper brannte. Ich wollte weinen, aber ich konnte es nicht. Ich schaute in alle Richtungen, aber ich sah keinen meiner Freunde. Plötzlich erblickte ich in einer Entfernung von etwa 15 Metern eine sich bewegende Hand. Es war ein Seemann, der am Bein und an der Hand verletzt worden war. Ich versuchte, ihn zu erreichen, und erkannte in ihm Issah vom zweiten Boot, der ‚Rostam‘. Ich half ihm, sich vom überflüssigen Equipment zu befreien, damit er nicht ertrank, und verband meinen Rettungsgürtel mit seinem, damit das Wasser uns nicht mehr trennen konnte. Ich bat ihn, mit mir zu rufen. Er war schwach, aber wir schrien, um andere Überlebende zu finden. Zu unserer Freude wurden unsere Rufe beantwortet, und wir fanden einen Matrosen namens Farah-Bachash, der ebenfalls von der ‚Rostam‘ stammte. Nun waren wir drei miteinander verbundene Seeleute. Wir konnten nichts sehen, aber unsere Rettungswesten halfen uns dabei, nicht unterzugehen."

„Es wurde dunkel. Wir wussten nicht, wie spät es war und wie lange wir schon im Meer trieben. Viele Male verloren wir das Bewusstsein und halfen einander, über Wasser zu bleiben, um nicht zu ertrinken. Ich war sicher, dass unsere Vorgesetzten von der schwierigen Situation wussten, in der wir uns befanden, und dass sie zu unserer Rettung schnellstmöglich Hilfskräfte schicken würden. Ich erinnere mich nicht daran, wie lange Zeit ich im Wasser verbrachte, aber als ich meine Augen öffnete, fand ich mich in einem Krankenhausbett wieder. Mir wurde gesagt, dass wir fast zwei Tage im Wasser gewesen waren. Am Ende waren nur sieben Überlebende übrig. Wir verbrachten mehrere Monate im Krankenhaus und unsere Familien waren froh, dass wir nicht getötet worden waren. Nachdem ich mich erholt hatte, wurde ich auf diese Mission geschickt, und nun bin ich ein Gefangener von Iranern geworden, die die Regierung meines Landes ablehnen. Gott rettete mein Leben und ich glaube daran, dass Gott eines Tages alle Iraner retten wird. Viele von uns sympathisieren mit dir, aber wir können nicht kooperieren, weil unsere Familien immer noch im Iran sind."

Er hörte auf zu sprechen und bedankte sich bei mir für den Respekt, den wir ihm und seinen Freunden gegenüber zeigten.

Die Geschichte dieses Matrosen rührte mich zu Tränen. Sie stählte meinen Glauben, dass wir Brüder waren und dass es mehr Verbindendes als Trennendes zwischen uns gab. Ich entschied mich, jene Leute, auch wenn sie auf der anderen Seite standen, „die Helden des Persischen Golfs" zu nennen.

Freunde werden festgenommen und die Dinge geraten durcheinander

Während meine Freunde und ich uns darauf konzentrierten, das Boot zu steuern und die gefangenen Matrosen zu bewachen, blieb uns kaum Zeit, uns darum zu kümmern, was um uns herum passierte. Es stellte sich heraus, dass den verschiedensten Medien innerhalb unglaublich kurzer Zeit bekannt geworden war, dass etwas im Zusammenhang mit den iranischen Schnellbooten passiert war. Auch wenn die Informationen nicht übereinstimmten und es zuerst gegensätzliche Gerüchte gab, verstand die Welt nach und nach, dass iranische Rebellen Flugkörperschnellboote der Islamischen Republik gekapert hatten. Die Medien wussten noch nicht, dass die Übernahme nur zum Teil stattgefunden hatte und wir gezwungen waren, mit nur einem Boot fortzufahren - ohne Zweifel eine gewagte Operation.

Die Nachricht löste in der Welt zwei unterschiedliche Reaktionen aus: Einerseits schürte sie die Hoffnung der iranischen Opposition, andererseits erschütterte sie die Sicherheit des islamischen Regimes.

Zeitgleich mit der Eroberung des Bootes planten Captain Aryana und die beiden anderen Generäle, Cadiz zu verlassen und sich zurück nach Frankreich zu begeben.

Ihre Absicht war, das Hauptquartier der Opposition in Paris zu erreichen, um die durch unsere Operation gewonnene Dynamik zu nutzen und die ersten Stufen der Rebellion gegen die islamischen Behörden zu starten. Alle drei besaßen ausländische Pässe, aber diese Tatsache half ihnen an der Grenze nicht viel. Da die Nachricht sich sehr schnell verbreitete, war die Kontrolle an der Grenze verschärft worden. So erwartete sie eine unangenehme Überraschung am Grenzübergang: Sie wurden zur Überprüfung dort festgehalten. Die Polizei kontrollierte ihre Dokumente eingehend und entdeckte, dass die fremdländischen Pässe, die sie bei sich trugen, sie als gebürtige Iraner auswiesen. Daraufhin begann die Polizei, sie über ihre Aktivitäten in Spanien zu befragen. Bei der Durchsuchung des Autos fand sich eine Menge Ausrüstung, die wir zurückgelassen hatten, als wir an Bord der „Salazon" gingen. Die Entdeckung dieses Equipments weckte natürlich den Verdacht der Polizei.

Leider wussten Captain Aryana und seine Kollegen nicht, dass die Operation über die Medien bekannt geworden war. Sie waren auch nicht darüber informiert, dass die Operation nur teilweise erfolgreich gewesen war und wir nur die Kontrolle über eines der Boote innehatten. Die Grenzpolizei fragte sie nach ihren Tätigkeiten in Spanien, ihrer Identität, ihrem Leben in Paris und ihrer Arbeit. Am Ende wurden Aryana und seine Kollegen darüber ausgefragt, was sie darüber wussten, dass ein iranisches Flugkörperschnellboot von einer Gruppe Rebellen gekapert worden war. Die Generäle versuchten, vorsichtig auf die Fragen zu antworten und verleugneten eine etwaige Komplizenschaft. Sie sprachen Englisch und Französisch, aber die spanische Polizei konnte sie nicht verstehen. Daher wurden Captain Aryana und seine Kameraden festgenommen und ins Gefängnis gebracht. Dort erfuhren sie, dass die Revolutionäre nur eines der Flugkörperschnellboote in ihre Gewalt hatten bringen können. Sie reagierten mit Verwirrung und Argwohn gegenüber der spanischen Polizei. Hatte man ihnen die Wahrheit erzählt oder wurden sie vielleicht absichtlich mit falschen Informationen gefüttert? Sie baten darum, telefonischen Kontakt zu ihrer Zentrale in Paris aufnehmen zu dürfen, was ihnen aber verweigert wurde. Ihnen wurde verboten, Persisch zu sprechen und jeder von ihnen wurde einzeln inhaftiert, getrennt von seinen Kollegen.

Der Verdacht der spanischen Polizei wuchs, als sie in den Taschen der Verdächtigen abweichende Ausweise fanden. Im Auto entdeckten sie Luftpistolen und anderes militärisches Equipment. Zusätzlich trugen die Inhaftierten einen großen Geldbetrag verschiedener Währungen mit sich, von Dollars über Pesos bis hin zu französischen Francs. Die Generäle lieferten keine zufriedenstellenden Antworten auf die Fragen, die ihnen gestellt wurden, außerdem zögerten sie, irgendetwas zuzugeben, da sie nicht wussten, wie die Situation in Wahrheit aussah. Im Nachhinein verstand ich, dass sie in großer Bedrängnis waren und sie sich nicht hatten vorstellen können, in so eine Situation zu geraten. Sie hatten keinen Kontakt zu General Aryana aufnehmen können, der sich zu diesem Zeitpunkt in

Kurdistan aufhielt, demzufolge hatten sie sich selbst in diese komplizierte Situation manövriert. Während ihres Aufenthaltes im Gefängnis wurden sie harsch behandelt und schwierigen Bedingungen ausgesetzt. Die Generäle und Captain Aryana fühlten sich tief verletzt, denn trotz ihrer hohen Familienabstammung wurden sie nun wie gewöhnliche Kriminelle behandelt.

Während der drei Tage Einzelhaft zeigten sie eine vorbildliche, bewundernswerte Standhaftigkeit und weigerten sich konsequent, eine Aussage zu machen. Sie wurden mehrere Male befragt, aber sie blieben stur bei ihrer Weigerung, irgendeine enthüllende Information preiszugeben. Die Ermittler sprachen von einem Flugkörperschnellboot, von Marokko und der iranischen Freiheitsarmee. Zum Zweck einer genauen Überprüfung wurde ein Spezialermittler aus Madrid angefordert, der sie zum Schnellboot und der Absicht, nach Marokko zu fahren, verhörte. Die Generäle sagten, dass sie schweigen würden, bis ihnen ermöglicht werden würde, Paris zu kontaktieren. Im Laufe dieses Tages besuchte sie ein Rechtsanwalt namens Jacobino Fierson, der sich als ein von der spanischen Regierung eingesetzter Pflichtverteidiger vorstellte. Er versuchte, ihnen zu erklären, dass es keinen Grund gäbe, Tatsachen zu vertuschen und dass alles schon längst öffentlich und bekannt wäre. Aber auch ihm gegenüber verweigerten Sie eine Aussage, berichtete der Anwalt, der ihnen helfen wollte. Er hatte ihnen versichert, man klage sie zwar der Zusammenarbeit mit Piraten an, aber wenn sie kooperierten, würde es ihm helfen, ein nicht zu strenges

Urteil zu erreichen.

Nach fünf Tagen im Gefängnis wandten sich Captain Aryana und seine Kollegen an die spanische Polizei und erklärten, dass sie aus dem Wunsch heraus handelten, ihr Heimatland gegen die illegalen Eroberer zu verteidigen. Die Befragung wurde plötzlich unterbrochen, als ein Bote der französischen Regierung erschien. Er befreite sie, gab ihnen ihre Pässe zurück und arrangierte ihre Rückkehr nach Frankreich. Wie sich im Nachhinein herausstellte, wurde die Wende im Verhalten der spanischen Behörden durch die Verhandlungen herbeigeführt, die meine Freunde und ich mit den französischen Behörden über die Ankerbedingungen geführt hatten. Unsere Freunde kehrten ins Hauptquartier der Opposition nach Paris zurück, um alle Kräfte zu vereinigen und uns zu helfen, das Bestmögliche zu erreichen. Zu dieser Zeit wussten wir noch nicht, was die Zukunft für uns bereithielt. Wir wurden von den Wellen der Begeisterung getragen und waren voller Hoffnung und Glauben in unsere Kraft, das islamische Regime im Iran entthronen zu können.

Untersuchungen in Casablanca

Das Scheitern unserer Absicht, die beiden anderen Flugkörperschnellboote zu besetzen, zwang uns zu einer Änderung des ursprünglichen Plans. Nun waren unsere Druckmittel drastisch reduziert und wir mussten die schicksalhafte Entscheidung treffen, wie es weitergehen solle. Die Probleme waren zahlreich, und nach einigen konträren Diskussionen erreichten wir schließlich einen einstimmigen Beschluss – die Operation fortzusetzen, auch wenn wir nur ein einzelnes Flugkörperschnellboot in unserer Gewalt hatten. Wir hatten gehofft, die politische Propaganda lenken zu können, die aus der bloßen Tatsache der Kaperung nur eines Schnellbootes schon Wellen schlug, und dass der Nachhall helfen würde, in der öffentlichen Meinung der gesamten Welt und im Iran einen Schalter umzulegen. Uns war klar, dass wir nicht für immer auf offener See bleiben konnten, und nach reiflicher Überlegung entschieden wir uns, den Hafen von Casablanca in Marokko anzusteuern. Wir wussten, dass der Sohn des Schahs der ehrenwerte Gast von König Hassan war. Seine Anwesenheit in Marokko war eine einmalige Gelegenheit für uns, ihn zu kontaktieren und zu bitten, uns beim Fortgang unserer Operation zu unterstützen.

Das Wetter war angenehm und ein magischer Sonnenuntergang begleitete unsere Ankunft in den Hoheitsgewässern Marokkos, aber unsere Herzen waren nicht auf die Wunder der Natur eingestimmt. Es galt, neue Hindernisse zu bewältigen. Boote der marokkanischen Marine näherten sich uns. Wir informierten deren Kommandeure, dass wir Vertreter der iranischen Freiheitsarmee seien und wir ihre Hilfe benötigten - im Namen Gottes und König Hassans, einem wahren Freund des Irans. Unsere Botschaft verursachte Verwirrung und Verlegenheit unter den Kommandeuren der marokkanischen Schiffe. Uns war klar, dass unsere Information an eine höhere Autorität weitergeleitet wurde, und wir warteten angespannt auf eine Antwort, von der wir hofften, dass sie positiv ausfiel.

Nach einer mehrstündigen Wartezeit erhielten wir die Erlaubnis, im Militärhafen von Casablanca vor Anker zu gehen. Obwohl wir über diese Nachricht sehr erleichtert waren, blieben wir weiterhin sehr angespannt ob der Ungewissheit. Wir wussten nicht, was uns erwartete, aber wir wussten genau, dass die marokkanischen Behörden uns möglicherweise als Kriminelle ansahen und wir entsprechend behandelt werden würden. Uns war klar, dass wir nur wenige Druckmittel in der Hand hatten. Wir waren erschöpft und müde, die lange Schiffahrt hatte uns geschwächt und außerdem brauchten wir neue Vorräte. Und so, die Herzen voller Sorge, eskortiert von marokkanischen Schnellbooten, deren Matrosen uns genau beobachteten, liefen wir in den Hafen von Casablanca ein.

Mehrere Minuten, nachdem wir vor Anker gegangen waren, kamen marokkanische Beamte und Soldaten an Deck der „Tabarzin". Sie wandten sich mit

Fragen an die Gefangenen und überprüften das Boot, was eineinhalb Stunden in Anspruch nahm. Danach baten sie den Admiral und den Kommandeur des Bootes, sie zu begleiten. In dieser Phase erkannten wir noch nicht, dass wir, die Angreifer, zu Gefangenen geworden waren. Die Situation wurde uns erst klar, als marokkanische Soldaten kamen und eine Gruppe der gefangenen Seeleute, aber auch einige unserer Leute zu einer Befragung mitnahm. Als die Überprüfung beendet war, wurde uns befohlen, uns nicht mit unseren Feuerwaffen an Deck aufzuhalten. Dies war der erste Hinweis, den wir bezüglich unserer Situation erhielten.

Die langen anstrengenden Untersuchungen lösten ein Gefühl der Frustration aus, das sich kontinuierlich steigerte. Erst jetzt begannen wir zu verstehen, dass wir hilflos waren, auf Gedeih und Verderb einem fremden Land ausgeliefert, und dass wir keine Chance hatten, diese Situation zu beeinflussen. Alles, was uns wieder einmal blieb, war, auf das Beste zu hoffen.

So seltsam es sich anhören mag, die Matrosen der Islamischen Republik kooperierten nicht mit den marokkanischen Ermittlern und die meisten von ihnen weigerten sich, auch nur eine Frage zu beantworten. Auch wenn sie meine Freunde und mich auf negative Weise betrachteten, akzeptierten sie aufgrund ihrer Mentalität, die in ihrer Basis alles andere als Arabisch war, nicht, dass sie von Soldaten eines arabischen Staates befragt wurden. Eine Art Paradoxon wurde geschaffen

– zwei gegensätzliche Lager standen in gewisser Weise vereint gegen die marokkanischen Behörden.

Der uns auferlegte Bann – in der Zeit, die wir an Deck verbrachten, keine Waffen zu tragen – schadete unserer Moral und führte logischerweise auch zum Verlust unserer bisherigen Abwehrkraft. Zudem wussten wir nicht, was mit dem Admiral und dem Bootskommandeur geschehen war, und während die Zeit dahinflog, baute sich Furcht in unseren Herzen auf. Wir versuchten, die marokkanischen Kommandeure anzusprechen und herauszufinden, was uns erwartete, aber sie zeigten uns voller Missachtung die kalte Schulter, was unsere Ängste noch weiter schürte.

Ich entschied, alle gefangenen Seeleute an einem Punkt zu versammeln und zu ihnen zu sprechen. Es war das erste Mal, dass ich über iranischen Nationalismus redete und über die Organisation, der meine Freunde und ich angehörten – die iranische Freiheitsarmee. Ich versuchte, sie davon zu überzeugen, dass wir als Patrioten des Iran miteinander kooperieren müssten und nicht auf zwei Seiten der Mauer stehen sollten. Ich schnitt eine Vielzahl von Beispielen aus der Geschichte des Iran an, aber es schien vergeblich zu sein. Die gefangenen Seeleute wiesen all meine Erklärungen zurück und zeigten deutlich ihre Missbilligung. Auf dem Boot herrschte nun eine unberechenbare Atmosphäre voller Spannung, und ich verspürte das starke Gefühl, dass wir kurz vor einer radikalen gewaltsamen Konfrontation standen.

Ich konnte die Ängste der gefangenen Matrosen verstehen, denn sie waren gerechtfertigt. Es muss daran erinnert werden, dass die diplomatischen Beziehungen zwischen Marokko und dem Iran damals, gelinde gesagt, kühl waren. Die gefangenen Seeleute hatten guten Grund, Angst zu haben, dass die iranischen Behörden sie als Verräter ansahen – die Art Verräter, die sich dem Feind ergab und, noch schlimmer, sogar mit den marokkanischen Behörden, die keinerlei Sympathie gegenüber dem Iran zeigten, kooperierten.

Zeitgleich mit unserer Ankunft in Marokko wurde zufällig ein Treffen der Arabischen Liga in Rabat abgehalten. An der Konferenz nahmen auch Vertreter der Islamischen Republik teil, die sich sehr wohl der Tatsache bewusst waren, dass iranische Revolutionäre ein Flugkörperschnellboot überwältigt hatten, dem das Privileg eingeräumt worden war, neben den Behörden vor Anker zu gehen. Die politische Komplikation war offensichtlich, aber uns verschaffte diese Angelegenheit eine gewisse Befriedigung. Und die Verlegenheit, die wir bei den iranischen Vertretern verursachten, gab uns neuen Mut.

Auf einem Pulverfass

Wir ertrugen mehr als 30 Stunden der peinigenden Angst. Als ich von einigen marokkanischen Offiziere zum Verhör gerufen wurde, stieg die Furcht in meinem Herzen. Die Offiziere wurden von einem Mann in Zivil begleitet, den ich irgendwoher zu kennen schien, aber alle meine Versuche, mich daran zu erinnern, scheiterten. Dieser Mann behandelte mich mit Respekt und lud mich in sein Büro im Marinestützpunkt ein. Er bat mich um meinen Ausweis und meine verschiedenen Dokumente aus Frankreich.

Nachdem er mir eine Erfrischung angeboten hatte, fragte er mich höflich: „Ist dies Ihre erste Reise nach Marokko?" Ich verneinte. Er bat mich, ihm von meiner ersten Reise zu erzählen, die mich nach Marokko geführt hatte. Ich antwortete, dass ich zweieinhalb Jahre zuvor Ihre Hoheit Königin Farah Pahlavi in Marokko aufgesucht habe. Ich fügte hinzu: „Das ist das zweite Mal, dass ich in Ihr Land komme, aber ich komme mit offenen Augen, einem offenen Herzen und einer hohen Motivation, und ich weiß, was ich tue."

Die Fragen während dieses Gesprächs waren fast identisch mit denen, die mir bereits beim vorherigen Mal gestellt worden waren, als ich in Marokko ankam, also antwortete ich fast automatisch. Ich spürte, dass mein Befrager sich in Bedrängnis befand, auch aufgrund meiner Zuversicht, aber eigentlich, weil er offensichtlich keine klaren Anweisungen hatte, wie er mit mir und meinen Freunden umgehen sollte.

Die letzte Frage, die er stellte, lautete: „Denken Sie nicht an Ihre Familie, wenn Sie Taten wie diese ausführen? Vor eineinhalb Jahren kamen Sie hierher und machten der Königin diesen gewissen Vorschlag, und nun sind Sie in Operationen wie diese involviert?"

Ich antwortete: „Es gibt fast vierzig Millionen Kinder im Iran, um die ich mich nicht weniger sorge als um meine eigenen Kinder." Der Ermittler reagierte nicht. Offensichtlich war er aber beeindruckt und erstaunt über meine Antwort.

Anschließend brachten mich zwei Soldaten zum Boot zurück. Während ich an Bord ging, erinnerte ich mich, wer der Mann war: Er war einer meiner Befrager bei meinem ersten Marokkoaufenthalt, und nun schien er zum Chefermittler befördert worden zu sein. Aber ich hatte nicht viel Zeit, über ihn nachzudenken, denn in dem Moment, als ich das Boot betrat, versammelten sich meine Freunde um mich und wollten wissen, was während meiner Befragung passiert war. Wir tauschten Erfahrungen und Informationen aus und erkannten, dass wir uns bei den Ermittlungen richtig verhalten hatten. Es gab keinen Zweifel, dass sie uns nicht als Piraten, sondern als Freiheitskämpfer mit Prinzipien und einer Ideologie ansahen.

Ein unerwarteter Retter

Drei volle Tage vergingen und es gab weder ein Zeichen noch eine Nachricht vom Admiral und dem Bootskommandeur. Wir fragten wieder und wieder nach ihrem Schicksal, aber wir bekamen immer die gleiche Antwort: „Sie werden bald zurückkommen, macht euch keine Sorgen." Aber wir hatten viele Gründe, uns Sorgen zu machen, darunter unter anderem wegen der Situation auf dem Boot. Das Trinkwasser war aufgebraucht, vom Waschwasser ganz zu schweigen, der Treibstoffvorrat für den Generator war erschöpft und wir wussten, dass wir in kurzer Zeit im Dunkeln sitzen würden. All dies führte zu einem Anstieg der Bitterkeit unter den gefangenen Matrosen und es herrschte große Unzufriedenheit.

Die meiste Zeit wachte ich allein über die gefangenen Seeleute, weil ich fürchtete, sie würden die anderen Wachleute überwältigen. Deshalb verließ ich meinen Posten auch immer nur für kurze Zeit. Einmal bat mich einer der gefangenen Offiziere um ein privates Gespräch. Ich nahm ihn mit in den Speisesaal. Er sah mich an, lächelte verächtlich und sagte: „Sie haben wunderbare Leute, aber niemand ist professionell ausgebildet."

Ich fühlte mich angegriffen und fragte ihn: „Warum sagen Sie solche Dinge?"

Der Offizier sagte: „Sie kamen mit dem Ziel,

Ihrem Land etwas Gutes zu tun, aber letzten Endes haben Sie nichts erreicht."

Ich spürte Ärger in mir aufwallen, hielt mich aber zurück und fragte erneut: „Warum?"

Er erwiderte: „Sie wissen, dass diese Flugkörperschnellboote das größte Kapital sind, über das die Marine der Islamischen Republik verfügt? Die Marokkaner überprüfen die Einsatzmöglichkeiten des Bootes. Woher wissen Sie, dass sie den Irakern nicht davon berichten und Ihnen erzählen, wo die Schwachpunkte bei dieser Art Boot liegen? Diese Angelegenheit schadet effektiv unserer Marine."

Ich musste zugeben, dass diese Tatsache mich in Verlegenheit brachte. Ich brauchte ein paar Minuten, und nachdem ich seine Worte verdaut hatte, nickte ich zum Zeichen, dass ich die Bedeutung verstanden hatte, wandte mich ihm zu und sagte: „Danke für Ihre klärenden Worte, aber was empfehlen Sie mir?"

Der Offizier blieb stumm und blickte auf das Szenario, das vom Speisesaal aus zu sehen war: Schiffe, verschiedene Türme, Kais, Radaranlagen und das Überwachungs- und Kontrollzentrum der örtlichen Marine. Schließlich schüttelte der Offizier die Lähmung ab, die von ihm Besitz ergriffen hatte, hob seinen Kopf, zeigte auf die marokkanischen Soldaten und sagte in einem Ton, der gleichzeitig Verachtung und Zurückhaltung ausdrückte: „Sie sind unsere Feinde."

Ich bat ihn: „Sagen Sie mir die Wahrheit: Stellen Sie mich auf eine Stufe mit den Marokkanern? Sehen Sie mich auf die gleiche Weise, wie Sie diese sehen?"

Er sah mich an und eine Art Schluchzen entrang sich seiner Kehle, von dem ich nicht wusste, ob es Lachen oder Weinen war. „Nein!", sagte er langsam und wiederholte betont: „Nein! Ich sehe Sie nicht auf die Art und Weise, wie ich jene sehe."

Ich verspürte Erleichterung und bestätigte: „Ich bin nicht Ihr Feind."

Ich erkannte, dass meine Worte einen Weg zu seinem Herzen freigelegt hatten. Wir schütteten uns gegenseitig das Herz aus und spürten beide, auch wenn es seltsam klingen mag, ein Gefühl der Solidarität und Gemeinschaft. Dennoch vergaß ich auch während dieses Gesprächs mit dem Offizier nicht, dass wir in einem marokkanischen „goldenen Käfig" saßen, fremdbestimmt und praktisch hilflos. Mir war klar, dass wir das Kräfteverhältnis unbedingt ändern mussten, aber ich hatte keine Ahnung, was und wie es zu tun war. Allmählich nagte Verzweiflung an mir, was ich aber zu verbergen suchte.

Der Offizier bemerkte meine Not und fragte: „Und was nun?"

Irgendwie spürte ich, dass ich nichts zu verlieren hatte und entschied mich, meine Bedrängnis einzugestehen: „Sie haben uns getrennt", sagte ich, „ich habe keine Ahnung, was die Marokkaner vorhaben, aber eines ist sicher – je länger es dauert, desto schlimmer wird die Situation."

„Und das ist alles, was Sie bedrückt?", sagte der Offizier und ließ ein leises Lachen vernehmen.

Ich fühlte Wut in mir aufsteigen, als ich seine Worte hörte. „Kommen Sie und sagen Sie es uns, oh weiser Mann", erwiderte ich aggressiv, auf diese sehr emotionale Weise, die von stürmischen Gefühlen herrührt.

Der Offizier winkte mit der Hand, eine Bewegung, die mich zum Schweigen bringen sollte. „Emotionen helfen nicht in der Situation, in der Sie sich befinden. Es wird sich lohnen, zu hören, was ich zu sagen habe. Ich habe eine konstruktive Lösung für Sie."

Seine Worte waren wie eine kalte Dusche auf die brennende Frustration in mir. Ich nickte ergeben und sagte müde: „Wir werden sehen."

Schockiert lauschte ich den entschiedenen Worte des Offiziers. Er erläuterte mir in wenigen Sätzen seinen Plan, der es mir ermöglichen würde, die ausweglose Situation zu retten. Er sagte mit äußerster Ruhe: „Schicken Sie dem Kommandeur der marokkanischen Marine eine Nachricht mit der Drohung, dass Sie das Schnellboot in die Luft jagen werden, wenn Ihr Admiral und der Kommandeur nicht innerhalb der nächsten zwei Stunden zum Boot zurückgebracht werden. Die

Folgen wären katastrophal. Eine Explosion dieser Art würde einen großen Teil des marokkanischen Hafens ausradieren. Sie sollten auch betonen, dass Sie nicht zu Verhandlungen bereit sind."

Ich dankte dem Offizier überschwänglich: „Herzlichen Dank, Sie sind unser Retter. Aber bitte erklären Sie mir, wie man so eine Operation am besten ausführt?"

Der Offizier lächelte erfreut und sagte: „Das ist sehr einfach. Der Raum, in dem die Benzinfässer lagern, liegt direkt neben dem Dynamitlager. Wenn wir ein Fass Benzin am Dynamitlager deponieren und aus der Entfernung darauf schießen, wird die Explosion des Fasses das Dynamit entzünden. Die weiteren Folgen können Sie sich sicher vorstellen." Der Offizier beendete seine Erklärung mit einem zufriedenen Lächeln auf den Lippen wie eine Katze, die gerade schmackhafte Sahne aufgeleckt hat.

Ich war erstaunt und fühlte, wie mein Adrenalinspiegel anstieg, als ich die entsetzliche Logik begriff, die sich hinter seinen Worten verbarg. Ich informierte die Soldaten, dass ich eine Nachricht für den Chef der marokkanischen Marine habe. Ich schrieb eine kurze Notiz, legte sie in einen Umschlag und händigte sie einem marokkanischen Offizier aus. Danach entfernte ich die Gangway des Bootes, die das Schiff mit dem Hafen verband, so dass niemand mehr das Boot verlassen oder besteigen konnte. Nach weniger als einer Stunde kehrte der Offizier mit einer mündlichen

Antwort zurück: „Machen Sie sich keine Sorgen, der Admiral und der Bootskommandeur werden in kurzer Zeit wieder bei Ihnen sein." Nach weniger als zwei Stunden kehrten der Admiral und der Kapitän zurück zum Boot. Der Admiral umarmte mich und dankte mir für meine Aktion, die zu seiner Freilassung geführt hatte. Ich zeigte auf den iranischen Offizier und gab zu, dass dies seine Idee gewesen sei.

Wie sich später herausstellte, führte meine Drohung bei den Marokkanern zu der Entscheidung, alles nur Mögliche zu tun, um uns loszuwerden. Innerhalb weniger Stunden wurden Essens-, Treibstoff- und Wasservorräte geliefert und eine Gruppe von Technikern kümmerte sich um die ausstehenden Reparaturen.

Die Zeit war gekommen, Casablanca ohne Bedauern zu verlassen. Wir holten die marokkanische Flagge ein und hissten wieder die iranische. Außerdem änderten wir die Nummer am Rumpf des Bootes von „320" in „20". Der Admiral hatte dies befohlen, weil er dachte, dass die Islamische Republik möglicherweise versuchen würde, uns aus der Luft zu treffen und das Ändern der Nummer uns helfen würde, sie in die Irre zu führen, wenn auch nur für den ersten Moment.

Die marokkanischen Truppen erlaubten uns, Marokko zu verlassen, weigerten sich aber, unsere Gefangenen, die Matrosen, zu übernehmen. Daher waren wir gezwungen, sie zu unserem nächsten Ziel mitzunehmen. Als alles bereit war, begleitete uns ein großes Raketenschiff der marokkanischen Marine zur Straße von Gibraltar. Von dort aus fuhren wir ins Mittelmeer.

Die Seeleute wussten nun, dass das Ende ihrer Strapazen noch weit entfernt war. Sie hatten gehofft, dass die marokkanischen Behörden sie aufnehmen würden, und deren Weigerung hinterließ große Enttäuschung bei ihnen. Sie waren sehr unglücklich darüber, dass sie mit uns zum nächsten Hafen weiterfahren mussten.

Was uns betraf, die Mitglieder der iranischen Freiheitsarmee, verspürten wir keine Genugtuung, obwohl wir entkommen und wieder frei waren. Im Gegenteil: Außer einer Funkverbindung waren wir komplett von unseren Freunden in der Opposition abgeschnitten. Wir wussten nicht, ob sie auch nur den Funken einer Ahnung von unserer Situation hatten. Unser einziger Wunsch bestand nun darin, Kontakt mit ihnen aufzunehmen und sie auf das Boot einzuladen, um eine Exilregierung aufzubauen.

Seefahrt nach Frankreich

Muslimische Terroristen hatten in jener Zeit den französischen Botschafter in Beirut getötet. Wir nahmen an, dass die französische Regierung uns deswegen unterstützen würde.

Die Zeit war gegen uns. Wir sollten uns an einem

Ort befinden, wo wir ein großes Echo und mehr Aufmerksamkeit gewinnen konnten. Nach einer übereilten Diskussion waren die Würfel schließlich gefallen – wir wollten nach Frankreich gehen. Es gab mehrere Gründe für diese Wahl: Aus verschiedenen Nachrichtensendungen wussten wir, dass Agenten der Islamischen Republik den französischen Botschafter an den Libanon ausgeliefert hatten, wo er schließlich getötet wurde. Diese grausame Tat führte zu erheblichen Spannungen in den diplomatischen Beziehungen zwischen Frankreich und der Islamischen Republik. Darüber hinaus war Frankreich das Zentrum der iranischen Opposition. Gleichzeitig bestand ein juristischer Streit zwischen Frankreich und dem Iran. Zwei Unternehmen, die zum Teil in französischer Hand lagen und Kernenergie produzierten, ließen normalerweise den nuklearen Kern im Iran herstellen, aber die Islamische Republik hatte einseitig den Vertrag gebrochen, der während der Zeit des Schahs unterzeichnet worden war.

Der Tag ging zu Ende und die Sonne war bereits untergegangen. Wir waren auf dem Weg vom Atlantik zum Mittelmeer. Wir sahen schwarze, neblige Wolken vor uns, die die Sicht erschwerten und uns das Gefühl gaben, ins Unbekannte zu fahren. Dies schlug sich direkt in der Stimmung unter den Leuten auf dem Boot nieder. Der Kapitän des Schiffes betrachtete mit finsterer Miene das Schauspiel am Himmel. „Wir werden einen großen Sturm erleben. Lasst uns hoffen, dass wir sicher durchkommen", sagte er, aber die Düsternis auf seinem

Gesicht beunruhigte mich mehr als seine Worte. Er fügte hinzu, der einzige Weg, dem Sturm zu entkommen, sei, zurück nach Marokko zu fahren. Ich machte ihm klar, dass dies auf keinen Fall in Frage komme und wir trotz der Schwierigkeiten, die Sturmbedingungen während einer Seefahrt mit sich zogen, unseren Weg nach Frankreich fortsetzen würden.

Inzwischen stieg der Groll der gefangenen Seeleute weiter. Sie waren krank vom langen Aufenthalt als Häftlinge im Laderaum des Schiffes und frustriert, weil sie nicht in Marokko hatten von Bord gehen dürfen. Sie ließen all ihre angestaute Wut an uns aus und wir spürten, dass eine gewaltsame Konfrontation unabwendbar war.

Der in solchen Situationen erfahrene Admiral ergriff die Initiative: „Es gibt keine Alternative", sagte er kategorisch, „wir müssen sie anketten."

„Warum?", fragte ich. „Bis jetzt brauchten wir keine Ketten. Wenn wir sie anketten, werden wir die ohnehin schon brisante Situation nur verschlimmern."

„Sind Sie jemals durch einen Sturm gefahren?", fragte der Admiral.

Ich blieb stumm. Ich brauchte ein paar Minuten, um zu begreifen, was er gesagt hatte. Der Admiral wusste, dass wir unter stürmischen Bedingungen gezwungen waren, uns auf die Kontrolle des Bootes zu konzentrieren und die Gefangenen nicht bewachen konnten, wie wir es bisher getan hatten. Es gab keine Alternative. Wir mussten die gefangenen Seeleute anketten. Uns war klar, dass sie protestieren und zu meutern versuchen würden, aber wir waren entschlossen, unseren Willen durchzusetzen, um den nötigen Handlungsspielraum zu schaffen.

Wir versammelten die Gefangenen und der Bootskapitän hielt eine aggressive, entschiedene Rede: „Wer nicht mit uns kooperiert, ist ein Feind. Wer auf unserer Seite steht, ist ein Freund. Ich, als friedensliebender Iraner bin stolz darauf, zur iranischen Freiheitsarmee zu gehören. Wir wollen die Regierung in unserem Land ändern. Wir müssen unsere Nation verteidigen. Die Islamisten, die heutzutage die Kontrolle über den Iran haben, sind keine wahren Iraner und haben keinen Platz in unserer Kultur. Ein wahrer Iraner zeigt politisches Bewusstsein und unterstützt uns im Kampf gegen das islamische Regime, welches den wahren iranischen Geist unterdrückt." Seine Worte wirkten beeindruckend. Wir sahen, dass ein Teil der gefangenen Sympathie zeigte, auch wenn niemand dies verbal ausdrückte. Aber es gab auch viele, die sich von dem Vortrag nicht hatten beeindrucken lassen. Der Soldat, den ich verwundet hatte, während wir das Boot enterten, sprang auf und rief wütend: „Warum exekutieren Sie uns nicht einfach alle?"

Der Admiral erwiderte: „Wer auch immer einen Iraner exekutiert, ist kein Iraner. Es gibt Wege, zu erklären und zu bestrafen, ohne zu töten. Wir verabscheuen Exekutionen, die aus irgendeinem Grund die typische Methode des islamischen Regimes sind, das Sie unterstützen." Das Gesicht des Matrosen lief rot an vor Wut, aber er schwieg, weil er keine passende Antwort auf die Worte des Admirals fand.

Einer der Seeleute stand auf und rief dem Admiral zu: „Werft uns doch alle ins Meer!" Ein anderer Matrose stimmte ein : „Ja, werft uns mit gefesselten Händen ins Meer."

Der Kapitän des Schiffes entschied, ein Höchstmaß an Autorität zu demonstrieren. Er starrte die Gefangenen mit durchdringendem Blick an und fragte in aufreizendem Ton: „Wie viele von Ihnen sind bereit, getötet oder ins Meer geworfen zu werden?" Als Antwort erwiderte einer der gefangenen Offiziere: „Wir mögen nicht, was mit uns geschieht, aber trotz der Wut in unseren Herzen ist eine Hinrichtung durch ein Erschießungskommando oder durch Ertrinken keine akzeptable Lösung. Als loyale Soldaten unterliegen wir der Pflicht, in der Iran zurückzukehren und unseren echten Feind zu bekämpfen, den Irak. Sie (die Anführer der Islamischen Republik) vergessen, dass die Marinestreitkräfte jeden von uns brauchen. Wir sind die besten und kompetentesten Matrosen unseres Landes."

Einige der Gefangenen nickten zustimmend, während andere sich verbal von seiner Meinung distanzierten.

Der Admiral entschied, einzugreifen, und sagte

zu den Gefangenen: „Bitte erinnern Sie sich daran, dass wir keine Feinde sind, trotz der gegensätzlichen Meinungen zwischen uns. Nicht einer von Ihnen ist verpflichtet, uns zu unterstützen, auch wenn Sie als Soldaten der Pflicht unterliegen, Befehle auszuführen und zu gehorchen. Jeder Versuch einer Weigerung wird eine Strafe nach sich ziehen. Bitte zwingen Sie uns nicht, Söhne unseres gemeinsamen Landes zu verletzen. Bleiben Sie ruhig, und wenn Sie Geduld zeigen, bin ich sicher, dass es am Ende eine passende Lösung gibt, die jeden zufriedenstellen wird."

Es schien, dass der Admiral die Gemüter etwas beruhigt hatte. Die Spannung legte sich zu einem großen Teil, auch wenn der sich verschlimmernde Sturm zur Stille beitrug, die sich über die Männer ausbreitete. Alle von ihnen waren sich der Gefahr bewusst, in der sie sich befanden, und verstanden, dass Meutereiversuche die Situation nur verschärften.

Der Sturm verschlimmerte sich weiter. Während das Boot im schweren Seegang schlingerte, ging mir ein ironischer Gedanke durch den Kopf: ein Sturm in der Natur und ein Sturm der Emotionen, nicht weniger stark als der natürliche. Das Boot kämpfte sich mit einiger Schwierigkeit seinen Weg durch die hohen Wellen. Der Kapitän und seine treuen Offiziere vergewisserten sich, dass jeder eine Rettungsweste angelegt hatte. Die Furcht vor den Naturgewalten wuchs und nun konzentrierten sich alle auf das Bedürfnis, zu überleben und sicher durch den Sturm zu kommen.

Ein Teil der Leute auf dem Boot, Freunde ebenso wie Gefangene, begann, an Seekrankheit zu leiden. Ich fühlte mich ebenfalls nicht sonderlich wohl auf dem schaukelnden Schiff, aber ich konnte mir nicht erlauben, vor den gefangenen Seeleuten krank zu wirken. Fest umschloss ich einen eisernen Pfeiler und versuchte, mich zu stabilisieren. Nach außen hin wollte ich Autorität und Selbstsicherheit ausstrahlen, um keinen Zweifel daran zu lassen, dass ich die Situation unter Kontrolle hatte.

Das Überqueren der verschiedenen Decks auf dem Weg zur Kommandobrücke und der Abstieg in den Speisesaal waren besonders gefährlich, weil die Wellen das Deck überfluteten. Wir hielten Kontakt zwischen uns über ein Funksprechgerät, aber das Brüllen des Sturmes und das Heulen des Windes hinderte uns daran, zu verstehen, was gesagt wurde. Ich wollte ernsthaft mit dem Admiral und dem Bootskapitän sprechen. Sie als Schifffahrtsexperten dienten mir als Quelle der Ermutigung und Stärke, besonders in dieser kritischen Stunde. Ich beschloss, auf die Kommandobrücke zu gehen, trotz der Gefahr, der ich mich aussetzte. Die Wellen waren außerordentlich hoch und durchnässten mich völlig, aber ich wollte nicht aufgeben, und zwischen jeder Welle näherte ich mich langsam und hartnäckig der Brücke, während ich mich an die Reling klammerte. Der Weg schien endlos zu sein, aber schließlich schaffte ich es, durchnässt bis auf die Haut und völlig erschöpft. Der Kommandeur und der Admiral waren erstaunt, mich zu sehen und versuchten gar nicht erst, ihre Wut zu verbergen. „Sie haben verantwortungslos gehandelt", tadelten sie mich. Der Kapitän behauptete, dass er in seinen fünfundzwanzig Jahren als Seemann noch nie einen Sturm wie diesen erlebt habe. Er fürchtete, dass die Wellen das Boot entzweibrechen könnten. Die Wellen waren so hoch, dass sie das obere Ende des Radarmastes des Bootes erreichten.

Ein Zittern hielt mich im Griff und ich war völlig nass. Ich hatte nicht die Kraft, mit ihnen zu streiten und in meinem tiefsten Innersten konnte ich ihre Sorge gut verstehen, wenn man berücksichtigte, dass ich in jeder Hinsicht eine Landratte war. Ich hüllte mich selbst in Schweigen. Langsam und allmählich milderte sich der Ärger des Admirals und des Bootskapitäns. Sie boten mir Whisky an, der meinen Körper wärmte, und nachdem wir uns einige Zeit unterhalten hatten, schickte mich der Admiral zurück, um die gefangenen Matrosen zu bewachen. Gleichzeitig lobte er mich, dass er nur sehr wenige Fälle solcher Hingabe und Loyalität gesehen habe, wie ich sie gezeigt hätte.

Die Kartoffeln, die die Operation retteten

Der Sturm war zermürbend und die großen Wellen schlugen gnadenlos gegen das Boot, so sehr, dass es drohte, unterzugehen. Zum ersten Mal in meinem Leben wurde ich mit Naturgewalten auf ihrem Höhepunkt konfrontiert. Diesmal saß ich nicht in meinem Sessel, sah nicht gerade eine Episode aus einer TV-Dramaserie, die sich hauptsächlich um das Meer drehte und versuchte, mir vorzustellen, wie ein Sturm wohl wäre. Dieses Mal waren meine Freunde und ich die unfreiwilligen Helden der Szene, und der leitende Regisseur war die Natur mit all ihrer Macht und Stärke. Zum ersten Mal in meinem Leben fühlte ich mich von existenzieller Angst gepackt. Ich begriff, dass ich in eine Situation gestolpert war, die ich nicht im Geringsten beeinflussen oder kontrollieren konnte, und dass „auf das Beste zu hoffen", alles war, was ich noch tun konnte. Meinen Freunden und auch den gefangenen Seeleute ging es ebenso. Die schweren Erschütterungen machten viele hilflos. Sie litten aufgrund der Seekrankheit an Krämpfen, Erbrechen, Schwindel und Bewegungsunfähigkeit. Eine seltsame Situation: Wenn vorher die mögliche Gefahr einer Meuterei bestanden hatte, war sie nun untergegangen in den Wellen des Sturms. Eine schnelle Überprüfung der Situation ergab, dass nur ein paar Freunde und ich bis zu dem Grad funktionierten, dass wir uns um die Kranken kümmern konnten.

Zu dieser schicksalhaften Stunde, als das Boot jeden Moment Gefahr lief, zu sinken, kapselte ich mich von meiner Umwelt ab und in meiner Fantasie erschienen die Bilder meiner Familie – meiner Frau und meiner zwei Kinder. Als ich der Operation beigetreten war, befand ich mich in einer miserablen wirtschaftlichen Situation. Obwohl ich studierte, musste ich eine Familie ernähren, außerdem beschwerte sich meine Frau darüber, dass der Unterschied zwischen dem Lebensstandard, den ich ihr bieten konnte, und dem, den sie in ihrer Jugend gewöhnt war, größer wurde. Ich dachte ein paar Momente lang darüber nach, was mit ihnen geschehen würde, wenn ich ertrank, aber die Schreie der Kranken und die Angstschreie der Matrosen holten mich in die Realität zurück. So machte ich mich bereit, den Bedürftigen nach Kräften zu helfen.

In diesen schweren Stunden zeichneten sich besonders zwei Menschen durch ihre tatkräftige Hilfe aus: Der Erste war Stahr, derselbe Student, der uns zu verlassen wünschte, bevor die Operation begonnen hatte, und der Zweite war die einzige Frau, die der Operation beigetreten war. Stahr war Medizinstudent und sein Wissen half uns sehr bei der Behandlung der Kranken. Die einzige Frau, die sich zu uns gesellt hatte, zeigte eine erstaunliche mentale Stärke, Tapferkeit und Beharrlichkeit bei der Erfüllung der Aufgabe. Trotz all der Unruhen, die wir durchlebten, und den zunehmenden Schwierigkeiten zeigte sie Kaltblütigkeit, Einfallsreichtum und keinerlei Anzeichen von Schwäche. Sie half mir und den anderen auf alle erdenkliche Art und Weise in einem Ausmaß, das Bewunderung erweckte.

Wegen des schweren Seegangs, der das Schiff durchschüttelte, und der daraus resultierenden Seekrankheit, die einen Großteil der Menschen auf dem Boot heimsuchte, waren nur wenige in der Lage, Nahrung zu sich zu nehmen. In dieser chaotischen Situation waren die einzigen Lebensmittel, die wir zur Verfügung hatten, Kartoffeln, deren Eigenschaften aber unsere Leiden zu lindern vermochten. Wir fütterten diejenigen, die essen wollten. Im Nachhinein stellte sich heraus, dass diese Kartoffeln das Mittel waren, das uns half, den Weg in die Herzen unserer politischen Rivalen zu finden. Warum? In der persischen Sprache hat das Wort „Kartoffel" eine doppelte Bedeutung. Zum einen: ein Gemüse, das unter anderem bei sensiblem Magen und Brechreiz hilft. Zum anderen: In der Umgangssprache wird das Wort „Kartoffel" metaphorisch benutzt und bezeichnet eine Person ohne Werte oder ideologische Prinzipien. In diesem Fall wird die Metapher noch verstärkt durch begleitende Worte der Verachtung und des Vorwurfs.

Während dieser schweren Stunden sahen die gefangenen Seeleute, dass sie human und mit einer guten Einstellung behandelt wurden. Obwohl wir sie gefangengenommen hatten und Streit zwischen uns herrschte, sahen wir es doch – aus rein ideologischen Motiven, nach denen alle Iraner Brüder sind – als unsere Pflicht an, ihnen in ihrer Not zu helfen. Es war allen Leuten auf dem Boot klar, Wächtern ebenso wie Gefangenen, dass die echten Kartoffeln uns als Nahrung willkommen waren, während niemand auf diesem Boot als menschliche „Kartoffel" bezeichnet werden konnte. Auch wenn jede Seite auf ihrer eigenen ideologischen Position bestand, verbesserte sich die allgemeine Stimmung und das gegenseitige Verständnis. Plötzlich gab es eine Chance, wenn auch nur eine kleine, zu einem Einvernehmen zu kommen. Dies war die passende Zeit, eine ideologische Diskussion über das Wesentliche des Problems zu führen. Die Frau unter den Kämpfern stach besonders hervor: Mit besonderer Leidenschaft erklärte sie unseren Gegnern, warum sie an einer Operation teilnahm, die eine große Gefahr für sie und ihre Freunde darstellte.

Sie stand stolz, mit erhobenem Kopf, und sprach mit großer Inbrunst und Emotion. Sie erzählte ihre eigene Lebensgeschichte, die so bewegend war, dass selbst der Stärkste unserer Gegner sie mit Wertschätzung und Respekt ansah, und man durfte nicht vergessen – sie war eine Frau, „minderwertig" in den Augen der Männer.

„Ich gehöre nicht zur Elite", begann sie mit ihrer hellen Stimme, die jeden interessiert zu ihr schauen und still werden ließ. „Ob Sie es glauben oder nicht, ich bin in einer einfachen Bauernfamilie geboren. 1983 unterstützte meine Familie die vom Schah initiierte ‚weiße Revolution'. Als Belohnung kam sie in den Genuss einiger Vergünstigungen – Ländereien, die dem Schah und dem Adel gehörten, wurden in den Besitz der Bauern überschrieben. Des weiteren erhielten sie Barkredite. Der Zweck lag darin, die Entwicklung der Landwirtschaft im Iran anzutreiben, damit beide, die Bauern und das Land, davon profitierten. Dank derselben Revolution war es mir möglich, an der Universität zu studieren, einen Abschluss zu erhalten und als Lehrerin zu arbeiten. Anschließend reiste ich nach Frankreich, weil ich mein Wissen erweitern und einen Doktortitel erlangen wollte. Ich plante, in den Iran zurückzukehren und meinen Landsmännern zu helfen. Mir ging es nicht um persönlichen Profit; das Wohl meines Landes war meine oberste Priorität. Mit dem Aufstieg des islamischen Regimes wurde mir klar, dass alle Verbesserungen, die wir im Iran erreicht hatten, den Bach hinuntergingen. Vielleicht war das Schah-Regime nicht die ideale Regierung, aber es ist dem bösen extremen islamischen Regime zehnmal vorzuziehen. Als ich begriff, was unter dem islamischen Regime mit dem Iran passiert war, und all das nur wenige Monate, nachdem sie die Zügel der Macht übernommen hatten, entschloss ich mich, dass alles getan werden musste, um eine Änderung herbeizuführen. Zu diesem Zeitpunkt veranlasste mich mein Herz dazu, an der Operation teilzunehmen, mit vollen Bewusstsein über die Gefahren. Ich verstand, dass ich an das Wohl des iranischen Volkes denken musste – und nicht daran, was für mich persönlich gut war." Ihre Worte erhielten eine Menge Applaus von mir und meinen Freunden. Sie hatte unser absolutes Mitgefühl.

Beide Gruppen, Kämpfer und gefangene Matrosen, versuchten, einander mit entsprechenden Argumenten von ihrem jeweiligen ideologischen Standpunkt zu überzeugen. Der Anblick wäre komisch und unterhaltsam gewesen, wenn die Gefahr des Sinkens nicht immer noch gegenwärtig gewesen wäre. Das Boot schaukelte wie eine Nussschale, und an Bord waren Menschen, die sich vor den Naturgewalten fürchteten, aber immer noch genug Leidenschaft besaßen, um zu streiten und an ihren Meinungen festzuhalten.

Die Zeit verging, und sehr langsam, fast ohne darauf zu achten, begannen wir zu spüren, dass das

Schaukeln und das Heulen des Windes abnahmen. Der Sturm näherte sich seinem Ende, und in der Tat konnten wir in den frühen Morgenstunden bereits Anzeichen sehen, dass der Sturm seine Kraft verloren hatte und in kurzer Zeit verschwinden würde, als wäre überhaupt nichts geschehen. Das ganze Boot war verdreckt, ein großer Teil der Ausrüstung war beschädigt, aber unser Geist war stark. Viele von uns fühlten sich noch nicht wohl, aber doch erholten wir uns langsam. Die fittesten der gefangenen Seeleute halfen uns dabei, aufzuräumen und das Boot in seinen Normalzustand zu versetzen. So bereiteten wir uns auf einen neuen Tag vor.

Gescheiterte Verhandlung

Der Kapitän des Bootes wollte eine genaue Prüfung der Schäden durchführen, um sicherzustellen, dass die Fahrtüchtigkeit des Bootes nicht beeinträchtigt war. Wir erhielten genaue Anweisungen, worauf wir achten sollten und was zu untersuchen war. Da wir alle erschöpft waren, arbeiteten wir langsam, aber wir sorgten dafür, dass das Boot fahrtüchtig und seine Tragfähigkeit in Ordnung war, obwohl die Ausrüstung zum Teil ausgetauscht oder repariert werden musste.

Nun näherten wir uns den Hoheitsgewässern Frankreichs. Zwei unserer Leute hörten im Funkraum die Nachrichten ab und versuchten, insbesondere Informationen über alles, was unsere Operation betraf, herauszufiltern. Sie berichteten uns, dass die Medien sich negativ über die Kampagne aussprachen, was uns mit einem Gefühl der Niedergeschlagenheit erfüllte.

Ich stellte mir vor, wie erstaunt die Franzosen wären, wenn sie einige bekannte Gesichter auf dem Boot entdeckten. Sie kannten unsere politischen Aktivitäten nur zu gut, aber jetzt hatten sich die Dinge geändert und wir waren in jeder Hinsicht als Piraten abgestempelt, mit allen Konsequenzen.

Die Spannung stieg weiter. Die Nachrichten, die wir hörten, ließen uns die Art der Beziehung fürchten, mit der wir konfrontiert werden würden. Unsere Situation war alles andere als euphorisch, und das ist keine Untertreibung. Wir waren müde und erschöpft, nach dem großen Sturm, den wir durchlebt hatten. Das Schiff brauchte dringend Reparaturen und wir Vorräte. Es war offensichtlich, dass unser Schicksal zu einem großen Teil in den Händen der Franzosen lag. Wir wussten nicht, ob sie die Geschehnisse aus dem gleichen Blickwinkel sahen wie wir, aber uns war klar, dass sie aus rein politischen Überlegungen handeln würden, die wahrscheinlich nicht zu unseren passten. Jetzt blieb uns einmal mehr nur übrig, auf das Beste zu hoffen.

Kurz bevor wir in die französischen Hoheitsgewässer eindrangen, tauschten wir die iranische Flagge, die am Mast hing, gegen die französische aus. Wir schickten eine Botschaft an die französischen Behörden, dass wir auf dem Flugkörperschnellboot „Tabarzin" im Auftrag der Freiheitsarmee des Iran agierten. Wir erklärten auch unsere Absicht, unsere Gefangenen den Franzosen zu übergeben, und dass wir die Führer der Opposition an Bord nehmen wollten, um sie in den Iran mitzunehmen.

Die Franzosen waren von unserem plötzlichen Erscheinen an der Küste mehr als überrascht. Sie hatten vermutet, wie viele andere auch, dass wir auf dem Weg nach Ägypten wären. Wir wurden gebeten, ein zweites Mal unsere Absichten zu erklären. Wir wiederholten geduldig den Kern unserer Bitten, beginnend mit dem Wunsch, die gefangenen Seeleute in ihre Hände zu übergeben, des weiteren Ausrüstung und Vorräte zu erhalten sowie die Möglichkeit zu bekommen, die Anführer der iranischen Opposition in Frankreich und dem Rest der Welt zu kontaktieren.

Während dieser mehrstündigen Verhandlungen fuhren wir weiter an der wunderschönen Küste Frankreichs entlang und beobachteten Touristen und Urlauber, die sich amüsierten, in Unkenntnis des Dramas, das sich nur unweit von ihnen abspielte. Die Spannung stieg weiter und schließlich erhielten wir eine positive Antwort. Wir wurden gebeten, im Militärhafen von Toulon vor Anker zu gehen. Jeder reagierte mit einem Seufzer der Erleichterung, sowohl wir als auch unsere Gefangenen. Wir sehnten uns nach festem Boden unter den Füßen, nach zufriedenstellenden Nahrungsmitteln und Vorräten, wenn auch nur für kurze Zeit, anstelle der aufgewühlten See und ihrer Schrecken. Jetzt mussten wir erst einmal ankern und sehen, was passieren würde.

Pflichten und Einschränkungen

So liefen wir in den großen, beeindruckenden Militärhafen von Toulon ein, in dem viele verschiedene Schiffe lagen, von Zerstörern über Flugkörperschnellboote und Fregatten bis hin zu Versorgungsschiffen. Die Machtdemonstration der französischen Flotte beeindruckte uns, aber wir hatten nicht genug Zeit, unsere Umgebung zu bewundern. Der Admiral, als die Person unter uns mit dem höchsten militärischen Rang, wurde in den Funkraum zitiert, da die Franzosen mit ihm zu sprechen wünschten.

Wir warteten höchst angespannt außerhalb des Funkraums, um zu hören, wie die Diskussion zwischen ihm und den französischen Behörden verlief. Nach etwa einer halben Stunde öffnete sich die Tür. Mit einer sehr ernsten Miene trat der Admiral heraus und bat um eine Versammlung auf der Kommandobrücke. Außer den Wächtern, die die Gefangenen im Auge behielten, kam die gesamte Truppe zusammen, um seine Neuigkeiten zu hören. Der Admiral sprach nur wenige Worte, ohne jeden Versuch, deren Bedeutung abzumildern: „Die Franzosen erwarten eine totale Kapitulation. Im Gegenzug dafür erlauben sie uns, die gefangenen Matrosen freizulassen. Außerdem werden sie uns politisch unterstützen. Sie werden uns keine Wahl lassen", kam der Admiral zum Schluss. Wir fühlten uns, als sei eine Bombe eingeschlagen, so schockiert waren wir.

Der Admiral wollte wissen, was wir dachten. Er wies darauf hin, dass wir vor Problemen standen, die die Fortführung der Operation verhinderten. Wir benötigten eine kontinuierliche Versorgung mit Nahrungsmitteln und Treibstoff. Angesichts der aktuellen Situation gab es keine Chance, dass irgendein anderer Staat uns Hilfe anbot. „Wir müssen alle Argumente abwägen, bevor wir eine Entscheidung fällen", betonte der Admiral und es war deutlich zu sehen, wie schwer ihm das Herz dabei wurde. „Jetzt müssen wir das Schnellboot an die französischen Behörden übergeben, die es wiederum an die Islamische Republik ausliefern werden. Sie haben versprochen, uns zu helfen, nicht der Piraterie beschuldigt zu werden." Der Admiral wartete unsere Reaktion ab und eine Atmosphäre voll Schwermut legte sich über uns. Wir erkannten die Realität, aber wir wollten uns nicht damit abfinden. Wir konnten die Tatsache nicht akzeptieren, dass wir gezwungen waren, die Operation zu beenden, in die wir so große Hoffnungen gesteckt hatten.

Während wir noch diskutierten, was zu tun sei, näherte sich ein großes Raketenschiff, das von zwei darüber kreisenden Helikoptern eskortiert wurde. Die Helikopterpiloten wünschten, mit unserem Bootskommandeur und dem Admiral zu sprechen, um zu klären, was auf dem Boot geschah. Sie erklärten, dass sie bereit seien, sechsundzwanzig gefangene Seeleute aufzunehmen, abgesehen von fünf Matrosen und Offizieren, die zu uns übergelaufen waren und nicht in den Iran zurückkehren wollten.

Wir akzeptierten den Vorschlag der Franzosen. Wir bereiteten uns darauf vor, die gefangenen Matrosen ordnungsgemäß zu übergeben, und informierten sie über ihre sofortige Freilassung. Wir brachten sie jeweils in Gruppen von fünf an Deck und entfernten die Handschellen von ihren Handgelenken. Dann stiegen sie die Leiter zu den Schlauchbooten herab, die sie erwarteten, um sie auf das französische Raketenschiff zu bringen. Einige der gefangenen Seeleute trennten sich traurig von uns, aber es gab auch solche, die unverhohlen ihre Freude zeigten. Auf jeden Fall wussten sie, dass sie jetzt nach Hause zurückkehren konnten.

Einer der Seeleute, die ich freiließ und der bereits in einem Schlauchboot saß, hob die Hand zu einer Geste der Rebellion und rief: „Wir kommen wieder! Wir kommen wieder!" Es war mir klar, was er meinte, obwohl er sich erst jetzt sicher genug fühlte, seine Gefühle zu äußern.

Allein im Kampf

Nachdem die Matrosen von Deck gegangen waren, machte sich ein Gefühl der Leere unter uns breit, das fast schon einen depressiven Charakter hatte. Aber die unnatürliche Ruhe wurde schnell unterbrochen. Wir hörten sich nähernde Schiffe und das Rattern von Hubschraubern. Dieses Mal gehörten die Hubschrauber und Schiffe zur Abwechslung den französischen und internationalen Medien, Vertretern des „Seventh Estate". Sie wollten der Welt davon berichten, was mit dem iranischen Flugkörperschnellboot passiert war und ob es wirklich geentert worden sei. Sie kontaktierten uns über Megafone und wollten uns interviewen. Die französischen Marinestreitkräfte erlaubten ihnen, sich uns zu nähern. Sie versuchten, zu verstehen, wer diese Leute waren, die ein Schnellboot entführt hatten. Auf einmal verstanden wir, dass Marokko eine Nachrichtensperre über die Tatsache unseres Ankerns an seiner Küste verhängt hatte, sodass niemand etwas über das Schicksal des Bootes und unsere Beweggründe wusste. Nun waren wir gezwungen, eine Flut von Fragen von Reportern zu bewältigen, die sich bemühten, vertrauenswürdige und korrekte Informationen über das Wesen der Operation und ihren Zweck zu erhalten.

Wir zeigten Geduld und Toleranz. Wir beantworteten jede Frage und wir gaben uns Mühe, genau zu erklären, wer wir waren, welcher Ideologie wir folgten, welche Absichten wir hatten und was wir mit unserer Kampagne erreichen wollten. Die Themen erzeugten ein großes Echo und viel Erregung. Nun war das Bild klar. Die Frage war, auf welche Art und Weise sie dem Rest der Welt präsentiert werden würden. Wir wussten, dass die Darstellung der Operation in einem positiven Licht viel zur Untergrabung des Terrorregimes im Iran beitragen konnte.

Der Admiral trat auf uns zu und bat um Erlaubnis, zu sprechen. „Dies ist eine gefährliche Situation. Jetzt haben wir keine Gefangenen mehr, das heißt auch keine Möglichkeit des Verhandelns. Wir müssen die Möglichkeit berücksichtigen, dass einige der Medienteams getarnte Eliteeinheiten sind, die versuchen werden, uns zu überwältigen. Sie alle müssen wachsam und auf einen Angriff vorbereitet sein. Beantworten Sie alle Fragen, aber lassen Sie unter keinen Umständen zu, dass jemand auch nur einen Fuß auf das Boot setzt."

Inzwischen versuchte der Admiral, das Hauptquartier der iranischen Freiheitsarmee in Paris zu erreichen, aber er hatte keinen Erfolg.

Die Verhandlungen mit den französischen Behörden waren noch nicht abgeschlossen. Der

Admiral bestand unerbittlich darauf, die Führung der Opposition einzuladen und Kontakt mit General Aryana aufzunehmen, aber die französische Regierung gab seiner Bitte nicht statt.

Die Franzosen setzten uns ein Ultimatum: Das Flugkörperschnellboot musste den französischen Behörden übergeben werden. Wenn wir uns weigerten, würden sie uns als Piraten betrachten und jegliche Verantwortung für unser Schicksal ablehnen.

Nun blieben wir mit einer Frage von schicksalhafter Bedeutung zurück: Sollten wir die Operation fortsetzen oder abbrechen? Ich forderte, weiterzumachen, aber einige meiner Freunde waren mit meinen Ansichten nicht zufrieden. Sie fragten, wie wir ohne Nahrungsmittel und Treibstoff weitermachen sollten. Ich wies darauf hin, dass wir uns selbst mit Nahrung versorgen könnten, indem wir Fische fingen, aber auch mir war die Tatsache sehr wohl bewusst, dass wir Treibstoff und Ersatzteile benötigten, die aber die Franzosen nicht bereitstellen würden. Ich verspürte große Frustration angesichts des drohenden Scheiterns der Mission. ‚Warum haben wir all dies getan? All die Mühe, die Opfer, die Gefahr! War es nur gewesen, um in die aktuellen Berichterstattungen in den Medien zu gelangen? Viele Iraner setzten ihre Hoffnungen in uns, wir waren Soldaten und als solche waren wir verpflichtet, bis zum Schluss zu kämpfen.‘ Dies waren die Überlegungen, die mir in diesen Minuten in den Sinn kamen. Aber ich hatte keine Zeit, mich in Gedanken zu vertiefen, weil wir eine gemeinsame

Entscheidung zu treffen hatten. Wir beschlossen, eine Abstimmung abzuhalten. Nach einer stürmischen Diskussion, in der ich meine Meinung, dass wir unseren Erfolg nicht zum Preis von rechtlicher Immunität abtreten durften, mit Inbrunst verteidigte, wandte ich mich aufgewühlt an den Admiral: „Sie sind die höchste Autorität in unseren Augen und wir sehen Sie als unseren Vater an. Entscheiden Sie, was wir tun sollen." Der Admiral war sehr gerührt von meinen Worten. Er senkte seinen Kopf, biss sich auf die Lippen und ihm entfuhr ein Seufzer des Schmerzes, der tief aus seinem Herzen kam. „Meine Kinder!", sagte er sanft. „Es gibt keine Alternative, es ergibt keinen Sinn, das Leben der Menschen vergebens zu opfern. Wir müssen das Boot in die Hände der Franzosen übergeben, trotz all des Schmerzes, den dies mit sich bringt."

Die Medien – Gegner und Unterstützer

Mittlerweile wurde der Konflikt über die Medien verbreitet. Wir erkannten sehr schnell, dass viele Kommunikationsmittel seitens des Regimes im Iran beeinflusst wurden. Agenten der Islamischen Republik veröffentlichten innerhalb und außerhalb des Irans Artikel, die die Operation diffamierten. Wir erhielten Zeitungen, aus denen wir erfuhren, dass negative Propaganda gegen uns arrangiert wurde. Wir wurden Piraten genannt und bestimmte Presseartikel handelten die Operation in einem hämischen Tonfall ab, wie etwas, dessen Wert gering und aus jedem Blickwinkel bedeutungslos erscheint. Andererseits gab es Journalisten mit Anstand und Courage. Sie sahen unseren Kampf in einem positiven Licht, und veröffentlichten Artikel, welche die Operation verherrlichten und die Ideologie unserer Leute lobten.

Einige Schlagzeilen waren sehr schmeichelhaft. Unsere Aktion wurde unter anderem mit der „Cherbourg-Operation" verglichen, bei der 1969 israelische Kommandokämpfer Flugkörperschnellboote aus Frankreich entführten und nach Israel brachten. Wir waren stolz, von solchen Vergleichen zu hören, besonders von jenem, der unsere Taten der „Entebbe-Mission" gegenüberstellte, in deren Rahmen israelische Kämpfer gefangene Zivilisten befreiten, die sich in einem entführten Flugzeug befanden und nach Uganda gebracht wurden. Auch wir sahen uns als Freiheitskämpfer, die gegen ein islamisches Regime kämpften, das Millionen von Menschen als Geiseln hielt.

Zu unserem Bedauern wurden wir stark kritisiert von iranischen Vertretern, die laut ihres eigenen Weltbildes überhaupt keine Muslime waren – der Mudschahid und die Linken. Sie sahen uns nicht im rechten Licht der Freiheitskämpfer, sondern als Kollaborateure der westlichen Länder gegen den Iran. Sie verstanden immer noch nicht, in welchen Abgrund der Iran fallen musste, in Folge eines bösen und extremistischen islamischen Regimes. Darüber hinaus wurde die Tatsache, dass eine Handvoll Studenten eine solche Operation ausgeführt hatte, als nicht akzeptabel angesehen, und man war sicher, dass hinter den Leuten, die an der Operation teilgenommen hatten, bedeutende äußere Kräfte standen, die dem Iran feindlich gesinnt waren. In ihren Augen war am schwierigsten zu verstehen, dass all dies zum Wohl der Nation geschah und dass nicht ein Einziger, der an der Operation teilgenommen hatte, irgendwie persönlich davon profitierte.

‚Tabarzin' – das Ende„

‚Das war's! Zu Ende!', waren die Worte, die in meinen Gedanken widerhallten. Ich weigerte mich, das grausame Urteil zu akzeptieren. Ich sah meine Kollegen an, die meinem Konzept und meiner Methode gefolgt waren, und sah den Schmerz auf ihren Gesichtern. Jedes Wort war überflüssig. Ich fühlte mich leer und erschöpft. Wir hatten dieses Ergebnis nicht erwartet. Wir hatten uns große Mühe gegeben, uns selbst in Gefahr gebracht – und am Ende wurden wir dazu verurteilt, mit leeren Händen zu gehen. Abgesehen von der temporären Berichterstattung in den Medien hatten wir nicht den signifikanten Erfolg erreicht, den wir erwartet hatten.

Wir hatten eine neue Seite in der Geschichte unseres Volkes aufschlagen wollen, die erste Kraft sein wollen, die eine Revolution antrieb, aber wir scheiterten.

Die Franzosen baten uns, ihnen das Boot sauber und ordentlich zu übergeben, im gleichen Zustand wie es dem iranischen Militär im Hafen von Cherbourg ausgehändigt worden war. Trotz unserer Verzweiflung erfüllten wir unsere Pflicht wie disziplinierte, stolze und wertorientierte Soldaten. Wir legten die Waffen zurück ins Lager, reinigten das Boot und brachten die Ausrüstung in Ordnung. Der Moment, als das Schild mit dem Namen „Tabarzin" entfernt wurde, brach uns das Herz. Wir packten unsere persönlichen Sachen und waren bereit, die „Tabarzin" zum letzten Mal zu verlassen.

Ich war der Letzte, der von Deck der „Tabarzin" ging. Ich kniete nieder, mit Blick auf die Flagge, welche die ruhmreiche Geschichte meines Volkes symbolisierte, legte mein Gesicht auf die Fahne und weinte. Meine Freunde, die bereits an Deck des französischen Schiffes waren, erzählten mir, dass sie sahen, wie meine Schultern vom Weinen geschüttelt wurden.

Wir ließen den Soldaten der Islamischen Republik, die die „Tabarzin" in Empfang nehmen würden, kurze Nachrichten zurück – in Form von kleinen Zetteln, die wir an verschiedenen Orten auf dem Schiff versteckten, mit der Absicht, dass die iranischen Soldaten sie finden würden. Dies waren unsere letzten Botschaften an die Soldaten der Islamischen Republik. Wir schrieben in diesen Notizen, dass der Tag kommen und wir zurückkehren würden, um die Operation abzuschließen, aber dieses Mal auf iranischem Boden. Aus unserer Sicht war dies nur der Anfang.

Später erfuhren wir, dass die „Tabarzin" über den

Persischen Golf im Iran angekommen war und in Bandar Abbas vor Anker lag. Vertreter des Regimes empfingen die Matrosen als Helden, aber viele Iraner waren unzufrieden und fragten, warum nicht wir, diejenigen, die die Operation eingeleitet hatten, als wahre Helden im Iran empfangen wurden.

Eine Woche nach dem Ende der Affäre wurde ich eingeladen, die Familie von Prinzessin Azada in der Stadt Nizza in Südfrankreich zu treffen. Nachdem ich der gesamten Familie Pahlavi die Operation ausführlich beschrieben hatte, fragte mich der Sohn des Schahs, Ali Razah: „Warum haben Sie die Matrosen, die nicht kooperiert haben, nicht ins Meer geworfen?"

In diesem Moment hob ich meine Augenbrauen als Zeichen der Resignation.

Aus zeitlicher Entfernung fühle ich, wenn ich die „Tabarzin-Operation" betrachte, dass unser Kampf nicht umsonst gewesen ist. Ich glaubte, wir säten damit die ersten Samen der Revolution, die reifen würden, wenn die rechte Zeit kam. Im Gegensatz zur „Cherbourg-Affäre" und der „Entebbe-Mission" waren meine Freunde und ich allein im Kampf. Wir hatten keine Absicherung, Hilfe oder Unterstützung aus irgendeiner Richtung. Wir waren gezwungen, unter den gegebenen Umständen auf uns selbst gestellt zu handeln. Unsere einzigen Waffen, und vielleicht die besten, waren: Opferbereitschaft, Ideale, Werte, Mut, die Kraft des Geistes und der Glaube an unsere Fähigkeit, den Wandel zu bringen.

Nur die Geschichte wird über uns richten, aber wenn der Tag kommt und die erhoffte Wendung im Iran stattfindet, werden wir unseren Stolz zeigen können, dass wir diejenigen waren, die den Funken zündeten.

Teil 3

Drehungen und Wendungen

Die Ebbe nach der Flut

Die „Tabarzin-Operation" verstärkte den exzellenten Ruf unserer Javan-Gruppe. Die französische Polizei ermahnte uns, gut auf uns aufzupassen, weil uns aus feindlichen Quellen Gefahr erwarte – nämlich seitens der Agenten der Islamischen Republik und einiger anderer. Wir fanden ein wenig Trost im Versprechen des französischen Präsidenten, François Mitterand, uns anzuerkennen und uns politisches Asyl zu gewähren. Dennoch mussten wir Bereitschaft und Wachsamkeit aufrechterhalten; ein Gefühl der Angst lag in der Luft. Ohne Zweifel mussten wir für unsere Teilnahme an der Operation einen hohen Preis zahlen, doch waren wir auf diese Art von Opfer vorbereitet. Immerhin hatten wir es geschafft, auf die eine oder andere Art, die Grundfesten der Islamischen Republik zu erschüttern.

Deutlich war mir bewusst, dass meine persönliche Lage besonders gefährlich einzuschätzen war. Eines Tages bekam ich einen Anruf. Der Anrufer stellte sich als Beamter der Pariser Kriminalpolizei vor. „Hallo, mein Freund", begann er, „wir haben uns lange nicht gesprochen." Sein Bild tauchte vor meinem inneren Auge auf: die dünne Gestalt eines Mannes im Anzug, mit schmalen Lippen und knapper Gestik. „Ich kann mir vorstellen, dass Sie mich nicht nur anrufen, um sich nach meinem Befinden zu erkunden", sagte ich und versuchte, selbstgefällig zu klingen. „Da liegen Sie nicht falsch. Sie haben sich zum ‚Publikumsliebling' im Iran gemausert", erwiderte er, und dieses Mal schlich sich ein Hauch von Ironie in seine Worte. Er gab mir keine Chance, zu reagieren, und fuhr fort: „Es gibt eine Fernsehsendung in Ihrem Land, die sich ‚Identität' nennt, in der Regimegegner eine Menge Beachtung gewonnen haben. Aus der Beobachtung des Programms kann man schließen, dass Sie auf der Liste der meistgesuchten Personen, die nach dem Willen der iranischen Behörden auf dem öffentlichen Platz in Teheran hingerichtet werden sollen, sehr weit oben stehen. Ich denke, das Zeichen ist deutlich. Wir wären sehr froh", er sprach natürlich für die französischen Behörden, „wenn es in unserem Land kein Blutvergießen gäbe, also keinen Versuch seitens der Exiliraner, Sie in unserem Land zu töten."

„Ich bin mir Ihrer Motivationen bewusst", erwiderte ich und fügte hinzu: „Aus gewissen Gründen scheinen sie zu meinen eigenen zu passen. Ich habe die Nachricht verstanden, aber Sie sollten wissen, dass ich nicht vorhabe, meine politische Aktivität einzustellen."

„Es war meine Pflicht, Sie zu warnen", sagte der Inspektor. „Halten Sie Ihre Augen offen und seien Sie sehr vorsichtig, denn Ihre Feinde wünschen sich leidenschaftlich ihren Untergang und werden keine Chance auslassen, Sie zu vernichten."

Eine große Gruppe von Exiliranern in Paris lud mich ein, ihnen die Geschichte der „Operation Tabarzin" detailliert zu erzählen. Wir hatten Dutzende von Interviews mit Medienvertretern geführt, aber den Exiliranern reichten diese Informationen nicht aus. Ich nutzte die Gelegenheit und meinen Status, um meinen Mitstreitern zu helfen. Ich wusste, dass einige Besucher der Veranstaltung überaus reich waren, dass sich sogar Millionäre oder Milliardäre unter ihnen befanden. Im Gegensatz dazu befanden sich all meine Freunde, die an der „Tabarzin-Operation" teilgenommen hatten, in schlechter wirtschaftlicher Lage. Jetzt, nachdem sie allgemeine Bekanntheit und Beachtung gewonnen hatten, konnten ihre im Iran verbliebenen Familien ihnen keine finanzielle Unterstützung senden. Viele von ihnen hatten nicht einmal mehr ein Dach über dem Kopf und es gab einige, die manchmal sogar Hunger litten und zu ihrer Schande gezwungen waren, Lebensmittel zu stehlen.

Im Verlauf meiner Rede sprach ich über diese Leute und erzählte ihre Geschichten. Ich hörte einige der Reichen über ihr Leben in zur Schau gestelltem Reichtum prahlen, einfach aus Spaß an der Freude. Ich würde ihnen die schmerzliche Wahrheit direkt ins Gesicht sagen, obwohl ich wusste, dass ich damit nicht wenige aus meinen eigenen Reihen gegen mich aufbringen und mir zum Feind machen würde. Ich sagte zu ihnen: „Für die Außenwelt vergießen Sie Tränen des Mitgefühls und rufen nach der Notwendigkeit, den Iran zu befreien, aber hinter geschlossenen Türen verhalten Sie sich ganz anders und denken nur an Ihre Schweizer Bankkonten. Als Sie sahen, was im Iran passierte, waren Sie sehr schnell dabei, rechtzeitig Ihr Geld in der Schweiz in Sicherheit zu bringen. Aber was ist mit mir und meinen Kollegen? Wir betteln nicht um Almosen. Unter

Lebensgefahr haben wir unsere Organisation aufgebaut und die „Tabarzin-Operation" durchgeführt. Jetzt müssen wir einen hohen Preis für eine Tat bezahlen, die eigentlich auch Sie voll unterstützt haben, aber leider nur mit schönen Worten. Ich fordere Sie auf, selbst wenn es Ihnen nur darum geht, einen moralischen Standpunkt zu demonstrieren, unsere Leute zu unterstützen. Sie sollten wissen, dass die Linken im Iran mich wegen meiner speziellen Vorgehensweise als unbestritten links ansehen. Sie fragten mich, warum ich bei den Vertretern des rechten Flügels bleibe, die meist sehr reich sind. Ich antwortete diesen Linken, dass ich ein stolzer Nationalist sei und dass sie wissen sollten, dass der iranische Patriotismus auf Monarchie basiert und es unmöglich ist, diese beiden Grundfesten voneinander zu trennen."

Meine fundierte Kritik blieb nicht ohne Wirkung auf mein Publikum. Zurecht entstand der Eindruck, dass diejenigen Menschen, die dank ihres großen Reichtums den Luxus der Welt genossen, allesamt Versager waren, die nicht meinten, was sie sagten. Aber ich war nicht bereit, aufzugeben. Die Erinnerungen an die Operation waren noch frisch in meinem Gedächtnis. Ich weigerte mich immer noch, unser Scheitern anzuerkennen, auch wenn ich wusste, dass ein Hauptgrund dafür der Geldmangel gewesen war. Hätten wir großzügigere finanzielle Hilfe genossen, hätten wir viel mehr erreichen können. Ich wusste auch genau, dass die reichen, einflussreichen Leute, die keinen Finger gerührt hatten, um uns zu helfen, sich selbst als weit über der Masse stehend sahen.

Nachdem es im Saal still geworden war, fühlte ich die Feindschaft, die mir aus dem Publikum entgegenstrahlte. Es gab keinen Zweifel, ich hatte einen sensiblen Punkt getroffen, aber ein Gefühl der Rebellion, vermischt mit einiger Frustration überkam mich. Ich war nicht bereit, demütig meinen Kopf zu senken und Schmeicheleien zu verteilen, nur um finanzielle Hilfe zu erhalten. Ich verließ den Saal, als ich begriff, dass unsere Rettung nicht von den Reichen des Volkes ausgehen würde. Später, als ich zum Judentum konvertierte und die jüdische Denkweise studierte, fiel mir ein Satz der Weisen ins Auge: „Die Reichtümer sind ihnen lieber als ihre Körper." Da verstand ich, auf wen sich dieser Satz bezog – auf all jene Menschen in der Welt, denen nur Eines wichtig ist: Geld. Die Wohlhabenden, die ich gerade attackiert hatte, gehörten dazu.

Ein Riss in der Familie und eine neue Operation im Hintergrund

Die Konsequenzen meiner Rede konnten sich für mich als desaströs erweisen. Obwohl ich für meine Freunde sprach, muss bedacht werden, dass mein Los identisch mit dem ihrem war. Auch ich war gezwungen, als Nachtwächter in Clubs zu arbeiten und verrichtete Arbeiten jeglicher Art, um für meine Familie zu sorgen.

Wenn es mir bis jetzt schon nicht an Konflikten gemangelt hatte, wurde nun eine neue, interne „Front"

gegen mich eröffnet, die eine Spaltung zur Folge
hatte, deren Narben bis heute an mir erkennbar sind.
Ich erinnere hier nur an die Entfremdung zu meiner
Familie, die nach Beendigung der „Tabarzin-Operation"
mein Schicksal wurde. Ich habe bereits erwähnt, dass
ich in den Augen meiner Familie wegen meiner starken
Ablehnung gegen das Regime im Iran als „schwarzes
Schaf" angesehen wurde. Doch jetzt, nachdem dieser
Feldzug vorüber war, verschlimmerte die Situation sich
sehr. Meine Frau war wütend darüber, dass ich sie nicht
über meine Teilnahme an der Operation informiert
hatte. Ihrer Meinung nach – und sie hatte nicht ganz
unrecht – war die „Tabarzin-Operation" eine impulsive
Handlung, die mich zum Krüppel hätte machen, oder im
schlimmsten Fall, tödlich hätte ausgehen können. Die
Auswirkungen davon lagen auf der Hand – wir hätten
unseren Lebensunterhalt nicht mehr bestreiten können.
Aus ihrer Sicht handelte ich unverantwortlich. Ideologie,
Werte – das waren in ihren Augen unbedeutende
Dinge. Sie war nicht bereit, mir zuzuhören und mich zu
verstehen, was den Riss zwischen uns vergrößerte. Nur
aus Respekt vor der Familie und aus Sorge um die Kinder
bewahrten wir nach außen die Einheit der Familie.

Liebe, gegenseitige Unterstützung und
Gleichmut gehörten der Vergangenheit an. Die Kluft
selbst hatte mit der Machtübernahme Humainis und
damit, dass ich ein engagierter Gegner seines Regimes
wurde, begonnen. Mein Beharren auf meiner politischen
Meinung führte dazu, dass ich als problematisch und
sogar gefährlich stigmatisiert wurde. Meine Frau

gehörte von Anfang an zu meinen Kritikern und nun, nach der „Tabarzin-Operation", hatte ich aus ihrer Sicht jede Grenze überschritten.

Ich muss zugeben, dass ich im tiefsten Innersten zerrissen war. Der Preis, den ich für meine Standhaftigkeit zahlen musste, war immens, und ich bin sicher, dass meine Frau mein Leid fühlte. Aber unsere Kinder litten am meisten.

Ich war immer noch mit meinen persönlichen Problemen beschäftigt, als eine Gruppe der „Azadgan" unter Führung von General Aryana sich erneut an mich wandte und mir vorschlug, an einer neuen Operation teilzunehmen, die diesmal im Iran stattfinden sollte. Trotz des Scheiterns des „Tabarzin-Feldzugs" war ich gespannt, mehr über diese neue Aktion zu hören und stimmte zu. Ich wurde gebeten, Hunderte Iraner zu rekrutieren, nicht nur in Frankreich, sondern aus allen möglichen Ländern. Der Ruf der „Tabarzin-Affäre" ermöglichte es mir, ohne Schwierigkeiten Menschen für diese Operation zu mobilisieren. General Aryana, dem ein großes Budget für die Ausführung einer Operation im Iran zur Verfügung stand, unterstützte mich finanziell. Ich besuchte die unterschiedlichsten Orte der Welt, um mit Hilfe von Verbindungsleuten nach geeigneten Kandidaten für die Operation zu suchen. Während ich all meine Bemühungen dem Erfolg der Operation widmete, entdeckte ich zu meinem Bedauern, dass wir korrumpiert wurden, General Aryana jedoch davon nichts wusste. Nachdem ich die Hintergründe der Korruption aufgedeckt hatte, bat ich Aryana um ein Gespräch und präsentierte ihm die Beweise. Ich war sehr enttäuscht, als er entschied, diese zu ignorieren, und im Lichte seiner Reaktion beschloss ich, von der Aktion Abstand zu nehmen, um meinen Namen nicht weiter zu beflecken.

Ich fühlte mich bis in die Tiefen meiner Seele desillusioniert und spürte, dass Pessimismus mich zu überwältigen drohte, was normalerweise gegen meine Natur war. Ich beschloss, mir eine Pause von der politischen Tätigkeit zu gönnen, auch aus dem Wunsch heraus, die Beziehungen innerhalb meiner Familie zu verbessern und mich meinen Studien zu widmen. Also brachte ich mein Studium am Jurakolleg der Universität Paris zum Abschluss und erhielt den DEA-Titel. Kurze Zeit danach registrierte ich mich für die Promotion. Gleichzeitig schaute ich mich nach passenden, effektiv arbeitenden Partnern für politische Aktivitäten um, aber in dieser Hinsicht wurde ich schwer enttäuscht. Ich erkannte die momentane Hilflosigkeit der Opposition, deren Haupttätigkeit in nutzlosen verbalen Tiraden bestand.

Die Hoffnungslosigkeit verleitete mich zu Gedanken, die der Realität nicht standhalten würden. Aus Verzweiflung entwickelten meine Freunde und ich die Idee, eine Organisation zu gründen, die Geld von iranischen Millionären „erpressen" würde, um unsere Aktivitäten zu finanzieren. Zu diesem Zweck coachte ich eine Gruppe von patriotischen, idealistischen jungen

Männern, die eine militärische Ausbildung absolviert
hatten. Wie immer standen mir nur minimale Ressourcen
zur Verfügung. Unter anderem wandte ich mich an
den Anführer der Opposition, Dr. Ali Amini, an den
letzten Premierminister des Iran unter der Regierung
des Schahs, Dr. Shafur Bachtiar, und an verschiedene
Generäle, darunter General Ovisi und General Aryana.
Ich lud sie in unser Büro ein, damit sie einen Eindruck
von den jungen Männern erhielten, die bereit waren, sich
zu opfern, um das Blatt im islamischen Iran zu wenden.
Ich erklärte ihnen, dass diese jungen Männer zur
Vorbereitung ein professionelles Training benötigten.
Aus diesen Gründen müssten sie in Ländern wie
Jordanien, Ägypten, Deutschland und Israel ausgebildet
werden, in denen sie etwas über Guerilla-Kriegsführung
lernen konnten. Nach Abschluss ihres professionellen
Trainings könnten sie den Iran infiltrieren und daran
arbeiten, das islamische Regime zu stürzen. Zu meinem
Bedauern verstanden die Generäle und Politiker mich
nicht oder ich schritt für sie zu schnell voran. Sie waren
alles andere als erfreut über meine neuen Ideen. Nach
diesen negativen Reaktionen sah ich ein, dass ich mich
an interessierte ausländische Vertreter wenden musste,
wenn ich dieses Projekt durchführen wollte.

Daher ging ich zur israelischen Botschaft
in Frankreich und sprach mit einem Mann namens
Megidan. Ich erzählte ihm von der Operation, die im
Iran stattfinden sollte, aber ich spürte, dass auch dieser
Israeli von meinen Ideen nicht beeindruckt war. Ich
hatte auf eine positive Antwort gehofft, aber leider

wurde ich wieder enttäuscht.

Im Jahr 1982 erhielt ich ein Forschungsstipendium in Italien, um eine sechsmonatige Studie über das italienische Mineralölunternehmen „Italian Agip Petroleum Company" durchzuführen. Im Jahr 1953, während der Regierung von Premierminister Mousadek im Iran, war Enrico Mattei der Direktor der italienischen Ölfirma. Zu jener Zeit arbeitete die Regierung des Iran an der Verstaatlichung des Erdölsektors, einer Angelegenheit, die viele Probleme mit britischen und anderen westlichen Ölfirmen mit sich brachte. Alle westlichen Länder, außer Italien, verhängten ein Embargo über den Kauf von iranischem Erdöl. Das italienische Unternehmen hingegen kaufte einen großen Öltanker namens „Rosemarie". Das Schiff sollte vom Persischen Golf nach Europa fahren, aber in der Region des Golfs von Aden wurde es von britischen Streitkräften versenkt. Die Affäre erhielt große Beachtung, aber es gab keinen Beweis für die Vermutung, dass die Briten und die Amerikaner sich verschworen hatten, um das Schiff zu versenken. Ich wollte die Wahrheit herausfinden und musste deshalb mit der Familie von Enrico Mattei sprechen, da er selbst ermordet worden war. Außerdem bekam ich so die einmalige Gelegenheit, die italienische Sprache zu erlernen. Ich reiste allein, ohne meine Familie, und schließlich verbrachte ich ein Jahr in Italien. Mehrmals kehrte ich jedoch nach Paris zurück, um meine Familie zu sehen. Tatsächlich war meine Frau nicht erfreut über meinen langen Aufenthalt in Italien.

Ich lebte im Haus einer angenehmen italienischen Familie namens Morangusto, widmete meine Aufmerksamkeit dem Sprachstudium und der Forschung und verzichtete auf jegliches politisches Engagement. Zusätzlich gelang es mir, die Zeit zu finden, italienische Literatur am „Tamatron-" und am „Dante-Alegheri"-Institut zu studieren. Dann, im Frühjahr 1982, als ich mich in Mailand aufhielt, bekam ich einen Anruf von meinem Bruder, der in Paris weilte. Er brachte mir die Nachricht vom Tod unseres Vaters. „Du musst nach Paris zurückkehren", sagte er. Das war alles. Dieser Tag war der traurigste Tag meines Lebens.

Ich kehrte eilig nach Paris zurück, nach Hause. Alle meine Brüder kamen aus verschiedenen Ländern nach Europa, um eine gemeinsame Traurtzeremonie abzuhalten. Da wir alle politische Flüchtlinge waren, durften wir nicht in den Iran einreisen, um an der Beerdigung unseres Vaters teilzunehmen. Ich war traurig, meinen Vater verloren zu haben, aber gleichzeitig froh, weil sich seine Ziele in Bezug auf seine Kinder erfüllt hatten. Er hatte gehofft, dass sich eines Tages seine in der Welt verstreuten Kinder wiedervereinigen würden. Obwohl dies aufgrund seines Todes unter traurigen Umständen geschah, trug unser Wiedersehen unzweifelhaft zum Zusammenhalt der Familie bei. Meinem Vater hatte sich außerdem ein weiterer Wunsch erfüllt – all seine Nachkommen hatten akademische Abschlüsse. Er pflegte zu sagen, er sei trotz seiner schwachen wirtschaftlichen Situation, glücklich und zufrieden, weil sein wahrer Reichtum darin läge, dass seine Kinder Intellektuelle seien.

Eines Tages erhielt ich einen Anruf von einem meiner guten Freunde, Ahmad Farasti, der in der Vergangenheit dem „Sawak" angehört hatte. Er wollte mich in Frankfurt am Main treffen, bat mich aber inständig, keiner Seele von unserem Treffen zu erzählen. Ich reiste nach Frankfurt und traf dort Aiden Hoshboniani, den größten Teppichhändler Deutschlands. Aiden lud mich ein, bei ihm zu Hause speisen, und wies darauf hin, dass unter anderem auch der Bruder des Schahs, Prinz Shahpur Rolam Razeh, und die Stiefmutter des Schahs anweisend sein würden. Er wollte mich dem Prinzen vorstellen und bat mich, all meine Dokumente mitzubringen, die meine Aktivitäten gegen die Islamische Republik bezeugten.

Im Laufe der Mahlzeit wurden die Aktivitäten diskutiert, die ich gegen das islamische Regime initiiert hatte. Der Prinz war sehr bewegt und bat darum, die Fotos und meine Unterlagen zu sehen. Ich sprach vor allem über meine Freunde bei den Javan, die an der „Tabarzin-Operation" teilgenommen hatten. Außerdem versuchte ich, den Prinzen von der Notwendigkeit zu überzeugen, eine schlagkräftige Operation gegen das Regime im Iran zu organisieren. Es herrschte große Begeisterung und alle Anwesenden strahlten Optimismus aus. Die übereilte Bereitschaft des Prinzen, die Operation zu unterstützen, machte mir jedoch klar, dass er nicht realistisch dachte und sich der Gefahren nicht bewusst war, die so eine Operation mit sich brachte. Auch war er sich keineswegs im Klaren darüber, dass solch eine

Aktion nur von speziell ausgebildeten Kombattanten durchgeführt werden konnte und keinesfalls von irgendwelchen normalen Sympathisanten. Mit großem Schmerz entschloss ich mich, den Kontakt zu dem Prinzen aufzugeben, da ich erkannte, dass ich meine Zeit vergeblich verschwendete.

Ein paar Monate nach meiner Rückkehr aus Deutschland hatte ich die Möglichkeit, mit Prinzessin Azada zu sprechen. Ich erzählte ihr von dem Treffen in Frankfurt und von den Worten ihres Onkels. Sie äußerte Unmut bei der Erwähnung seines Namens: „Er hat keinen Respekt vor unserer Familie. Wir alle nennen ihn nur ‚das Schwein‘." Bis zu diesem Moment hatte ich an meiner Entscheidung, mich vom Prinzen zu distanzieren, gezweifelt, aber nun war ich glücklich über die Bestätigung meiner Einschätzung seiner Persönlichkeit.

Leider musste ich mitansehen, wie viele meiner Javan-Freunde nicht lange, nachdem der „Tabarzin-Feldzug" vorüber war, in Armut und Hoffnungslosigkeit verfielen. Ihre wirtschaftliche Situation war unerträglich. Wegen ihrer finanziellen Schwäche konnten sie ihre Studien nicht fortsetzen und fühlten sich verlassen – Flüchtlinge in einem fremden Land ohne Hoffnung und Zukunft. Sie hatten ihre Energie und ihren Kampfeswillen verloren, einige von ihnen nahmen sogar Drogen. All dies bewirkte in mir große Niedergeschlagenheit und ein Gefühl des Unbehagens. Ich fühlte mich, wenn auch nur teilweise, verantwortlich für ihre Situation.

Denn ich war der Mann, der sie überzeugt hatte, der Javan-Gruppe beizutreten und an der „Tabarzin-Operation" teilzunehmen. Ich bemühte mich weiterhin um finanzielle Unterstützung für, doch ohne Erfolg. Am schlimmsten war die Tatsache, dass gerade unter meinen eigenen Leuten, den verbannten Iranern, keiner bereit war, diesen jungen Leuten zu helfen, die gewillt waren, ihr Leben für den Sturz der islamischen Herrschaft im Iran zu opfern.

Eines Tages kam ein Freund zu mir und schlug mir vor, mit ihm zur irakischen Botschaft in Paris zu gehen. Man muss bedenken, dass zu jener Zeit ein grausamer Krieg zwischen dem Iran und dem Irak stattfand. Zuerst zögerte ich. Ich wusste, was die Konsequenzen wären, sollte entdeckt werden, dass wir mit den Irakern zusammenarbeiteten. Es gab nicht einen einzigen Iraner, der die Iraker nicht als Feind ansah, und es machte keinen Unterschied, ob dieser Iraner ein Kommunist, ein Mudschahid oder ein muslimischer Fanatiker war. Die Feindseligkeit gegenüber dem Irak war allen gemeinsam, da sie davon überzeugt waren, dass die Iraker den Krieg begonnen hatten. Nach langem Nachdenken und unter Berücksichtigung mangelnder Alternativen entschied ich mich, das Risiko einzugehen. Ich fand es unter den gegebenen Bedingungen angebracht, vorerst mit dem Irak zu kooperieren, um die iranische Regierung zu stürzen, und erst später die Konfrontation mit den Irakern zu suchen. Ich wusste, dass ich mit dieser Meinung zu einer Minderheit gehörte, war aber trotzdem entschlossen, jeden Weg zu nutzen, der mich zu meinem erklärten Ziel bringen würde .

Also kontaktierte ich die irakische Botschaft und traf den Berater des Botschafters. Ich erklärte ihm, warum ich als Iraner an einem Treffen mit ihm interessiert sei. Wir sprachen zwei Stunden lang. Am Ende unseres Gesprächs bat mich der Diplomat darum, einen Beweis meiner Ehrlichkeit zu liefern. Zu diesem Zweck fragte er nach Fotos und Presseartikeln, die unsere Taten dokumentierten. Ich arrangierte ein weiteres Treffen mit ihm, zu dem ich die entsprechenden Unterlagen mitbrachte. Er überprüfte das Material und zeigte offen seine Zufriedenheit. Unter diesen Voraussetzungen setzten wir das dritte Treffen an. Ich müsse, sagte er, nach Bagdad reisen, um höhere Beamte zu treffen, die an einem Gespräch mit mir interessiert seien. Ich stimmte seiner Bitte zu, auch wenn ich mir des Risikos bewusst war, als Flüchtling in das Land des Feindes zu reisen.

Mit dem französischen Ausweis eines politischen Flüchtlings reiste ich nach Bagdad ein.

Ich hielt mich etwa eine Woche dort auf, traf viele Menschen und verschiedene Vertreter der Regierung. Ich führte die Beweisdokumente über meine Identität und die Aktionen, die ich gegen das Regime im Iran initiiert hatte, bei mir. Nach einer Woche von Gesprächen, Befragungen, Anträgen und Fragen über zukünftige Operationen wurde mir gesagt, dass meine Leute und ich als Beweis unserer Ernsthaftigkeit eine Person im nahen Umfeld von Humaini ermorden müssten. Dieser Mann heiße Tabatabai und sei ein iranischer Waffenhändler, der Waffengeschäfte in Europa ausführe. Erst danach wären sie bereit, weitere Operationen zu besprechen. Ich antwortete den irakischen Agenten, dass wir keine terroristische, sondern eine politische Organisation zur Befreiung des Iran seien und ich diese Angelegenheit mit meinen Freunden besprechen müsse. Ich verließ die Sitzung mit einem schalen Geschmack im Mund, weil ich die wahren Absichten der Iraker erahnte.

Nach einer Woche kehrte ich nach Paris zurück und besprach den Vorschlag der Iraker mit meinen engsten Kollegen in Paris und Frankfurt. Nach einer längeren Diskussion kamen wir zu der Entscheidung, dass unsere Antwort negativ ausfallen musste. Wir informierten die Vertreter des Iraks in Paris über unseren Beschluss, worüber sie sich sehr unzufrieden äußerten, aber wir blieben standhaft bei unserer Entscheidung.

Kurze Zeit nach dem irakischen Abenteuer traf ich einen iranischen Arzt namens Dr. Ali Noinni. Er hatte den Iran vor der Revolution verlassen, weil er seiner Meinung nach ein Linker war. Dr. Noinni erzählte mir von sich selbst und den Aktivitäten, die er in Gang gebracht hatte, um die islamische Regierung abzusetzen. Trotz unserer unterschiedlichen politischen Ansichten sah ich in ihm einen Verbündeten im gemeinsamen Kampf gegen das islamische Regime. Ich erzählte ihm von meiner Idee, eine schlagkräftige Streitmacht aus jungen Menschen aufzubauen, die in der Lage sei, bedeutende militärische Aktionen gegen die islamische Herrschaft durchzuführen und das Regime zu stürzen. Dr. Noinni stimmte mir zu und meinte, eine solche Streitmacht müsse im Libanon ausgebildet werden. Im Verlauf unserer Gespräche eröffnete mir Dr. Noinni konspirativ, er würde sehr gerne in die Hotelbranche investieren. Zu diesem Zweck brauche er meine Hilfe, vor allem unter dem Aspekt der Legalität, und fügte hinzu, meine Freunde würden ebenfalls davon profitieren. Kurze Zeit später erwarb Dr. Noinni ein Stück Land in der Region Chebrou, etwa achtzig Kilometer von Paris entfernt. Auf dem Land stand eine alte vernachlässigte Herberge, die einer grundlegenden Renovierung bedurfte, bevor sie Gäste beherbergen konnte. Dr. Noinni plante, dort ein kleines Hotel und ein Restaurant zu eröffnen. Für die Reparaturen benötigten wir eine Menge Leute. Ich nahm fünfundzwanzig meiner Leute und brachte sie dorthin. Wir blieben drei Monate lang an diesem Ort, renovierten das Gebäude und verwandelten es in ein elegantes Hotel. Es war von einem großen Wald umgeben, in dem es unterirdische Lager gab. Wir vermuteten, dass wir diesen Platz zur Ausbildung nutzen konnten. Dies war unser geheimes Projekt, niemand wusste von unserer wahren Absicht. Zusätzlich zu den Menschen, die an diesem Ort arbeiteten, trafen nach und nach Leute zur Ausbildung ein.

Während der drei Monate reiste Dr. Noinni mehrmals in den Libanon. Während wir mit Reparatur und Aufbau des Gebäudes beschäftigt waren, vernachlässigten wir natürlich unsere Aktivitäten gegen das Regime im Iran. Oberste Priorität hatte das

Verdienen unseres Lebensunterhaltes, nicht zuletzt, weil unsere Arbeit bei Dr. Noinni zeitlich befristet war.

Eines Tages kontaktierte mich Oberst Hushang Vazin, Königin Farahs Leibwächter, und bat mich um ein Treffen. Er stellte sich als Königin Farahs Vertreter vor und fragte mich, warum meine Freunde und ich unsere politischen Aktivitäten eingestellt hätten. Ich erzählte dem Oberst, es sei nicht unsere Absicht, begangene Fehler zu wiederholen, sondern effektive Feldzüge zu organisieren, die unsere Zwecke vorantrieben. Der Oberst war enttäuscht von meiner Antwort. Er drängte mich zur Aktivität, die in der Vergangenheit typisch für das Verhalten der Javan gewesen war. Ich erklärte ihm, er habe keine Chance, mich zu überzeugen. „Wir werden nicht die gleichen Fehler noch einmal machen", betonte ich und wiederholte dies mehrmals. Das Treffen endete ergebnislos und ich, inzwischen mit Enttäuschungen vertraut, legte die Begegnung als einen weiteren sinnlosen Versuch zu den Akten.

Die Javan-Gruppe traf sich mehrere Male und besprach zukünftige Aktivitäten und deren Art. Es herrschte Unklarheit über das Niveau der zu planenden Operationen. Ich nutzte meinen Status als Gründer der Javan und stellte fest, es habe nun genug Schwierigkeiten gegeben. Wir müssten zwar handeln, aber es sei sinnvoll, zunächst einen „Ideenpool" anzulegen. Die potentiellen Ziele unserer Angriffe sollten so beschaffen sein, dass wir mit deren Zerstörung einen bleibenden Eindruck sowohl bei den Exiliranern als auch den der islamischen

Herrschaft feindlich gesinnten Ländern hinterließen. „Wir haben eine einmalige Gelegenheit", sagte ich zu meinen Freunden. „Ich habe herausgefunden, dass Humainis Gefolgschaft eine große Moschee im Dorf Nofel le Chateau bauen wolle. Dort lebte Humaini im Exil, nachdem er aus dem Irak nach Frankreich gekommen war. Die Einweihung solle anlässlich des dritten Jahrestages der Gründung der Republik stattfinden. Wir müssen den Bau dieser Moschee auf Biegen und Brechen verhindern." Ich sah meine Freunde an und wartete gespannt auf ihre Reaktionen. Für einen Moment war es ganz still, dann kam ein aufgeregtes Gemurmel auf, begleitet von begeisterten Worten der Zustimmung. Ich war zufrieden mit dem, was ich hörte, aber ich wusste auch, wir würden finanzielle und logistische Hilfe benötigen. Ich erklärte meinen Freunden, ich würde mit Sympathisanten sprechen, die uns bei dieser Unternehmung unterstützen würden. Zu diesem Zweck kontaktierte ich Oberst Hushang und erzählte ihm, worum es ging. Der Oberst versprach mir, mit Ihrer Majestät zu sprechen und auf mich zurückzukommen. Schon nach ein paar Tagen meldete er sich wieder bei mir. Er sagte, dass die Idee positiv aufgefasst und nach den Details des Plans gefragt worden sei. Ich war gezwungen, diese Bitte abzulehnen, und erklärte ihm, dass Details des Plans aus offensichtlichen Gründen vertraulich bleiben müssten. Dennoch wies ich darauf hin, dass wir über jede Hilfe glücklich seien, sei es in Form von Geld oder Waffen. Er versprach, Ihre Majestät werde sich bemühen, uns nach Kräften zu unterstützen.

Gleichzeitig hatte ich auch Dr. Noinni über die neuen Pläne der Jawan informiert, nicht zuletzt, weil ich wusste, dass er gute Verbindungen in den Libanon hatte. Er war begeistert über das Ziel der Operation und versprach, uns mit Waffen zu beliefern. Ich bat ihn, uns zu helfen, einen Experten zu finden, der uns den Umgang mit Sprengstoff lehren könne. Wir hatten nämlich die Absicht, an den geeigneten Gebäudeteilen Sprengstoffladungen anzubringen, um die Moschee um Einsturz zu bringen. Ein paar Wochen später stellte mich Dr. Noinni einem libanesischen Sprengmeister vor. Der Mann verlangte hunderttausend französische Francs als Bezahlung. Ich berichtete Oberst Hushang Vazin davon. Dieser wiederum sprach mit der Königin und erhielt ihre Zusage für die Finanzierung.

Ich war sehr zufrieden über die gelungene Planung, aber leider nicht sehr lange. Eine Woche vor der Durchführung der Maßnahme teilte der Oberst mir mit, wir würden die versprochene Hilfe erst nach der Operation erhalten. Ich war wütend, aber die Zeit drängte, und mir wurde bewusst, dass wir schnell einen Ersatz für den libanesischen Sprengmeister heranschaffen mussten.

Ich war verzweifelt und frustriert, aber ich wollte keinesfalls aufgeben. Ich suchte nach einer Möglichkeit, die Königin über einen anderen Kanal um das Geld zu bitten. Telefonisch kontaktierte ich Dr. Bazam Vadiyi, Tutor des Sohnes des Schahs und enger Vertrauter der Königin. Auch er bestätigte, dass wir das Geld nach

Durchführung der Unternehmung erhalten würden, wie von Oberst Hushang versprochen. Nun waren wir finanziell abgesichert und ich konnte mich etwas entspannen.

In den frühen Morgenstunden schlichen die Mitglieder der Javan in die Moschee im Dorf. Unter der Führung des libanesischen Sprengstoffexperten handelten sie effektiv und schnell. Sie vergruben die Sprengstoffladungen an den notwendigen Stellen und lösten sie, nachdem sie sich in Sicherheit gebracht hatten, per Fernzündung aus. Eine laute Explosion war zu hören, die Moschee brach zusammen und wurde zu einem Trümmerhaufen. Ein paar Stunden später wurde im französischen Radio von der Explosion berichtet. Dr. Vadiyi kontaktierte mich in London, um mir zu unserem Erfolg zu gratulieren, und fügte hinzu, Königin Farah hätte vor Freude geweint, weil niemand während der Aktion verletzt worden war. Man machte die Mudschahid für die Operation verantwortlich, aber diese versicherten, nichts mit dem Anschlag zu tun zu haben. Die französische Polizei versuchte vergeblich, eine Spur der Täter zu finden.

Die Freude der Exiliraner über die erfolgreiche Operation war unermesslich. Humaini und seine Kohorten wurden mit Verachtung gestraft. Zweifellos war deren Integrität angekratzt, aber mir war klar, dass wir dem islamischen Regime noch nicht genug Schaden zugefügt hatten.

Nuklearer Wahnsinn

Nicht lange nach der Explosion der Moschee zogen wir eine weitere Maßnahme in Betracht, bei deren Ausführung wir mehr Mut als bei der „Tabarzin-Operation" brauchen würden. Nach akribischer Recherche und umfassender Prüfung des Themas beschloss ich, Prinzessin Ashraf, die Schwester des Schahs, anzusprechen. Ich glaubte, eine gute Chance zu haben, die Zustimmung und Unterstützung der Prinzessin zu erhalten. Ich unterhielt eine enge Beziehung zu Prinzessin Azada, der Tochter von Ashraf. Ich bat sie, mir ein Treffen mit ihrer Mutter wegen eines geplanten Akts gegen das Regime zu vermitteln. Sie führte mich zum Haus ihrer Mutter und erklärte dieser mein Anliegen. Ich muss darauf hinweisen, dass Prinzessin Ashraf mich mit großem Respekt behandelte. Also beschloss ich, keine Zeit zu verlieren. „Eure Hoheit", begann ich, „ich habe Grund zu der Annahme, dass Sie mit den erforderlichen Qualifikationen gesegnet sind, um ihrem Volk zu helfen, die Herrschaft von Humaini und seinen Leuten zu stürzen." Die Prinzessin reagierte mit einem verwirrten, ängstlichen Gesichtsausdruck. „Was wollen Sie tun?", fragte sie.

Ich antwortete: „Ich muss Sie bitten, keine der Informationen zu verraten, die ich in diesem Gespräch erwähnen werde. Selbst wenn Sie sich gegen unseren Vorschlag entscheiden, müssen Sie unter allen Umständen Stillschweigen bewahren. Wenn unsere Feinde Kenntnis von unserem Plan erhalten, schweben meine Freunde und ich in äußerster Lebensgefahr."

Die Prinzessin erbleichte, atmete tief durch und antwortete dann zurückhaltend: „Ich verspreche Ihnen, selbst wenn ich der Operation nicht zustimmen sollte, werde ich niemandem verraten, was hier besprochen wird. Ich gebe Ihnen das Ehrenwort einer Prinzessin."

„Schön", sagte ich. „Es geht um ein gewagtes Unternehmen, das vielleicht die ganze Welt schockieren wird. Im Vergleich dazu wird die „Tabarzin-Operation" als unbedeutend abgestempelt werden. Es ist die Absicht der Javan-Mitstreiter, die Kontrolle über das Kernkraftwerk in Straßburg, zu übernehmen. Eine Gruppe von vierzehn erfahrenen Soldaten mit den unterschiedlichsten militärischen Funktionen wird den Kernreaktor einnehmen. Wir haben einen sehr detaillierten Plan über die Durchführung entwickelt. Wenn wir die vollständige Kontrolle über den Reaktor erlangt haben, werden wir von den Staats- und Regierungschefs, die den Sturz des Schahs verursacht haben – Jimmy Carter, Valerie Giscard D'Estaing, James Calahan und Helmut Schmidt – verlangen, zum Kernreaktor zu kommen und den Medien und Zuschauern in der ganzen Welt zu erklären, warum sie auf der Konferenz von Guadeloupe den Beschluss gefasst haben, der den Iran in die dunklen Zeiten zurückgeworfen hat. Danach werden wir kapitulieren und die Verantwortung für unsere Tat übernehmen."

Stille herrschte. Die Prinzessin sah mich mit offenem Mund an. „Ist das Ihr Ernst?", fragte sie. Ich konnte sie kaum verstehen, weil sie nur flüsterte.

„Mein absoluter Ernst", bestätigte ich
nachdrücklich

„Und was wird passieren, wenn die Staats- und
Regierungsoberhäupter Ihre Forderung ablehnen?"
„Ich bin mir nicht sicher", sagte ich. „Ich glaube nicht,
dass sie die Wahl haben. Wenn sie unsere Forderung
verweigern, werden wir den Kernreaktor sprengen. Ich
denke, jeder halbwechs intelligente Mensch kann sich
die Konsequenzen einer solchen Explosion ausmalen."

„Es tut mir leid", sagte die Prinzessin. „Ich bin mir
sicher, dass Ihre Absichten ehrenhaft sind, aber dies ist
nicht der richtige Weg, um unser Ziel zu erreichen. Ich
kann einen Plan dieser Art nicht unterstützen. Ich hoffe,
Sie verstehen mich."

Ich dankte der Prinzessin für ihre Bereitschaft,
sich mit mir zu treffen, und verließ ihr Haus. Die
wiederholten vergeblichen Treffen mit Vertretern des
Königshauses stärkten in mir das Bewusstsein, dass
man sich nicht auf ihre Hilfe verlassen konnte. Es waren
zu viele politische Aspekte zu beachten und die Zeit war
gegen die Anhänger des aktiven Widerstands.

Neben allen Reisen und Aktivitäten fand ich noch Zeit
für mein Studium. Am 17. September 1984, nach acht
Studienjahren an der Universität von Paris, erhielt
ich schließlich meinen Doktortitel. Fünf Stunden lang
verteidigte ich meine Doktorarbeit vor fünf Professoren
und einem großen Publikum im Hintergrund. In
der ersten halben Stunde musste ich meine Arbeit

vorstellen. In den folgenden drei Stunden beantwortete ich Fragen der verschiedenen Professoren zu meinem Thema. Danach bekam das Publikum Gelegenheit, mir Fragen zu stellen, und unter den prüfenden Blicken der Professoren musste ich auch diese beantworten, was mir keine Mühe bereitete. Am Ende der Prüfung sah ich zu meiner Freude, dass die Professoren mit der Art und Weise, wie ich meine Ansichten und mein Wissen dargestellt hatte, sehr zufrieden waren. Ich war sehr glücklich über meine akademischen Leistungen. Der mir verliehene Titel war mir eine Quelle des Trostes bei der täglichen Bewältigung meiner familiären und politischen Probleme.

Pläne sind eine Sache; die schmerzhafte Realität eine andere

Nur ein paar Tage, nachdem ich meinen Abschluss erhalten hatte, kehrte ich – entschlossener denn je – an den Ort zu zurück, an dem das Hotel von Dr. Ali Noinni gebaut wurde. Er blieb der einzige Verbündete, der uns seine Hilfsbereitschaft auf praktische Art und Weise zeigte. In der Vergangenheit hatte Dr. Noinni bereits den Libanon als geeigneten Ort vorgeschlagen, um unsere Kämpfer trainieren und sie militärisch auszubilden. Nun kam er auf diesen Vorschlag zurück und in einem gemeinsamen Gespräch mit unseren Freunden beschlossen wir, schon bald libanesische Experten anzufordern, die uns militärische Fähigkeiten beibringen und uns auf den schrittweisen Transfer in den Libanon vorbereiten sollten. Nach dem Training im Libanon würden wir mit den Vorbereitungen für unsere verdeckte Einreise in den Iran beginnen, um dort die Konterrevolution zu beginnen und das Regime abzusetzen.

Ich musste Herrn Migi Don von der israelischen Botschaft um Hilfe bitten, damit kleine Gruppen von uns nach Israel zu speziellen, mehrmonatigen Ausbildungskursen geschickt wurden, die uns befähigen sollten, in den Iran zurückzukehren, die Schlüsselfiguren des Schiitischen Regimes zu töten und ihre Basis zu zerstören.

Capt. Bahram Emtiazian nahm den zweiten Platz in der Rangfolge der paramilitärischen Javan-Organisation ein. Er gab mir den Rat, die irakische Botschaft wegen des gleichen Anliegens noch einmal zu kontaktieren. Man beachte: Dies zur Zeit des achtjährigen Krieges zwischen dem Iran und dem Irak. Ich nahm Kontakt zur Irakischen Botschaft auf, die mir empfahl, in den Irak zu fahren und dort mit Regierungsvertretern zu verhandeln. Ich fuhr tatsächlich für eine Woche nach Bagdad, blieb aber erfolglos. Denn wieder stellten sie eine Forderung, die für unsere paramilitärische Gruppe nicht akzeptabel war – die Repräsentanten des Regimes außerhalb des Landes zu töten!

Eine der Funktionen, die ich selbst übernahm, war die Beschaffung von Vorräten für das Hotel von Dr. Noinni. Zu diesem Zweck durfte ich den Firmen-Lieferwagen nutzen und fuhr alle paar Tage nach Paris.

Eines Tages, nach einem Picknick im Wald in der Nähe des Hotels, verabschiedete ich mich von meiner Familie und machte mich bereit, nach Paris zu fahren. Ich wollte, außer der Erledigung des routinemäßigen Einkaufs, auch einige unserer Unterstützer abholen, die uns besuchen wollten. Da wir außerordentlich vorsichtig waren, weil wir Angriffsversuche von Agenten der Islamischen Republik befürchteten, hatten wir eine Wache in der Gegend postiert, um jede verdächtig aussehenden Person sofort ausfindig zu machen. Es stellte sich heraus, dass diese Vorsichtsmaßnahmen gerechtfertigt waren, denn als wir losfahren wollten, kam einer unserer Späher angelaufen. „Jamshid", berichtete der Späher kurz, „da draußen ist ein verdächtig wirkendes Fahrzeug."

„Warum hältst du es für verdächtig?", fragte ich ihn.

„Seit mehreren Stunden fällt mir ein blauer Austin auf, der vor dem Hotel hin und her fährt. Das kommt mir verdächtig vor. Du solltest auf dem Weg nach Paris ein Auge darauf haben. Es wäre möglich, dass der Typ in dem Auto versucht, dir etwas anzutun."

„Ich danke dir für diese Warnung. Ich werde aufpassen", sagte ich und klopfte ihm auf die Schulter.

Während ich die kurvenreiche Straße nach Paris entlangfuhr, sah ich, dass der Austin mir folgte. In einer der Kurven holte er auf. Der Fahrer scherte aus und rammte mit seinem Wagen meinen Lieferwagen, um mich in den Abgrund zu stoßen. Ich versuchte, ihm auszuweichen, aber leider erfolglos. Ich verlor die Kontrolle über mein Fahrzeug und rollte den Abhang herunter. Ich wusste nicht, was danach geschah, denn ich hatte das Bewusstsein verloren. Als ich aufwachte, fand ich mich im Krankenhaus wieder. Ich fragte, was mit den übrigen Insassen passiert sei, und hörte dann erschüttert die traurigen Nachrichten: Einer meiner guten Freunde, der neben mir gesessen hatte, war getötet worden, eine Frau schwer verletzt. Diese Frau ist bis heute gelähmt. Offiziell galt sie als Besitzerin des Hotels, das Dr. Noinni gekauft hatte. Zwei andere Mitfahrer hatten Glück und waren nur leicht verletzt.

Die Untersuchungen im Krankenhaus ergaben, dass ich mehrere Rückenwirbel gebrochen hatte und gezwungen war, neun Monate lang dort zu bleiben. Jetzt, in Schmerz und Leid, erinnerte ich mich an die Warnungen vor möglichen Anschlägen auf mein Leben. Ich lächelte bitter und dachte darüber nach, wie dieser Kriminalbeamte, der mich vor der mir drohenden Gefahr gewarnt hatte, auf diesen Mordversuch reagieren würde. Dr. Ali Noinni erhielt ebenfalls Morddrohungen, weshalb er einsah, dass eine Rückkehr zum Hotel keinen Sinn ergab.

Nach dem schweren Unfall begann die Polizei mit ihren Ermittlungen. Die Ermittler wussten sehr genau Bescheid über die politischen Aktivitäten, in die ich verwickelt war. Ich bestand darauf, ihnen klarzumachen, dass ich nichts getan hatte, was Frankreich oder die

politischen Aktivisten meiner Gruppe hätte gefährden
können. Die Polizei beschloss, das Hotel für eine
bestimmte Zeit zu schließen.

Meine Verletzungen betrafen hauptsächlich
die Wirbelsäule, die Lendenwirbel L1 und L2 waren
gebrochen. Neun Monate wurde ich in verschiedenen
Pariser Krankenhäusern behandelt.

All die jungen Menschen, die im Hotel arbeiteten,
waren nun gezwungen, den Ort zu verlassen, an dem
sie ihren Lebensunterhalt verdienten. Sie verteilten sich
über alle möglichen Orte in Paris. Später erfuhr ich, dass
einer von ihnen angefangen hatte, Drogen zu nehmen,
und schließlich daran starb. Trotz ihrer schwierigen
Lage kamen die meisten meiner Freunde mich im
Krankenhaus besuchen, um mich zu ermutigen und zu
bestärken. Es war eine rührende Szene – eine Gruppe
Jugendlicher umgab das Bett, in dem ich lag, bandagiert
und eingegipst, fast unfähig, mich zu bewegen. Ich habe
keine Ahnung, woher ich meine mentale Stärke in dieser
herzzerreißenden Stunde nahm. Ich versuchte, meine
Freunde zu trösten. Ich ermutigte sie und versprach, das
Krankenhaus in kurzer Zeit wieder zu verlassen. Dann
könnten wir unsere politischen Tätigkeiten fortführen
und die Situation würde sich verbessern.

Während der Zeit, die ich in den verschiedenen
Krankenhäusern verbrachte, litt ich sehr unter den
Operationen, denen ich mich unterziehen musste.
Meiner Frau, die mich sehr oft mit den Kindern besuchte,
muss man zugutehalten, dass sie ihr Bestes tat, um

mich zu schonen. Es war eine schlimme Zeit für meine Familie, nicht nur wegen des mir aufgezwungenen Krankenhausaufenthalts, sondern auch, weil wir jetzt über keine Einnahmequelle verfügten. Obwohl mein Bruder sie manchmal finanziell unterstützte und meine Frau ab und an als Näherin und Pflegerin arbeitete, reichte das Einkommen nicht aus, um die Familie zu ernähren. Diese Tatsache bereitete mir großen Ärger. Ohne Alternative war ich gezwungen, einen gut situierten Freund darum zu bitten, meiner Familie und meinem Bruder zu helfen.

Während meines Krankenhausaufenthalts verminderten sich die Spannungen zwischen meiner Frau und mir. Wir hatten viel Zeit, miteinander zu reden. Während langer Diskussionen übten wir uns in gegenseitigem Respekt und Verständnis und versuchten, die Diskrepanz in unseren Ansichten und Standpunkten zu überbrücken.

Nachdem ich bereits vier Monate lang an mein Bett gefesselt gewesen war, erlaubten mir die Ärzte endlich, zu duschen, aber ich konnte es nicht allein. Bis dahin hatte ich immer in meinem Bett gelegen und das Pflegepersonal hatte mich mit feuchten Lappen gewaschen. Jetzt aber kam meine Frau, um mir beim Duschen zu helfen, weil ich mir nur ungern von einem Fremden helfen ließ. Sie war froh, dass sie mir helfen konnte und erledigte diese Aufgabe sehr gut. Ich war ihr sehr dankbar für das Geschenk ihrer Unterstützung und zog viel Ermutigung aus der Tatsache, dass ich jetzt duschen durfte.

Ein halbes Jahr später begann ich eine physiotherapeutische Behandlung. Der Anfang war schwer. Meine Muskeln waren vom langen Liegen beinahe versteinert und jede Bewegung fiel mir sehr schwer. Ich wurde auf meine Füße gestellt und aufgefordert, mich langsam zu bewegen. Ich fühlte mich wie ein hilfloses Baby, was mich sehr frustrierte. Auch jetzt kam mir meine Frau zu Hilfe. Sie hielt mich und forderte mich sanft, aber bestimmt auf, mich zu bemühen und den ersten Schritt zu machen. „Jamshid", sagte sie, „dein ganzes Leben lang warst du stur und bist mit dem Kopf durch die Wand gegangen. Du hast schon viel größere Hindernisse überwunden. Beabsichtigst du jetzt aufzugeben? Ist das der Jamshid, den ich kenne?" Ihre Worte stärkten mich und ich begann langsam, meine Beine zu bewegen, während sie mit ihren Ermahnungen fortfuhr, aber auch meine Fortschritte bewunderte.

Meine Kinder trugen ebenfalls zu meiner Genesung bei. Sie zeigten mir, dass ich zur normalen Routine des Lebens zurückkehren musste. In der Vergangenheit pflegte ich, meine Tochter auf meine Schultern zu heben, worauf sie immer sagte: „Das ist mein bequemster Stuhl." Als sie mich im Krankenhaus besuchte, verlangte sie fordernd: „Ich brauche meinen Stuhl!" Ihre Worte machten mich sehr viel stärker und ich begann, Licht am Ende des Tunnels zu sehen.

Die Zeit verging und ich erreichte ein Stadium, in dem ich jede Woche die schrittweise Verbesserung spürte. Endlich konnte ich den Rollstuhl benutzen, um mich zu bewegen. Zwar war ich gezwungen, einen Gurt anzulegen, der meinen Körper festhielt, aber ich war mobil.

Auch meine Gefährten im politischen Kampf bemerkten nun bei ihren häufigen Besuchen, dass meine Situation sich ständig verbesserte. Befriedigt lauschte ich ihren Worten, die meinen Ehrgeiz steigerten, möglichst schnell mein normales Leben wiederaufzunehmen.

Endlich kam der große Tag: Ich wurde aus dem Krankenhaus entlassen. Ich war zwar nicht ganz fit, aber bereits in der Lage, aufrecht zu gehen. Es blieb eine gewisse Behinderung zurück, die weiterhin physiotherapeutisch im Krankenhaus behandelt wurde. Noch war ich gezwungen, ein kleines Korsett zu tragen, das den Rücken stützte. Ich hatte aber keine Zeit, mich auszuruhen und verwöhnen zu lassen. Unsere wirtschaftliche Situation war sehr schlecht und ich war entschlossen, eine Arbeit zu finden, die Geld einbrachte. Damals konnte ich nicht wählerisch sein. Mein Freund hatte mir einen Kontakt zu einem renommierten Textilgeschäft namens „Daniel Courot" vermittelt. Die Besitzer waren Juden und befassten sich mit der Vermarktung von Textilien und dem Verkauf teurer Herrenanzüge. Um dort als Verkäufer zu arbeiten, musste ich einen Schnellkurs absolvieren.

Hier war ich, Besitzer eines Doktortitels in Jura, eines respektierten Fachs mit hohem Status, und sollte als Verkäufer arbeiten – man hätte es als würdelos betrachten können. Aber die Realität war stärker und die Notwendigkeit, für meine Familie zu sorgen, überwand jedes Schamgefühl, das in mir hätte geweckt werden können. Ich begann als Verkäufer, reichte jedoch gleichzeitig meine Bewerbung bei akademischen Institutionen ein. Aber zu meinem Bedauern erhielt ich nur Absagen. Ich ging morgens zur Arbeit und kehrte spät abends zurück, deshalb war ich gezwungen, meine politischen Tätigkeiten komplett zu vernachlässigen.

Nach acht Monaten meiner Verkaufstätigkeit bei „Daniel Courot" kontaktierte mich ein Mann, der sich als Fraydon Shahundeh vorstellte. Er bat mich, ihn auf einen Drink zu treffen. Meine erste Reaktion war, seine Einladung abzulehnen, aber er ließ sich nicht abschrecken und bestand darauf, dass die Angelegenheit ernst und diskussionswürdig sei. Er merkte an, dass ihm meine Situation und mein Hintergrund bekannt seien. „Ich kann während Ihrer Mittagspause zu Ihnen kommen, wenn Sie wollen", sagte er. Ich entschied mich für eine positive Antwort.

Fraydon Shahundeh war ein angenehmer, reifer Erwachsener, der jünger wirkte, als er war. Im Laufe unseres Gesprächs erwähnte er seinen kommunistischen Hintergrund und identifizierte sich selbst als „Tudeh"-Mitglied, einer Organisation, die den Schah bekämpft und Humaini unterstützt hatte. Während der letzten fünf Jahre hatte er beobachtet, was im Iran geschah, und eingesehen, dass es ein großer Fehler gewesen war, sich überreden zu lassen, Humaini zu unterstützen. Er hatte Klarheit erlangt und nun plagte ihn sein Gewissen. Er war interessiert daran, das gegenwärtige Regime auf kluge Art und Weise zu stürzen.

Fraydon erklärte mir, dass er sein Wissen und seine Erfahrung nutzen wolle, um eine Gruppe von iranischen, national gesinnten Jugendlichen zu trainieren. Er glaubte, diese jungen Menschen seien aufgrund ihrer Tugenden – Energie, Mut und jugendlicher Überschwang – dafür geeignet, die Revolution zu beginnen, auch wenn ihnen vielleicht die politische oder militärische Erfahrung fehle. Ich war durch seine Worte sehr bewegt. Fortan besuchte er mich einmal in der Woche und sprach über seine Ideen. Manchmal zeigte er mir Bekanntmachungen, die er selbst geschrieben hatte. Er war ein sehr kluger Mann und ich glaubte an den großen Wert seiner angesammelten Erfahrung. Er betonte, dass die Ausbildung der zukünftigen Kämpfergeneration strengster Geheimhaltung unterliegen müsse. Er meinte, wir müssten große Sorgfalt auf das politische Bewusstsein der jungen Generation legen und ihre Loyalität gegenüber der Nation fördern. Er wollte ihnen beibringen, wie man sich konspirativ verhält. Seine Meinung zum Thema Bildung entsprach meiner eigenen; ich verstand seine Logik und die zugrundeliegenden Einsichten, also unterstützte ich ihn vorbehaltlos.

Eines Tages stellte er mich einem seiner Kollegen vor, einem überaus vitalen Intellektuellen. Wir dachten daran, mehr Leute anzuwerben, um die Gruppe zu vergrößern. Wir fuhren fort, die Gruppe vertraulich zu organisieren, ohne mehr zu tun, als ideologische Diskussionen zu führen. Mehrere Monate lang zeigte ich Interesse an dieser Aktivität, doch im Laufe der Zeit wurde mir bewusst, dass unser Konzept auf die junge Generation nicht angewandt werden konnte, weil diese schnell und sofort handeln wollte.

Bittere Enttäuschung erfüllte mich, weil ich einsehen musste, dass die meisten Oppositionellen in Apathie verfallen waren und vor Aktionen, die einem gewissen Zweck dienten, zurückschreckten. Ich wollte all dem entkommen und fühlte mich allein. In dieser depressiven Stimmung betrat ich ein Nachbarschaftscafé in Paris. „Hallo, mein Freund", begrüßte mich der Besitzer des Cafés, der mich gut kannte. „Was möchten Sie heute trinken?"

„Kaffee", bat ich und fügte hinzu: „Und ein Glas Cognac."

Ich saß an einem Tisch, starrte in das winterliche Wetter hinaus und fühlte mich mit der trüben Stimmung im Einklang. Kaffee und Cognac kamen, und gleichzeitig, ganz unerwartet, auch ein guter Freund. Als er mich bemerkte, hellte sich seine düstere Miene auf. „Hallo", sagte er und kam an meinen Tisch. „Ich sehe, dass Sie nicht gerade gut gelaunt sind", sagte er.

„Wohl wahr!", antwortete ich kurz. Ich wollte mich mit niemandem unterhalten.

„Das Leben ist manchmal hart", seufzte mein Freund, „aber für mich ist es wichtig, Sie zu treffen. Ihr Marktwert steigt."

Ich sah ihn an und versuchte zu verstehen, ob er Witze machte. „Was meinen Sie?", fragte ich.

„Es gibt lukrative Neuigkeiten", erklärte mein Freund. „Auf ihren Kopf ist ein Preis ausgesetzt. Tot oder lebendig. Wie ich bereits sagte, sind Sie eine sehr wertvolle Person."

Ich spürte bleierne Müdigkeit in meinen Gliedern, als ob ich mich nicht bewegen könnte. Ich sah meinen Freund an und sagte: „Wenn das so ist, wird dank meiner vielleicht jemand reich."

Er sah mich ungläubig an, als wolle er protestieren, aber ein Blick auf mein Gesicht ließ ihn schweigend fortgehen. Ich blieb weiterhin wie ein Fossil auf meinem Stuhl sitzen und spürte, dass es nichts gab, was ich tun wollte.

Flug in die Höhle des Löwen

Selbstmordgedanken

Anfang 1986 hatte ich das Gefühl, dass mein Leben keinen Sinn mehr hatte. Meine Situation war in jeder Hinsicht schlecht. Abgesehen von einer Handvoll Freunden, die mich unterstützten und ermutigten, war ich auf allen Ebenen ganz unten angekommen: Auge in Auge mit der wirtschaftlichen Not, sozial geächtet von den meisten Iranern, eine gestörte Beziehung zu meiner Frau und meinen Kindern, und zusätzlich unermessliche Kritik von Familienmitgliedern. Auch das Trauma, das ich durchlebt hatte, als man versucht hatte, mich zu ermorden, verschlimmerte sich.

Im Nachhinein verstehe ich, wie es zu meinem geistigen Zerfall kommen konnte. Ich muss zugeben, es war das einzige Mal in meinem Leben, dass ich gebrochen war. Ich hatte viele Erschütterungen und Kämpfe erfahren und alles mit einem gewissen Erfolg bewältigt, aber in diesem Moment schwenkte ich zum ersten Mal die weiße Fahne.

Ich begann, über Möglichkeiten nachzudenken, Selbstmord zu begehen, weil ich keinen Sinn mehr in meinem Dasein sah. Mir fielen die verschiedensten Wege ein, wie ich meinem Leben ein Ende setzen könnte, aber ich verwarf sie alle wieder. Ich wollte einen Tod, der einem Freiheitskämpfer gerecht wurde und Aufmerksamkeit auf den Konflikt zog, dem ich mein Leben gewidmet hatte. Ich beschloss, in den Iran zurückzukehren und mich meinen Feinden auszuliefern. Mir war bewusst, dass ich, nachdem ich dreimal in Abwesenheit zum Tode verurteilt worden war, ohne Verzögerung hingerichtet werden würde. Ich hoffte auf eine öffentliche Exekution. Und der Gedanke, im Iran begraben zu werden, tröstete mich.

Im März 1986 ging ich zur Botschaft der Islamischen Republik in Paris und erklärte, ich wolle in den Iran zurückkehren, damit man mich hinrichten könne. Meine Worte schockierten die Menschen in der Botschaft, aber schließlich baten sie mich, zu warten. Nach einiger Zeit brachte man mir einige Formulare, die ich ausfüllen sollte.

Nachdem ich die ausgefüllten Formulare zurückgegeben hatte, wurde ich zu einem Verhör mitgenommen, das vier Stunden dauerte. Ehrlich antwortete ich auf alle Fragen. Als sie darauf bestanden, zu erfahren, warum ich mich selbst auslieferte, erwiderte ich, ich wolle in den Iran zurückkehren, um es dem Gerichtshof zu ermöglichen, das in meiner Abwesenheit verhängte Todesurteil zu vollstrecken.

Obwohl meine Befrager von meinem ehrlichen Verhalten beeindruckt waren, waren sie doch sehr erstaunt. Sie konnten nicht glauben, dass jemand bereit sei, sich freiwillig zu stellen, insbesondere, wenn ihn ein Todesurteil erwartet. Vielleicht verstärkte meine Entschlossenheit ihr Zögern. Sie wollten die Entscheidung nicht direkt fällen und baten mich, später wiederzukommen.

Einen Tag später kehrte ich zur Botschaft zurück, entschlossen, nicht nachzugeben. Das Problem war, dass ich nur zu gut wusste, dass mein einziger Identifikationsnachweis, mein Flüchtlingsausweis, es mir nicht erlaubte, in den Iran zu fliegen. So seltsam es klingen mag, ich war abhängig von der Gutherzigkeit der Menschen in der Botschaft der Islamischen Republik. Dieses Mal war das Treffen kurz und sachlich. Der Diplomat sagte: „Wenn Sie ernst meinen, was Sie sagen, sollten Sie von Frankfurt nach Teheran fliegen. Kommen Sie morgen zurück und Sie erhalten ein Flugticket und den Namen eines Kontaktmannes, der Sie an der Botschaft der Islamischen Republik in Frankfurt in Empfang nehmen wird."

Im letzten Moment ging ich einkaufen, und füllte unsere kleine Wohnung mit dem Besten für meine 8-jährige Tochter Bahareh, meinen 13-jährigen Sohn Payman und meine Frau Guity, denn ich war überzeugt, dass man mich aufhängen würde und mein Leben beendet sei.

Zu Hause schrieb ich einen Brief an meine Frau und meine Kinder. Am nächsten Tag begab ich mich erneut zur Botschaft. Ich wurde ein weiteres Mal gebeten, die Ernsthaftigkeit meiner Absicht zu bestätigen. Danach wurden mir ein Flugticket und der Name der Kontaktperson in der iranischen Botschaft in Frankfurt ausgehändigt. In Frankfurt eingetroffen, rief ich sofort Fraydon Shahundeh an, der sich zu dieser Zeit in Deutschland aufhielt. Ich sagte ihm, dass ich in Frankfurt sei und ihn unbedingt treffen müsse. Es sei sehr wichtig für mich. Wir vereinbarten ein Treffen am Bahnhof. Fraydon war fassungslos, als ich ihm erzählte, warum ich mich in Frankfurt befand und was meine Absichten waren. „Ich habe eine Bitte an Sie", sagte ich. „Kümmern Sie sich um meine Familie. Ich stelle mich aus freiem Willen. Es ist meine eigene Entscheidung, mein Leben auf diese Art zu beenden."

Am nächsten Morgen begab ich mich direkt zur iranischen Botschaft. Ich fand die angegebene Kontaktperson, die von einem weiteren Mann begleitet wurde. Erneut wurde ich einer mehrstündigen Befragung unterzogen. Danach wurde ich an ein Hotel verwiesen und man teilte mir mit, ich würde am nächsten Tag in den Iran fliegen. Die Beamten händigten mir einen Ausweis aus und ich übergab ihnen alle meine Unterlagen.

Während jeder Sekunde des Fluges stellte ich mir vor, auf welche Weise sie mich wohl hinrichten würden. Ich hoffte, dass meine Kinder stolz darauf wären, dass ich als Kämpfer für die Freiheit gestorben war.

Meine Grübeleien wurden durch die Landung des Flugzeugs auf dem Flughafen von Teheran abrupt beendet. Alle Passagiere, aufgeregt über ihre Ankunft im Iran, waren bemüht, das Flugzeug schnell zu verlassen. Aber ich hatte keine Eile und war deshalb der letzte Passagier, der durch die Passkontrolle ging. Ich stellte mir vor, wie froh die iranischen Behörden sein würden, dass ich mich freiwillig in ihre Hände begab und dass sie meine Hinrichtung als einen ihrer Hauptgegner genießen würden. Der Polizist an der Grenzkontrolle überprüfte meinen Ausweis, fragte mich nach meinem Namen und verglich ihn mit einer Liste. Er betätigte eine Klingel, woraufhin drei Soldaten der Revolutionsgarde erschienen. Der Polizist gab ihnen meinen Ausweis und sie baten mich, sie ins Untersuchungszimmer zu begleiten.

Dort saß ich einem Mann gegenüber, vor dem Zimmer warteten zwei weitere. ‚Dies sind die letzten Augenblicke meines Lebens‘, dachte ich. Der Mann, der vor mir saß, sagte kein Wort. Ich wartete in angespannter Stille. Ich wollte, dass diese Geschichte endlich ein Ende hatte. Nach etwa einer halben Stunde Wartezeit betraten zwei Personen den Raum. Sie fragten mich nach meinem Namen, schüttelten meine Hände und sagten: „Willkommen zuhause!" Danach wurde ich ins Verhör genommen, das etwa zwei Stunden dauerte und genau wie das in Frankfurt verlief. Die Ermittlungsbeamten äußerten ihre Zufriedenheit und gingen. Ich dachte, das Verhör sei beendet, aber es stellte sich heraus, dass ich falsch lag. Drei weitere Vernehmer kamen und stellten mir noch einmal dieselben Fragen. Danach legten sie einen Stapel Papier vor mich hin und baten mich, meine Lebensgeschichte, meine politischen Ansichten und alles, was ich selbst für erwähnenswert hielt, aufzuschreiben.

Also schrieb ich das Erwünschte nieder und

machte mir vor allem die Mühe, zu erklären, warum ich gegen das islamische Regime kämpfte. Als ich fertig war, erwartete ich meine sofortige Hinrichtung, da es ja bereits ein Urteil gab, dass nur noch vollstreckt werden musste. Aber zu meiner großen Überraschung wandte sich einer der Befrager an mich und sagte, ich müsse jemanden finden, der für mich bürge. Ich dachte, er sei verrückt geworden. Ich starrte ihn einen Moment lang an und fragte dann: „Was hat das alles für einen Sinn? Ich bin hierhergekommen, um festgenommen und hingerichtet zu werden." Der Ermittler und sein Kollege lächelten und sagten: „Vergessen Sie die Hinrichtung. Sie sind eingeladen, nach Hause zurückzukehren. Sie sind Teil unseres Volkes und würdig, die gleichen Rechte wie jeder andere Bürger zu erhalten."

Ich war mir fast sicher, dass sie verrückt geworden waren. Ich wiederholte, was ich gesagt hatte: „Ich kehrte aus freiem Willen hierher zurück, um hingerichtet zu werden. Ich verließ den Iran vor zehn Jahren und ich habe keinerlei Informationen über meine hier lebenden Familienmitglieder, weder einen Namen, noch eine Telefonnummer. Außerdem will ich niemanden in diese Geschichte hineinziehen. Wenn meine Bekannten erfahren, dass ich mich im Iran aufhalte, werden sie misstrauisch und ängstlich reagieren. Sie werden fürchten – und das zurecht –, dass sich etwas über ihnen zusammenbraut, was ihnen das Leben erschweren wird."

Die Ermittler dachten über meine Worte nach,

und nachdem sie ihre Vorgesetzten konsultiert hatten, kehrten sie zurück und versicherten mir, auch ohne eine Bürgschaft sei ich ein freier Mann und könne nach Hause zurückkehren.

Ich war erstaunt über die völlig unerwartete Behandlung, aber ich sah ein, dass ich im Moment keine Möglichkeit hatte. die Situation zu ändern. Ich entschied, nach den Mitgliedern meiner Familie zu suchen und abzuwarten, was danach passieren würde.

Als ich schließlich verinnerlicht hatte, dass mein Leben als Geschenk zu mir zurückgekehrt war, begann sich mein Lebenswille erneut zu regen. Ich begann, mir der suizidalen Stimmung bewusst zu werden, die mich zu meiner Handlungsweise getrieben hatte. Ich befand mich nun quasi in einer virtuellen Realität. Ich war abhängig von einem feindlichen Regime und wusste nicht, welche Art von Willkommen mich von den Mitgliedern meiner Familie und meinen Freunden erwartete, wenn man bedachte, welch zweifelhaften Ruf ich als Gegner dieses Regimes hatte.

Die Reaktion der schiitischen Geheimdienstoffiziere auf meine außergewöhnliche Ankunft im Iran war heftiger als gewöhnlich. Trotz dreifach vom Militärgericht über mich verhängter Todesstrafe, war ich freiwillig eingereist. Ich schätze, einen ähnlichen Fall hatten sie vorher noch nie erlebt. Sie standen komplett unter Schock und konnten nicht glauben, was ich getan hatte. Youssef hatte mir einst in den Bergen erzählt, Leute vom Geheimdienst hätten ihm erzählt, alle Männer, die mit dem Namen „Jamshid" in den Iran kämen, würden als „Ali, Schwiegersohn des Propheten Mohammed", respektiert, denn dieser habe als erster das Schiitentum in den Iran gebracht. Einige glaubten sogar, dass ich absolut gefährlich für sie sein könne.

!Ich bin es – Jamshid

Ich erinnerte mich daran, dass ich einen Cousin hatte, der im Herzen von Teheran lebte und dass ich dort eigentlich die ganze Familie finden müsste. Mein Cousin hatte mir und meinem Engagement immer vertraut. Also begab ich mich zu dem Apartmentkomplex, in dem mein Cousin lebte. „Wer ist da?", antwortete seine Stimme über die Sprechanlage, als ich bei ihm klingelte. Ich antwortete: „Jamshid, dein Cousin." Für eine endlos erscheinende Minute herrschte Stille. „Sie scherzen", sagte er. „Jamshid lebt nicht im Iran."

„Du hast recht", sagte ich. „Bis heute Morgen war ich nicht im Iran. Ich bin heute mit dem Flugzeug hier angekommen. Wenn du mir nicht glaubst, komm herunter und überzeuge dich, dass ich es wirklich bin."

Als ich den Ausdruck des Unglaubens auf dem Gesicht meines Cousins sah, brach ich fast in Lachen aus, aber die Situation erlaubte das nicht. Er war sehr glücklich, mich zu sehen, zeigte aber offensichtliche Merkmale des Misstrauens. Er hatte Angst, dass die Polizei kommen und ihn verhaften würde. Ich versicherte ihm, ihn mit Wissen der Polizei und der

Sicherheitsabteilung der Behörden zu besuchen. Langsam begann er zu realisieren, dass ich es wirklich war. Er rief seine Familie. Sie alle waren überrascht und verstanden nicht, wie es sein konnte, dass ich mich im Iran befand und noch lebendig war. Ich bat sie, sich zu entspannen. Ich wollte meine Mutter noch nicht treffen, weil ich fürchtete, sie könne einen Herzinfarkt erleiden. Ich bat meinen Cousin, mit mir auf den Friedhof zu gehen und das Grab meines Vaters zu besuchen. Als wir vom Friedhof zurückkehrten, kontaktierte mein Cousin weitere meiner Onkel, die Brüder meiner Mutter. Er lud sie zu sich nach Hause ein, sagte aber nicht, warum, weil er sie nicht in Verlegenheit bringen und sie unnötig ängstigen wollte. Als meine Onkel ankamen, reagierten sie wie erwartet vollkommen überrascht.

Einen Tag nach meiner Rückkehr besuchten wir meine Mutter. Vorher musste ich sie aber auf mein Erscheinen vorbereiten, um eine übermäßige emotionale Erregung zu verhindern. Also ging zunächst einer meiner Onkel zu ihr nach Hause und fragte: „Hast du Neuigkeiten von deinem Sohn?" Sie erwiderte: „Ja, ich erhielt vor ein paar Wochen einen Brief von ihm." Er fragte sie: „Möchtest du ihn sehen?" Sie erwiderte: „Sei kein Narr, er wurde zum Tode verurteilt und wir können ihn nicht treffen."

Mein Onkel hielt sanft ihren Arm, brachte sie zum Fenster und wies auf das Auto, in dem ich erwartungsvoll saß. „In diesem Auto sitzt Jamshid, ich meine es ernst." Meine Mutter war erstaunt und vor Fassungslosigkeit wie gelähmt. Als sie die Nachricht aufgenommen hatte, brach sie vor Aufregung in Tränen aus. Schnell lief ich die Treppe zu ihrer Wohnung hoch und als ich eintrat, fiel meine Mutter mir in die Arme und weigerte sich, ihren Griff zu lösen. Sie rief immer wieder meinen Namen und konnte nicht glauben, dass sie mich leibhaftig in den Armen hielt. Als sie sich etwas beruhigt hatte, fragte sie: „Bist du es, Jamshid, und nicht eine Illusion?"

Ich streichelte sanft ihre Hand, lächelte und sagte: „Ich bin es – Jamshid. Ich bin nach Hause zurückgekehrt."

Ich wurde von Gefühlen überrollt, so dass ich während der Zeit, die ich mit meiner Familie verbrachte, die Sache mit dem Urteil völlig vergaß. Sie fragten mich aus reiner Neugier, wie ich in den Iran zurückgekommen war. Ich wollte es ihnen erzählen, aber es war nicht möglich, weil ich genau wusste, dass mir noch immer die Vollstreckung des Todesurteils drohen konnte und ich völlig von den Leuten des Regimes und ihrem Wohlwollen abhängig war.

Ein paar Tage nach meiner Ankunft begann das Nouruz-Festival (das persische Neujahrsfest). 13 Tage lang würden nun Familienbesuche stattfinden. Es war eine gute Gelegenheit, die Mitglieder meiner Familie zu treffen. Viele von ihnen waren vollkommen überrascht und wollten ihren Augen nicht trauen.

Am zweiten Tag der Nouruz-Feierlichkeiten besuchte ich die Eltern meiner Frau, auch wenn sie mit Ebrahim Yazedi verwandt waren. Sie waren restlos überrascht, als sie mich mit Blumen und Konfekt am Eingang ihres Hauses stehen sahen. Sie fragten mich, was geschehen war, und ich sagte ihnen die Wahrheit: „Ich kam, um Selbstmord zu begehen, aber das Regime hat entschieden, mich leben zu lassen." Ich weiß nicht, was mich dazu trieb, es ihnen, aber nicht meiner eigenen Familie, zu beichten. Ich bat sie, mit meiner Frau zu sprechen und ihr zu sagen, dass ich im Iran sei.

In meinem Abschiedsbrief hatte ich ihr geschrieben, dass ich nicht mehr am Leben sei, wenn sie den Brief lese. Ich hatte sie gebeten, es nicht sofort den Kindern zu sagen. Ich kaufte eine Menge Geschenke für meine Familie zum Nouruz-Festival. Ihr Vater rief meine Frau an und gab mir das Telefon, ohne ihr etwas zu sagen. Als ich zu ihr sagte: „Fröhliches Nouruz-Festival!", fragte sie sofort: „Wo bist du?" Sie nahm an, ich würde aus Europa zu ihr sprechen und hörte mit großem Erstaunen, dass ich in Teheran sei. Ein paar Sekunden lang herrschte Stille und dann hörte ich meine Frau schreien: „Sei nicht verrückt. Wo bist du?" Ich wiederholte noch einmal, ich befände mich in Teheran, aber sie glaubte mir nicht, daher übergab ich das Telefon an ihre Eltern. Jahre später bei einem Treffen in Deutschland mit ihr und meinen Kindern ignorierte sie mich, als ich sie fragte: „Was hast du gefühlt, als dir bewusst wurde , dass ich mich in Teheran befand?"

Nach Beendigung des Nouruz-Festes nahmen alle Iraner wie gewohnt ihre Arbeit wieder auf. Ich bekam eine Stelle als juristischer Berater der Baufirma meines Schwagers, dem Mann meiner Schwester. Lange bevor ich den Iran verlassen hatte, hatte ich eine Wohnung in Teheran, die ich der Botschaft der DDR vermietet hatte. Jetzt bat ich sie, die Wohnung zu räumen. Bis ich das Apartment beziehen konnte, lebte ich zwei Monate bei meiner Mutter.

Nach acht Tagen meines Aufenthalts in Teheran kehrte ich zum Flughafen zurück, um meine Unterlagen zurückzubekommen. Jetzt fühlte ich mich entspannter und ruhiger. Ich war mir zwar der Möglichkeit bewusst, dass ein Wendepunkt kommen und ich am Ende doch noch exekutiert werden konnte, aber die Behandlung, die ich erfahren hatte, und die Zeit, die vergangen war, nährten in mir die Anfänge eines vorsichtigen Optimismus.

Nach einigen Wochen wurde ich von den Behörden zu einer erneuten Befragung vorgeladen, mit dem Hinweis, ich hätte keinen Grund, mir Sorgen zu machen. Ein Wagen wurde geschickt, um mich abzuholen. Ich sah darin ein gutes Zeichen. Während der Untersuchung wurde ich freundlich und mit Höflichkeit behandelt. Man bat mich, offen zu sprechen und nicht zu zögern, Kritik am Regime zu üben.

Ich muss zugeben, dass ich über diese Geisteshaltung sehr erstaunt war, auch wenn es nie meine Absicht gewesen war, meine Meinung zu verschweigen. Ich erklärte den Befragern, warum ich die islamische Regierung ablehne und machte mir die

Mühe, meine Gründe rational darzulegen. Obwohl ihre Gesichter bewiesen, dass meine Worte sie ärgerten, bedankten sie sich für meine Offenheit.

Als sie mich entließen, sagte der leitende Ermittler: „Wir verstehen, dass Sie aktiv gegen uns gearbeitet haben, aber jetzt sind Sie in eine andere Realität zurückgekehrt und können sich mit eigenen Augen von den Änderungen überzeugen. Ich denke, Sie werden ein wenig Zeit brauchen, um die positive Entwicklung im neuen Iran zu erkennen. Aber selbst wenn Sie weitere Kritik anzumelden haben, nachdem Sie neue Eindrücke sammeln konnten, wären wir glücklich, sie anzuhören und werden entsprechend damit umgehen."

Ich dankte ihm für seine Worte, schüttelte ihm die Hand und ging. Nun war ich frei und bereit, mich im neuen Iran zu akklimatisieren.

Ich erhielt meine Wohnung von der Botschaft der DDR zurück und zog ein, um dort zu leben. Ich wollte in der Rechtswissenschaft arbeiten, aber ich erfuhr von der Anwaltskammer, weil ich meinen Abschluss vor der Islamischen Revolution erhalten hätte, müsse ich ein einjähriges Referendariat absolvieren, um mein Wissen über die Gesetzesänderungen zu aktualisieren. Daher begann ich ein Referendariat in einer Anwaltskanzlei in Teheran, erhielt nach eineinhalb Jahren meine Lizenz und begann wieder, zu arbeiten. Während ich mich spezialisierte, veröffentlichte ich Anzeigen in der Zeitung. Ich bewarb mich als Englisch-, Französisch- und

Persisch- Lehrer mit Doktortitel, um Studenten für die Aufnahmeprüfungen an der Universität vorzubereiten. Also arbeitete ich tagsüber für die Baufirma, während ich in den Abendstunden privat zuhause unterrichtete.

Nun verbesserte sich meine wirtschaftliche Situation sehr und ich verspürte große Befriedigung, weil ich meine Familie in Paris unterstützen konnte. Ich wünschte mir sehr, dass meine Familie in den Iran zurückkehrte, aber meine Frau weigerte sich kategorisch. Sie behauptete, meine Kinder hätten sich an das Leben in Frankreich gewöhnt und daher ergäbe es keinen Sinn, in den Iran zurückzukehren. Es gäbe zu viele Schwierigkeiten bei der Gewöhnung an die andersartige kulturelle Mentalität und Sprache. Sie verbarg auch ihre Angst nicht vor einer der Familie drohenden Gefahr. Ich versuchte, sie davon zu überzeugen, dass sie sich umsonst fürchtete, aber es half nichts. Meine Frau bestand auf ihrer Meinung und ich war gezwungen, die Spaltung meiner Familie zu akzeptieren.

Eines Tages kontaktierte mich ein Mann namens Muhamed Amin. Er sagte, er habe meine Anzeige in der Zeitung gesehen und sei sehr beeindruckt. Er benötige einen Französischlehrer, aber unter der Bedingung, den Unterricht in den frühen Morgenstunden bei ihm zu Hause abzuhalten. Da ich noch immer finanzielle Sorgen hatte, akzeptierte ich seine Forderung. Ich fand in ihm einen intelligenten Mann, angenehm und gottesfürchtig, der in einem hoch angesehenen Bezirk Teherans lebte. Er erklärte mir, er werde in Kürze als

Diplomat der Islamischen Republik nach Frankreich gehen. Er behandelte mich mit Respekt und Höflichkeit. Nach einem halbstündigen Gespräch, während dessen er meine Französischkenntnisse testete, vereinbarten wir, dass ich drei Mal pro Woche zu ihm kommen solle. Als er mich fragte, wieviel Honorar ich verlange, nannte ich wegen der frühen Uhrzeit den doppelten Preis. Ich verlangte außerdem, für 20 Unterrichtsstunden im Voraus bezahlt zu werden. Zu meinem großen Erstaunen war der Mann über der hohen Preis nicht verärgert, sondern zog ein Scheckheft heraus und schrieb einen Scheck über das Honorar für hundert Arbeitsstunden aus, was für mich eine große Hilfe bedeutete.

Nachdem ich Muhamed mehrere Lektionen erteilt hatte, lud er mich zu sich und seiner Familie zum Frühstück ein. Ich freundete mich mit seiner Familie an, die mich sehr mochte. Er bat mich, von mir selbst und meiner Familie zu erzählen und war auch sehr an meinem politischen Standpunkt interessiert. Insbesondere wollte er wissen, wie es dazu gekommen sei, dass ich in Frankreich gelebt habe. Allmählich wurden wir Freunde. Ich erzählte ihm von meinem sozialen und politischen Hintergrund und verschwieg auch nicht, dass ich viele Jahre im politischen Exil gelebt hatte. Meine Worte bewegten ihn sehr.

Eines Tages schlug mir Muhamed vor, im öffentlichen Sektor des Iran zu arbeiten. Ich erwiderte, dies komme für mich durchaus in Frage, aber es hinge von der Art der anvisierten Position ab. Er sagte, ein

Intellektueller wie ich sollte eine angemessene Stelle bekleiden und nicht als Privatlehrer für Französisch arbeiten. Er behauptete selbstbewusst, die Regierung brauche eine Person mit meinen Fähigkeiten, da es insbesondere im öffentlichen Sektor an dieser Art Mitarbeiter mangele.

Beim nächsten Treffen in Muhamed Amins Haus, nahm er mich wie immer sehr herzlich in Empfang, führte mich aber in die Lounge und bot mir einen Stuhl an. Dann sagte er überraschend: „Hätten Sie etwas dagegen, wenn ich Sie dem Innenminister Ali Achbar Muchtashmi als würdigen Kandidaten für das Amt des Gouverneurs der Kohakiluya-Boyrachmad-Region empfehle?" Ich dachte, ich höre nicht richtig. In meinen wildesten Träumen hatte ich nicht an eine derart angesehene Position gedacht. Ich antwortete, ich müsse darüber nachdenken. Schon bei unserem nächsten Treffen gab ich ihm meine Zustimmung. Muhamed lächelte zufrieden und sagte: „Halten Sie sich bereit; wir werden uns zum Büro des Innenministeriums begeben, um Sie vorzustellen."

Zu einem vorher festgelegten Termin erschienen wir also in Ali Achbar Muchtashmis Büro. Nachdem wir uns gegenseitig kurz vorgestellt hatten, fragte mich der Minister unvermittelt: „Beten Sie nach dem islamischen Gesetz?" Ich zögerte und überlegte mir meine Antwort. Ich wusste, dass eine Lüge meinem Ansehen in den Augen von Muhamed Amin schaden würde, weil er die Wahrheit kannte. Wenn ich aber ehrlich antwortete, würde ich den Job nicht bekommen. Muhamed Amin verstand meine Zwickmühle nur zu genau. Ich versuchte, einen Ausweg zu finden, indem ich mich durch verbale Haarspalterei vor der heiklen Frage rettete. Ich spürte, dass Muhamed Amin in Verlegenheit geriet, während der Minister meine Versuche, mich aus der Klemme zu ziehen, erkannte. Er dankte mir höflich für meine Bereitschaft, in sein Büro zu kommen und beendete das Treffen abrupt. Als wir das Büro verließen, sagte Muhamed Amin zu mir: „Was für ein Narr! Schade, dass du nicht ja gesagt hast." Ich war überrascht von Muhameds Bemerkung, aber ich bereute meine Antwort nicht. Ich erwiderte: „Ich kann nicht lügen. Wenn ich es trotzdem versucht hätte, hätte ich dich verletzt. Jedenfalls war ich auf eine solche Frage nicht vorbereitet. Vielleicht ist es gut, wie die Dinge gelaufen sind. Mir scheint, der Minister ist ein übler Fanatiker, unter dem ich nicht hätte Dienst tun wollen." Muhamed sah mich lächelnd an und nickte zustimmend. Das Scheitern des Treffens hatte sich also nicht negativ auf die Beziehung zu Muhamed ausgewirkt. Im Gegenteil, unser Kontakt wurde enger und wir wurden ein Herz und eine Seele.

Ein paar Wochen später schlug mir Muhamed erneut einen Job vor, nämlich als Rechtsberater im Büro eines der Unternehmensleiter, Hasheni Rafshanjani. Aber auch dieser Versuch war zum Scheitern verurteilt. Muhamed reagierte frustriert auf die negativen Antworten, aber ich ermutigte ihn und versicherte ihn meiner Dankbarkeit für seine Bemühungen.

Kurze Zeit später zeigte Muhamed mir eine amtliche Bekanntmachung mit geheimen Informationen, die derzeit in den verschiedenen Ministerien verteilt wurde. Er bat mich, das Material heimlich zu lesen und es danach im Büro einzuschließen. Außerdem warnte er mich und verbot mir, mit irgendjemandem über die Informationen, die das Bulletin enthielt, zu reden. Ich verstand, dass Muhamed mich in die Vorgänge im Land einbeziehen wollte. Das Material erschreckte mich. Ich entnahm ihm, dass Muhamed kein normaler Politiker, sondern ein Mann mit vielen Verbindungen und möglicherweise Geheimagent war. Ich hatte Angst, dass eventuell eine Falle für mich vorbereitet wurde.

Ein gerechtfertigter Grund für meine Angst entsprang der Tatsache, dass mich die Leute vom Geheimdienst „zum Zwecke der Befragung", wie sie zu sagen pflegten, nie an öffentlichen Plätzen trafen, sondern mich immer mit einem Auto abholten und durch die Gegend fuhren. Als mir Muhamed das Pamphlet mit den geheimen Informationen gab, entschied ich mich, kein Risiko einzugehen. Bei einem Routinetreffen mit dem Geheimdienst, kurze Zeit, nachdem ich die Bekanntmachung erhalten hatte, erzählte ich von meinen Treffen mit Muhamed und zeigte ihnen sogar die Bekanntmachung. Sie wiesen mich an, mich wie gewohnt zu verhalten und Muhamed und seine Familie weiterhin zu unterrichten, wie ich es bisher getan hatte.

Ein paar Monate später rief Muhamed mich an und sagte, es sei besser, unsere Treffen abzusagen. Er fügte hinzu, dass er zu einem geeigneten Zeitpunkt Kontakt zu mir aufnehmen würde. Ich akzeptierte seine Bitte, ohne zu wissen, unter welchen Umständen ich ihn wiedersehen würde.

Nach einiger Zeit fühlte ich mich sicher und war davon überzeugt, dass ich nicht hingerichtet werden würde. Die Geheimdienstmitarbeiter ermutigten mich, wie jeder andere Bürger eine normale Existenz aufzubauen. Auch, wenn ich viele Stunden arbeiten musste, Tag und Nacht, hatte ich nun die Möglichkeit, in Wohlstand zu leben.

Die Geschichte von Mr. Sorooshian, dem Besitzer eines Reisebüros, wird auf Seite 139 der englischen Ausgabe von „Abayef" erzählt.

Das Thema meiner Doktorarbeit an der Pariser Universität zum Erhalt des Doctorat d'Etat lautet: 'Eine vergleichende Studie des Konstitutionalismus im Iran 1906/ 1979 und seine internationalen juristischen Auswirkungen'.

Die Stimme meines Onkels

Ich hatte lange Zeit Albträume und konnte nachts nur schlecht schlafen. Ständig träumte ich von meiner Verhaftung und anschließender Hinrichtung durch Erhängen.

Die Umarmung war knochenbrechend. Sie beruhte

jedoch auf mentaler Stärke, nicht auf physischer Kraft. Ich bekam keine Luft mehr, sodass ich mich schließlich mit einigen Schwierigkeiten aus der Umklammerung befreite. „Onkel", sagte ich, während ich schwer einatmete. „Du bist noch genauso stark wie vor langer Zeit.

„Nein!" Die Antwort war bestimmt. „Du weißt sehr genau, dass ich nicht mehr so kräftig bin wie in der Vergangenheit, aber die Kraft meiner Liebe zu dir ändert sich nicht, sie ist vielleicht sogar noch gewachsen."

Ich betrachtete ihn mit großer Zuneigung: Mousa – mein Onkel, mein Lehrer, der Mann, der mich seit meiner Jugend unterstützt, ermutigt, gestählt und bestärkt hatte.

„Wir müssen reden", sagte Mousa und musterte mich mit dem durchdringenden Blick, den ich noch aus der Vergangenheit kannte.

„Ja." Ich nickte zustimmend. „Es gibt eine Menge zu erzählen nach all den Jahren, die wir uns nicht gesehen haben, aber bevor wir reden, müssen wir ..." Hier brach ich ab und lächelte.

Mousa sah mich misstrauisch an und sagte: „Rede!"

Ich warf ihm einen unschuldigen Blick zu. „Mein Hals fühlt sich trocken an."

Mousa Gesicht hellte sich auf. „Worauf wartest du? Du Esel, du!"

„Aber einen Moment", sagte ich. „Wir leben in einer islamischen Republik."

Mousa schnaubte verächtlich. „Wein macht das Herz glücklich. Vielleicht denkst du jetzt endlich praktisch und gießt den Nektar der Götter in die Gläser?"

Ich konnte ihm nicht das letzte Wort überlassen und fragte: „Nektar aus der Festung des Kommunismus?"

Mousa machte eine verächtliche Bewegung mit der Hand. „Das macht keinen Unterschied. Ich brauche einen Drink. Es ist lange her, seit ich mir das letzte Mal die Kehle angefeuchtet habe."

Ich lächelte breit, ging zum Bücherregal und drückte auf einen Knopf, der hinter einem Buch versteckt war. Das Regal drehte sich auf seiner Achse und enthüllte eine Reihe Flaschen, die viele Leckereien enthielten: Whisky, Wodka, Tequila und verschiedenste Arten Likör.

„Was für eine Augenweide!", seufzte Mousa.

„Hier", antwortete ich und reichte Mousa ein Glas mit exquisitem schottischem Whisky.

„Nektar der Götter", sagte Mousa.

Dann verdunkelte sich sein Gesicht und er sagte in kritischem Tonfall: „Was hast du dir dabei gedacht, als du entschieden hast, in diese Hölle auf Erden zurückzukehren, die sie die Islamische Republik nennen? Offensichtlich wusstest du doch genau, was hier geschieht."

„Ich weiß, dass es sich seltsam anhört", sagte ich, „aber ich wollte hingerichtet werden."

Mousa starrte mich an, weigerte sich, zu verstehen. „Du machst Witze", sagte er. „Es gibt keinerlei Logik in diesem Schritt, insbesondere, weil du es bist. Bist du sicher, dass dein Geist nicht vernebelt war?"

„Absolut sicher", sagte ich. Ich unterhielt ihn mit Details der Geschehnisse, die mir in Frankreich widerfahren waren. Die Konflikte, die Enttäuschungen, die Familienprobleme – alles Faktoren, die mich deprimiert und zu der Situation geführt hatten, in der ich mich befand.

Mousa hörte aufmerksam zu und nickte von Zeit zu Zeit zustimmend. Dann sagte er: „Du hast dich nicht verändert, Jamshid." Er brach in Lachen aus und fügte hinzu: „Vielleicht bist du etwas zwanghafter geworden."

Ich sah Mousa an und brach ebenfalls in Gelächter aus.

„Jedenfalls ist es gut, dass du hier bist", sagte Mousa, wurde ernst und fuhr fort: „Du tendierst dazu, in

Schwierigkeiten zu geraten, und heute sieht die Realität zum großen Teil anders aus als an dem Tag, an dem du den Iran verlassen hast. Lass dich von der freundlichen Behandlung nicht in die Irre führen. Denk daran, dass die Richtungsänderung zu plötzlich stattgefunden hat. Mit gleicher Abruptheit trennt die Guillotine deinen Kopf von deinem Körper."

„Ja, sagte ich tief in Gedanken. „Ich bin mir der Situation bewusst und werde versuchen, meine Haut zu retten."

Mousa sah mich an und es war offensichtlich, dass ihn meine Antwort nicht zufriedenstellte.

„Jamshid", sagte er, „denk daran: Es gibt Personen, deren Ohren jedes Wort mitbekommen."

„Ja." Ich lächelte. „Wie in der Sowjetunion."

Mousa verzog sein Gesicht. „Diese Geschichte ist beendet", sagte er. Ich konnte deutlich sehen, dass dieses Thema ihm Unbehagen bereitete.

„Ist das wirklich so? Solche Worte aus deinem Mund, Mousa, können ja glatt als religiöse Konvertierung angesehen werden", sagte ich, überrascht über die Reserviertheit, die Mousa gegenüber der Sowjetunion zeigte.

Mousa seufzte tief und sagte: „Ich habe mich geirrt und den Preis dafür gezahlt. Die Ernüchterung ist schmerzhaft. Lass uns darüber nicht mehr sprechen."

Ich nickte und bedachte ihn mit einem zärtlichen Blick. Ich sah ein, dass es keinen Sinn ergab, Salz in die Wunden des Mannes zu streuen, der mir so lieb und teuer war. Ich schüttete ihm einen weiteren Drink ein. Dann setzten wir unser Gespräch fort.

Dieses Zusammentreffen war das erste einer Serie, die wir zu verschiedenen Zeiten abhielten. Ich brauchte Mousa in dieser gefahrvollen Zeit. Er war wie immer mein Rettungsanker. Er unterstützte, ermutigte und ermahnte mich und vor Allem liebte er mich bedingungslos. Neben der Wiedervereinigung mit meiner Mutter wurde das Treffen mit Mousa das bedeutendste Ereignis meines Lebens im Iran jener Zeit. Noch wusste ich nicht, dass ich gezwungen sein würde, mich von ihm zu trennen und dass ich diesen Mann, der einen Platz tief in meinem Herzen einnahm, nie wieder sehen würde.

Scheidung und Hochzeit

Ich war ganz und gar nicht überrascht, als meine Schwester mich eines Tages anrief und mich bat, einer guten Freundin zu helfen. Als ich fragte, worum es ginge, erklärte meine Schwester, Angela, ihre Freundin, sitze wegen illegaler politischer Aktivitäten im Gefängnis. Ich versprach, mein Bestes zu tun, holte Erkundigungen ein und erfuhr, dass Angelas Ehemann, ein Oberst der Marine, in der Türkei sei und politisch gegen die Islamische

Republik agiere. Angela selbst war für das Verbrechen, Kontakt mit ihrem Ehemann aufgenommen zu haben, zu zwei Jahren Gefängnis verurteilt worden. Außerdem wurde ihr subversive politische Aktivität vorgeworfen. Angela behauptete, sie habe ihren Mann besucht, weil er der Vater ihrer Kinder sei, und nicht aufgrund humanitärer oder politischer Motive. Außerdem sei sie verpflichtet, ihn zu besuchen, weil er aufgrund einer Meinungsverschiedenheit die Scheidung wolle. Er wollte im Exil gegen das Regime kämpfen, während Angela forderte, dass er in den Iran zurückkehre. Zu dieser Zeit wusste ich noch nicht, dass der entsprechende Oberst mir wohlbekannt war. Im Nachhinein stellte sich heraus, dass mein Vater mich vier Jahre vor meiner Rückkehr in den Iran um Hilfe für den besagten Oberst, einem Freund der Familie, gebeten hatte und ich in der Tat den Kontakt zwischen dem Oberst und dem Büro von Shafur Bachtiar in der Türkei vermittelt hatte. Wie ich bereits erwähnte, konnte ich den notwendigen Kontext nicht erfassen, aber ich unterstützte Angela, indem ich juristisch ihre Ansprüche geltend machte und ihr half, aus dem Gefängnis freizukommen. Ein paar Tage später kam sie mit meiner Schwester in mein Büro, um sich bei mir zu bedanken, und fragte, ob ich nicht zufällig Arbeit für sie habe. Ich antwortete, möglicherweise hätte ich eine passende Stelle und bat sie, einige Formulare auszufüllen. Als Angela alle nötigen Details angegeben hatte, genügte mir ein kurzer Blick, um die Identität ihres Mannes zu erkennen. Es war der gleiche Oberst, dem ich in der Vergangenheit geholfen hatte. Innerhalb kurzer Zeit wuchs eine enge Freundschaft zwischen uns, die zu einer Affäre heranreifte. Während die Beziehung zu Angela blühte und ich mit meiner neu gefundenen Freundin sehr glücklich war, erhielt ich vom französischen Gerichtshof ein offizielles Dokument, die Eheverbindung zwischen mir und meiner Frau werde durch eine Scheidung annulliert. Nun fühlte ich mich moralisch frei, offiziell zu der Verbindung mit Angela zu stehen. Bis ich die Scheidung erhalten hatte, hatte ich mit Angela im Verborgenen gelebt. Das iranische Regime billigte keine wilde Ehe, und auch mich hatte es gestört, dass ich noch kein Scheidungsdokument in den Händen hielt. Angesichts unserer heiklen Situation, schlug Angela einsichtig vor, die Vereinbarung einer befristeten Ehe zu unterzeichneten, der sogenannten ‚Sigeh Motah'. Wir setzten einen Vertrag auf, der ein halbes Jahr gültig war, und lebten als Eheleute zusammen, aber es war uns peinlich, unseren Familien von dem Schritt zu erzählen. Ich wusste nämlich auch, dass dieser Vertrag oft zur Legitimierung von Prostitution benutzt wurde.

Meine Bekanntschaft mit Angela setzte mich einer Welt aus, die ich bis dahin nicht gekannt hatte – den Gefängnissen der Islamischen Republik. Angela hatte das Bedürfnis, ihr Herz über die traumatischen Gefängniserfahrungen auszuschütten und rief sich deshalb von Zeit zu Zeit Erinnerungen ins Gedächtnis, die meiner Meinung nach erschreckend waren. Unter anderem erzählte sie mir vom „Evin"-Gefängnis, dem Gefängnis für politische Gefangene im Iran. Dort wurden Frauen gefoltert und misshandelt. Sie sprach über die Alpträume, die sie im Gefängnis oft heimgesucht hatten. Unter anderem erzählte sie, der Direktor des Gefängnisses habe eines Tages alle weiblichen Gefangenen zu einer Versammlung gerufen. Er befahl allen weiblichen Kommunisten, sich auf die linke Seite zu stellen, während die weiblichen Gefangenen, die der Mudschahid-Organisation angehörten, sich rechts aufstellen sollten. Die Aufteilung war etwa fünfzig zu fünfzig. Angela war die Einzige, die in der Mitte stand. Der Gefängnisdirektor fragte sie: „Wer sind Sie?" Angela erwiderte: „Ich bin eine Nationalistin!" Die Gefängniswärter und die Gefangenen lachten sie aus, weil sie nicht glauben konnten, dass es außer Mudschahid und Kommunisten noch etwas Anderes geben konnte. Allerdings war Angela wirklich und wahrhaftig eine iranische Nationalistin, verteidigte ihren Standpunkt und präsentierte furchtlos ihre Ansichten.

Sie erzählte mir von sexueller Belästigung, von Vergewaltigung und Folter. Des Öfteren wurden die Gefangenen auf den Hinrichtungsplatz gebracht und mit Schüssen in die Luft bedroht, um sie zu zwingen, Dinge zuzugeben, die sie nicht getan hatten, wie subversive Aktivitäten und Spionage für Israel. Eines Tages hatte sie ihre Kleidung zum Trocknen auf den Platz gehängt. Als sie in das Gebäude zurückkehrte, begannen die Frauen, sie anzuschreien, sie sei unrein. Als sie nach dem Grund fragte, erklärte man ihr, sie habe ihre Kleider auf die Wäscheleine der Bahai gehangen und daher würde sie ihre Kleidung noch einmal gründlich waschen und aufhängen müssen. Sie antwortete den Gefangenen, in ihren Augen seien die Bahai nicht unrein, sondern

Menschen wie alle anderen. Diese Meinung machte sie zum Sündenbock unter den Gefangenen.

Diese Feindseligkeit gegenüber Angelas Verhalten ergab sich aus der Tatsache, dass die Bahai im Iran mit Verachtung und Distanzierung behandelt wurden. Sie galten als unrein, da sie Mohammed nicht als ihren Propheten anerkannten. Angela kümmerte sich nicht um die Exkommunizierung, die über sie verhängt wurde, und war nicht bereit, ihre Ansichten zu ändern. Die Geschichte verbreitete sich im Gefängnis und kurze Zeit später sprachen ihr mehrere weibliche Häftlinge der Bahai ihren Dank aus, weil Angela sie so tapfer verteidigt hatte. Angela und die Bahai-Gefangenen wurden gute Freunde, eine Verbindung, die sie sogar nach ihrer Freilassung aufrechterhielt. Ich war sehr berührt von der Geschichte und bat sie, ihre Bahai-Freunde zu uns nach Hause einzuladen. Angela war sehr glücklich über meinen Wunsch und fortan hatten wir einige gute Verbindungen zu den Gruppen der Bahai.

Als sie verhaftet wurde, ließ Angela zwei Kinder, einen Jungen im Alter von zehn und ein Mädchen im Alter von vierzehn Jahren, zurück. Die Kinder waren nun ohne Eltern, da ihr Vater in der Türkei war. Zusätzlich litten sie wegen der politischen Aktivitäten ihrer Eltern unter sozialer Ächtung. Deshalb beschloss Angelas Familie, die Kinder nach Australien zu schicken, wo sie nun mit anderen Familienmitgliedern lebten. Angela träumte davon, nach Australien zu gehen, um wieder mit ihren Kindern vereint zu sein. Aber man hatte ihr den Pass abgenommen und ihr für die folgenden zehn Jahre verboten, den Iran zu verlassen.

Ich entschied mich, Angela zu helfen, ihren Traum zu verwirklichen. Daher kontaktierte ich das Innenministerium und die australische Botschaft. Nachdem ich mich länger als ein Jahr bemüht hatte, erhielt Angela endlich die Erlaubnis, nach Australien zu reisen. Wir beschlossen eine gemeinsame Reise, aber ich war so beschäftigt mit meiner Arbeit, dass wir den Plan verschieben mussten.

Inzwischen wurde ich weiterhin von Mitarbeitern des Geheimdienstes verfolgt. Immer noch fanden diese Befragungen statt, bei denen man darauf bestand, dass ich aufrichtig meine Ansichten darlegte, wie beim ersten Mal, als ich gerade im Iran angekommen war. Sie waren zufrieden mit meinem Verhalten, versuchten aber, mich zur Justiz der islamischen Revolution zu bekehren. „Ich bin mir noch nicht sicher bezüglich der Revolution", sagte ich. „ Grundsätzlich bin ich dagegen." Sie erkannten, dass ich ihnen die Wahrheit sagte. Zweimal baten sie mich um ein Filminterview, in dem ich über meine Erfahrungen, meine politische Tätigkeit und mein Bild des Irans sprechen sollte. Im Interview kamen Fragen zu politischen Themen auf. Ich nutzte die Gelegenheit und griff die iranische Opposition an. Ich bemerkte, dass die Mehrheit der Oppositionellen Menschen ohne Rückgrat seien, die sich nur um sich selbst kümmerten. Doch trotz meines Tadels an die Opposition zögerte ich nicht, auch das islamische Regime zu kritisieren. Ich wies auf

Mängel hin und die vielen Dinge, die verbessert werden mussten. Andererseits betonte ich, die Islamische Republik behandle mich mit Toleranz, und obwohl ich zum Feind erklärt und über mich die Todesstrafe verhängt worden sei, habe man mir am Ende geduldige Aufmerksamkeit geschenkt.

Im schiitischen Rechtssystem existiert eine bestimmte Art der Ehe, die als "Muta" oder "Sighe" bezeichnet wird. Dies bezeichnet eine zeitlich befristete Ehe, die nur einige Stunden, aber auch Jahre gültig sein kann. Fereshteh "Anjela" war meinen politischen Idealen treu ergeben und eine gute Mitarbeiterin. Einige Male wurden wir auf der Straße verhaftet, weil wir weder Eheleute noch Geschwister waren. Letztlich wurde uns klar, dass wir die juristische Spitzfindigkeit für uns nutzen konnten, obwohl es uns nicht gefiel. Wir wiederholten diesen Ehevertrag drei Mal in sechs Monaten. Auch anlässlich unseres Besuches in Australien stellten wir uns, auf Angelas Wunsch, als Ehemann und Ehefrau (sie hatte zwei Kinder) vor. Die australischen Behörden registrierten uns ebenfalls als Eheleute.

Alte und neue Freunde

Während dieser Zeit fuhr ich dreimal in der Woche in den frühen Morgenstunden zum Bergsteigen hinaus in die Elburaz-Berge. Eines Tages, als ich mich auf den Weg von der Spitze des Berges hinunter ins Tal machte, traf ich Yussef, der iranischer Boxmeister war. Im Exil wurde er zu einem der Leiter der Javan-Organisation. Ich war sehr überrascht, ihn zu sehen. Wir umarmten uns und waren sehr aufgeregt. Ich fragte ihn: „Was machst du denn hier?" Er antwortete: „Ich tat es dir nach und entschied mich ebenfalls, in den Iran zurückzukehren." Er erzählte mir, mein Ruf sei exzellent. Dennoch fügte er hinzu, nur wenige Exiliraner hätten meine Rückkehr in den Iran für eine mutige Tat gehalten, die Mehrheit habe gedacht, ich hätte die Seiten gewechselt und würde nun mit der Islamischen Republik zusammenarbeiten.

Im Laufe der Zeit traf ich zwei gute Freunde, die der Javan angehörten. Der erste war Stahr, der Student, der an der „Tabarzin-Operation" teilgenommen hatte. Er vertrat die iranischen Studenten am Bildungsministerium in Frankreich. Der Zweite war Nicco, der Unternehmensvertreter von Renault im Iran. Beide trafen nach mir im Iran ein und bestätigten Yussefs Worte. Mir wurde erzählt, zwei weitere Freunde, Rahati und Yadulah, seien illegal über den Irak in den Iran gekommen, um gegen das Regime zu kämpfen. Leider ereilte sie ein bitteres Schicksal: Sie wurden gefangengenommen und hingerichtet.

Eines Tages, als ich den zentralen Gerichtshof, den „Palast der Gerechtigkeit im Iran", verließ, sah ich eine vertraute Gestalt auf mich zukommen. Es war Sayid Achmed Mousawi Chorasani, begleitet von einer Gruppe Leibwächter. Er war ein kleiner Mann mit einem roten Bart, solide und energiegeladen. Sein Gesichtsausdruck zeigte große Verwunderung, und auch ich, wie ich zugeben muss, starrte ihn an, verwundert von seiner

Anwesenheit im Gerichtshof. Nachdem er meine
Gegenwart verdaut hatte, umarmte er mich und klopfte
mir begeistert auf die Schulter. Er sah mich liebevoll
an und sagte: „Du hast keine Ahnung, wie viel Zeit ich
damit verbracht habe, nach dir zu suchen. Warum hast
du dich nicht bei mir gemeldet?" Man muss wissen, dass
Chorosani Vertreter der Studenten der Islamischen
Republik in Paris war. Wir waren oft aneinandergeraten
und hatten uns kontrovers gegenübergestanden – er als
Vertreter der Behörden im Iran und ich als Führer der
militanten Opposition.

Ich wusste, dass Chorosani der Islamischen
Revolution treu ergeben war, aber er war ein
Intellektueller, klug und pragmatisch, und verstand
die Notwendigkeit guter stabiler Beziehungen zu den
westlichen Ländern. Im Licht der Freude, die er zeigte,
als er mich sah, hoffte ich, eine nützliche Verbindung
zu ihm aufbauen zu können. Chorosani bestand darauf,
ich solle ihn in seinem Büro besuchen. Ich wusste,
welche Macht dieser Mann besaß. Er war der Direktor
des Konglomerats „Lala Parvadin", das aus vierzehn
internationalen Unternehmen bestand. Sein Status war
fast dem eines Ministers gleichzusetzen. Er kontrollierte
einen finanziellen Umsatz im Bereich von einigen
Millionen Dollar. Chorosani verschwendete keine Zeit,
und nachdem wir zusammen Kaffee getrunken hatten,
verzichtete er auf weitere Höflichkeiten und kam gleich
auf den Grund seiner Einladung zu sprechen: „Was
hältst du davon, mein privater Rechtsberater für diese
Firma zu werden?" Ich nahm seinen Vorschlag an, aber

außerdem setzte ich meine Arbeit in meinem eigenen Büro fort. Chorosani stellte ideologische Offenheit zur Schau und behandelte seine Untergebenen großzügig.

Allmählich lernte ich ihn besser kennen und bemerkte, dass er eng mit den Geheimdiensten zusammenarbeitete. Dann entdeckte ich durch Zufall, warum das Regime mich so gnädig behandelt hatte. Es stellte sich heraus, dass die Dinge unter der Oberfläche ganz anders waren als in der offiziellen Position, die das Regime mir gegenüber eingenommen hatte. Die Geheimdienste waren geteilter Meinung darüber, wie ich zu behandeln sei. Ich entdeckte, dass es zwei Gruppen gab: Die eine unterstützte mich, während die andere die tolerante Behandlung meiner Person ablehnte und behauptete, ich sei ein Risiko für das Regime. Da verstand ich auch, wie differenziert die Struktur der Geheimdienste war. Sie agierten vernunftgesteuert, und auch meine Unterstützer handelten nicht allein aus Liebe, sondern aufgrund von umfassenden, rationalen Gedankengängen. Unter anderem glaubten sie, es könne dem Iran Sympathien einbringen, wenn er einem seiner größten Feinde verzieh und ihn nicht nur nicht bestrafte, sondern im Gegenteil großzügig und versöhnlich behandelte. Tatsächlich stärkte dieser Schritt den Ruf des Irans, der zu dieser Zeit nicht gerade ideal war. Ein zusätzlicher positiver Effekt betraf die Oppositionellen, die überzeugt werden sollten, dass ihr Bild vom Iran nicht korrekt war und dass auch sie sich im Rahmen der Islamischen Republik integrieren und von den Rechten islamischer Bürger profitieren konnten.

In der Tat erreichten die Behörden durch ihre tolerante Haltung mir gegenüber die Zerschlagung der Opposition – ein großer Gewinn. Die Rückkehr einer der leitenden Personen der Opposition, noch dazu der militantesten, bedeutete eine klare Botschaft bezüglich der Schwäche der Opposition und zweifellos einen großen Sieg für die Islamische Republik.

Eine Krawatte anstatt eines Henkersknotens

Ich hatte ein gutes Leben und materiell fehlte es mir an nichts, aber meine Seele war zerrissen. Ich sah, wie sich die islamische Herrschaft über bürokratische Regeln der Verwaltung im Alltagsleben manifestierte. Man führte verschiedene seltsame Beschränkungen ein – beginnend mit Anweisungen, wie man sich zu kleiden hatte, bis hin zu Verordnungen, welches Auto man kaufen durfte. Die Situation war schlimm. Die Menschen hatten Angst, frei zu sprechen, und äußerten nur heimlich ihre Meinung. Es herrschte eine Atmosphäre des Misstrauens. Wer auch immer einen Fehler machte und etwas gegen Humainis Interpretation des Islam sagte, bezahlte einen hohen Preis.

Ich verspürte ein großes Bedürfnis, zu protestieren und meine Ablehnung zu demonstrieren. Ich wusste, dass ich unter ständiger Überwachung stand und dass jeder Versuch, Kontakt zur beinahe funktionsunfähigen Opposition aufzubauen, mich in Gefahr brachte. Allerdings muss ich bemerken, dass die Oppositionellen mich für einen Kollaborateur hielten. Ich beschloss, wie Don Quijote zu handeln, der als einzelner Ritter einen Krieg ausgefochten hatte. Ich wollte austesten, wie weit das Seil gespannt werden konnte. Eine gute Möglichkeit schien mir zu sein, die Islamisten mit westlicher, kapitalistisch angehauchter Prahlerei zu reizen, in den Augen des Islam ein Symbol der Korruption und des moralischen Verfalls. Ich verkaufte meine Wohnung und schaffte mir einen teuren Cadillac an. Aber ich beließ es nicht dabei, sondern kaufte mir auch eine Harley-Davidson, die im Iran verboten war. Weil ich in der Vergangenheit Polizist gewesen war, wusste ich, wie ich mich zu verhalten hatte, und auch als Anwalt war mir klar, wie ich auf Fragen reagieren musste. Eines Tages, als ich in meinem Cadillac saß und an einer roten Ampel wartete, hielt ein kleines, verbeultes, dreckiges Auto neben dem meinem. Ein schiitischer Priester saß am Steuer. Er sah mich neidisch an und fragte zynisch: „Wie viele Cadillacs dieser Sorte besitzen Sie?“ Ich lächelte breit und antwortete ihm: „In allen Farben, die ich haben will.“

Eine weitere ungewöhnliche Sache, die mich von den anderen Juristen im Iran unterschied, war die Existenz eines Konzertflügels in meinem Büro. Manchmal pflegte ich, allgemein bekannte Melodien zu spielen, unter anderem auch amerikanische. Ich hatte keinen Zweifel daran, dass dies bei vielen Ärger verursachte. Aber das war mir egal, obwohl mir bewusst war, dass das Urteil gegen mich immer noch in Kraft war; es war nicht komplett annulliert, sondern nur auf Eis gelegt.

Ich setzte mein provokatives Verhalten fort. So trug ich eines Tages anlässlich eines Treffen mit einem Vertreter des Justizministeriums am Gerichtshof einen maßgeschneiderten Anzug von Pierre Cardin. Mein Aussehen verursachte bei den Büromenschen durchdringende Blicke des Neides. Sie erwarteten, dass der Vertreter des Ministeriums mich aus seinem Büro werfen würde, und waren überrascht, als die Türsteher mir erlaubten, einzutreten, und die Tür für mich öffneten. Der Vertreter des Justizministeriums war ein großer Mullah. Mein Äußeres schockierte ihn natürlich. Nachdem er seine Fassung wiedergewonnen und den befremdlichen Anblick des westlichen Anzugs, der ledernen Aktentasche und den Geruch des Aftershave verdaut hatte, lud er mich ein, mich zu ihm zu setzen. Er bat die Menschen, die sich zu diesem Zeitpunkt in seinem Büro befanden, hinauszugehen. Sobald wir allein waren, überschwemmte er mich mit Fragen. Er wollte wissen, wie lange ich im Exil gewesen und wann ich zurückgekommen sei. Es folgten weitere persönliche Fragen, die nichts mit der rechtlichen Angelegenheit zu tun hatten, die wir eigentlich zu diskutieren hatten. Schließlich wies er auf die Krawatte, die ich trug, und fragte: „Sind Sie sich bewusst, dass wir vor ein paar Jahren eine Islamische Revolution in unserem Lande hatten?" Ich sah ihn ruhig an und antwortete: „Ja, ich weiß, was passiert ist."

„Wenn dies so ist, dann werden Sie wahrscheinlich auch wissen, wie man sich zu kleiden hat und wie Ihre derzeitige Kleidung im Iran interpretiert wird", sagte mein Gesprächspartner und eine Wolke des Ärgers verdunkelte seine Stirn.

„Eine Krawatte ist ein Kleidungsstück, das eine Kultur symbolisiert", sagte ich ruhig, während ich darauf achtete, Selbstbeherrschung zu zeigen.

Ich sah, dass der Beamte nicht mit einer Antwort dieser Art gerechnet hatte. Er versuchte, Zurückhaltung zu üben, aber ein Ton von Feindseligkeit lag in seiner Stimme, als er antwortete: „Es lohnt sich, die Realität, in der Sie leben, zu betrachten. Sie könnten von Bürgern angegriffen werden, die sich von Ihrer Kleidung provoziert fühlen. Gewandungen dieser Art bedeuten im Iran moralischen Verfall und Verfälschung und verstoßen gegen die Norm der Islamischen Republik."

Zurückhaltend antwortete ich: „Ich glaube an die Rechtsstaatlichkeit, die mich auch in der iranischen Demokratie schützen wird." „Selbst wenn diese ‚schiitisch' geprägt ist", fügte ich hinzu und bemühte mich nicht, den zynischen Unterton meiner Worten zu verschleiern. „Wenn jemand versuchen sollte, mich anzugreifen, bin ich gezwungen, mich zu verteidigen. Ich bin ein kräftiger Mann und ein Experte in Kampfkünsten."

Nun war es an der Zeit, ihm den Wind aus den Segeln zu nehmen. Ich fragte ihn: „Haben Sie jemals Rizal Ala (eine Art Fisch) gegessen?"

Sein Gesicht hellte sich auf und er antwortete:

„Ja, ich mag diesen Fisch sehr gern!"

Ich fuhr fort: „Haben Sie jemals gesehen, wie dieser Fisch im Wasser schwimmt?" Er verneinte. „Sie sollten wissen", sagte ich und lächelte, „dass dieser Fisch in jeder Situation gegen den Strom schwimmt. Deshalb ist er so lecker und sein Fleisch so fest, weil sich seine Muskeln im Kampf gegen den Strom stärken."

Nun verstand mein Gesprächspartner, worauf ich hinauswollte.

„Ich bin wie dieser Fisch", sagte ich und fügte hinzu: „Und ich verhalte mich, wie ich es für richtig halte." Es war offensichtlich, dass meine Worte den Beamten beeindruckten. Er befahl seinem Assistenten, uns Tee zu bringen, was bei einem Treffen zwischen einem hohen Beamten und einem Anwalt normalerweise nicht üblich war. Wir tranken Tee und begannen, uns mit der Angelegenheit zu beschäftigen, die mich in sein Büro geführt hatte. Durchschnittlich dauerte die Bearbeitung einer Akte etwa ein halbes Jahr. Daher war es sehr außergewöhnlich, dass die erforderlichen Dokumente unverzüglich in sein Büro gebracht wurden. Der Beamte unterzeichnete sie und die Akte wurde geschlossen.

Ein anderes Mal provozierte ich einen Vertreter des Regimes anlässlich eines Treffens mit einem Richter im Justizministerium von Teheran. Wir hatten bereits in der Vergangenheit eine Konfrontation, als derselbe Richter mir gegenüber bemerkte, dass ich eine Krawatte trug. Er erklärte, dass dies in einem islamischen Land nicht akzeptabel sei. Ich wies die Angelegenheit als belanglos zurück und beendete mein Geschäft ohne jede Verzögerung. Diesmal erschien ich hinkend, wegen meines verstauchten linken Knöchels, und war deshalb gezwungen, eine Krücke zu benutzen. Zu diesem Treffen trug ich eine Fliege. Ich betrat sein Büro, aber er befahl mir, draußen zu warten. Ich bestand jedoch darauf, sofort vorgelassen zu werden. Er war schockiert über meine Worte und drohte, die Polizei zu rufen. Ich aber zeigte keine Panik, sondern schaute ihm direkt in die Augen und drohte ihm, mich darüber zu beschweren, dass er seine Arbeit nicht wie erforderlich verrichtete.

Daraufhin lud der Richter mich ein, mich zu setzen. Ich nahm meine Krücke und schlug sie ihm auf den Tisch. Wütend sagte ich: „Ich bin, wer ich bin. Wie kann ich die Rechte meines Klienten vertreten, wenn ich nicht einmal meine eigenen Rechte verteidigen kann?" Ich wusste genau, dass ein solches Verhalten eines Anwalts gegenüber einem Richter nicht akzeptabel war. Während ich diesen Streit mit dem Richter führte, standen Klienten im Vorraum und warteten. Sie waren Zeugen meines Gesprächs und nannten mich daraufhin „den Löwenmann", ein Spitzname, der auf meinen Mut hinweisen sollte. Der Richter bat seinen Sekretär, einen Bericht über dieses Ereignis zu verfassen, und mich der Missachtung des Gerichts zu beschuldigen. Außerdem befahl er, die Polizei zu rufen, um mich zu verhaften.

Die ganze Zeit über saß ich bequem auf meinem Stuhl. Alle anderen, die sich in seinem Büro befanden, wurden hinausgeschickt. Ich konkurrierte mit ihm in psychologischer Kriegsführung und wollte ihn lehren, dass nicht alle Anwälte ergiebig sind und Angst davor haben, für ihre Rechte einzustehen, wie er es gewohnt war, sondern dass es Ausnahmen gab. Der Sekretär schrieb den Bericht und der Richter tobte vor Wut, während ich auf dem Stuhl saß, die Beine bequem auf dem Tisch, und durch das „TIME"-Magazin blätterte, ein weiteres Symbol des Verstoßes gegen die islamischen Moralvorstellungen.

Als die Polizei eintraf, wies der Richter sie an: „Warten Sie draußen, bis der Bericht fertiggestellt ist." Sie gehorchten und ich fuhr fort, in meinem Magazin zu lesen. Der Bericht wurde abgeschlossen und der Richter legte ihn mir vor: „Sie müssen dies unterzeichnen."

Ich sah den Richter mit Verachtung an und sagte: „Ich werde nicht unterschreiben. Sie können den Satz hinzufügen, der Anwalt weigere sich, zu unterzeichnen." Ich dachte bei mir, ich säße bereits mit einem Bein im Gefängnis. Ich legte meine Zeitschrift auf den Tisch. Der Richter bat seinen Sekretär, den Konferenzraum zu verlassen. Dann sah er mich an und fragte in verwundertem Ton: „Was für eine Courage müssen Sie haben, um sich so zu verhalten?"

Zuerst wollte ich in Gelächter ausbrechen, aber ich überwand den Drang, machte ein ernstes Gesicht und sagte: „Sehen Sie, Euer Ehren, das letzte Mal sagten Sie mir, ich solle keine Krawatte tragen, aber sie sagten nicht, dass es verboten sei, eine Fliege zu tragen."

Der Richter sah mich erstaunt an und erlangte erst nach ein paar Augenblicken seine Fassung zurück. Ich rechnete mit einer wütenden Reaktion, aber zu meinem Erstaunen nahm er den Bericht, faltete ihn und warf ihn in den Papierkorb. Danach sah er mich an und sagte: „Ich mag Ihren Charaktertyp, und ich wünschte, alle Anwälte würden sich so verhalten wie Sie. Auch wenn sie mich verärgert haben, sind Sie ein sehr wertvolles Geschöpf für unser Land." Nach dieser Konfrontation wurden der Richter und ich gute Freunde. Wenn ich zu Verhandlungen mit ihm erschien, pflegte er mich „den Löwenanwalt" zu nennen. Damit zollte er mir einen hohen Respekt, was nur wenigen Anwälten jemals zu Teil wurde.

Im Laufe der Zeit stieg mein Selbstvertrauen und ich begann an meine Unverletzlichkeit zu glauben. Ich verbesserte meine persönlichen Beziehungen zu meinen Kunden und meinen alten Freunden aus der Zeit vor der Revolution. Ich fand auch Sympathisanten, die sich meinen Ideen gegenüber offen zeigten. Dennoch war ich sehr vorsichtig und wählerisch. Gründlich studierte ich die Kandidaten und testete sie auf ihre Qualität. Wenn ich sah, dass der jeweilige Kandidat in der Lage war, eine politische Diskussion zu entwickeln, und glaubwürdig war, konnte ich ihm vertrauen. Auch wenn ich eine Liste von Kandidaten erstellte, weihte ich nie jemanden in meinen geheimen Plan ein, in Zukunft eine Organisation aufzubauen, deren Zwecke politischer Art waren.

Nach einigen Monaten hatte ich einige ausgewählte Menschen um mich versammelt. Wir sprachen offen über Politik und unseren Wunsch, eine geheime Organisation zu aufzubauen, die gegen die Islamische Republik agierte. Aber aufgrund der einschränkenden Bedingungen war ich schon kurze Zeit später gezwungen, den Iran zu verlassen. Jahre, nachdem ich mein Land für immer verlassen hatte, entdeckte ich, dass ein Teil dieser Kameraden Aktivisten gegen die islamische Herrschaft geworden waren.

‚Du kannst sehen – wenn du es wünschst .wenn nicht – kannst du deine Augen schließen

Meine Arbeit als Anwalt brachte mich mit Muhamed Ali Husseini zusammen, einem berühmten Kleriker, der ein Mitglied des Exekutionskomitees der Stadt Qom war. Ich kannte ihn wegen meiner Verbindung zu Iraj Tavakolli, einem der politischen Ermittler im „Evin"-Gefängnis. Wir pflegten einander in verschiedenen politischen Fällen zu helfen. Je näher ich Muhamed kam, desto mehr verstand ich, wie korrupt er unter dem Mantel eines hochrangigen Geistlichen war. Die folgenden Geschichten illustrieren die Doppelmoral dieses Mannes:

Eines Tages bat mich ein junger Mann um Hilfe. Seine Freundin, die mit einem Oberst verheiratet sei, sei wegen Ehebruchs zur Steinigung verurteilt. In sechs Monaten würde man das Urteil anfechten können. Mir fehlte die

Erfahrung mit dieser Art von Fällen und ich besprach ihn deshalb mit Muhamed. Er riet mir, Anwaltsgebühren in Höhe von zwei Millionen Tuman zu erheben. Als ich überrascht nach der Bedeutung einer so hohen Gebühr fragte, erklärte er mir lächelnd, eine Million gehe an den Geistlichen und den Richter, die andere Million seien meine Anwaltskosten.

Einmal erhielt ich Besuch von einer gutaussehenden Klientin. Zufällig hielt sich auch Muhamed in meinem Büro auf. Zu meiner Überraschung bat er mich, ihm meine Klientin vorzustellen, um sie kennenzulernen. Ich war erstaunt über die Bitte und weigerte mich, zu glauben, dass ein Geistlicher seines Standes sich so verhielt.

Bei einer anderen Gelegenheit hatte ich ein paar Freunde zu einer kleinen Feier mit alkoholischen Getränken in meinem Büro eingeladen. Plötzlich hörten wir eine Glocke läuten und Muhamed stand in der Tür des Büros. Die Situation war delikat. Ich konnte ihn nicht abweisen. Er kam hinein, aber ich bat ihn, im Vorraum zu warten, während gleichzeitig meine Freunde, Männer und Frauen, sangen und tanzten. Zu meinem Erstaunen bat Muhamed mich, ihn an der Party teilnehmen zu lassen. Als ich, da ich keine andere Möglichkeit hatte, ihn meinen Freunden vorstellte, waren sie schockiert, weil sie wussten, welche Funktion er erfüllte. Er entspannte sich und sagte: „Machen Sie sich keine Sorgen." Vor unseren staunenden Augen nahm er seinen Turban ab, griff nach einem Glas Whisky und sagte: „Heutzutage ist es fast unmöglich, ein so gutes Getränk zu bekommen." Er sprach mit meinen Freunden und sagte ihnen allen, er sei stolz darauf, mit mir zu arbeiten. Bevor wir gingen, stellte er mir eine Frage, die mir den Mund offenstehen ließ: „Sind Sie sicher, dass keiner ihrer Gäste der Polizei vom Alkohol und der Musik erzählt?" Ich muss zugeben, ich wusste nicht, ob ich lachen oder weinen sollte. Ich klopfte ihm auf die Schulter und versicherte ihm gewissenhaft, es bestehe kein Grund zur Sorge, ich hätte vollstes Vertrauen in alle Beteiligten.

Im Laufe der Zeit wurden Muhameds Besuche in meinem Büro zur routinemäßigen Gewohnheit. Er kam oft, um Spirituosen zu trinken und Opium zu rauchen. Obwohl ich meine Verbindung zu ihm zu meinem eigenen Vorteil nutzte, war der Preis hoch: Whisky und Opium waren im Iran wegen des religiösen Tabus nur schwer zu erwerben und daher auch sehr teuer.

Wir feierten das zweite Nouruz-Festival, seit ich in den Iran zurückgekehrt war. Damals war die Situation schwierig, weil der Iran immer noch im Krieg mit dem Irak war. Tausende von Raketen explodierten in Teheran und einige von ihnen nicht allzu weit von meinem Büro entfernt, weshalb ich annahm, das Gebäude stehe kurz vor dem Zusammenbruch. Trotz des Luftalarms begab ich mich auf den Weg zu meiner Familie, um sie traditionsgemäß zum Nourouz-Fest zu besuchen. Eines Tages, als ich mit meiner Mutter von einem Familienfest zurückkehrte, traf eine Rakete das Gebäude neben ihrer Wohnung. Meine Mutter erlitt eine Panikattacke, hielt sich an mir fest und weigerte sich, mich gehen zu lassen. Jedes Mal, wenn eine Explosion zu hören war, begann sie zu zittern. Angst herrschte in Teheran, und auch wir wurden von ihr beherrscht und waren entsetzt über unser Schicksal. Während einer der Nächte gab es einen Stromausfall wegen eines Raketeneinschlages. Ich saß in meinem Büro, in Gesellschaft eines guten Freundes und einer Freundin. Wegen des plötzlichen Stromausfalls war eine Kerze unser einziges Licht. Plötzlich hörte ich eine Gruppe Jugendlicher die iranische Nationalhymne singend durch die Straßen ziehen. Sie feierten den „Kashuk Zani" (ein Fest, das am letzten Mittwoch des persischen Kalenders stattfindet). Der Gesang der Jugend ließ ein Gefühl der Erhabenheit in mir aufsteigen. Ich vergaß die Gefahr durch die irakischen Raketen, öffnete das Fenster und rief spontan: „Tod Humaini!" Ich glaubte in den Jungen, die die iranische Hymne sangen, Patrioten und Gegner des islamischen Regimes zu finden, und mir war wichtig, dass sie wussten, dass ich sie unterstützte. Zu meiner großen Verwunderung erstarb der Gesang. Stattdessen hörte ich verärgerte Rufe und Worte des Tadels, die an mich gerichtet waren. „Tod dir selbst und Tod all denjenigen, die sich der Revolution widersetzen!" Meine Freunde erhoben sich sofort, um das Fenster zu schließen. Sie zitterten vor Angst, weil sie sehr genau wussten, dass mein Verhalten die unmittelbare Todesstrafe nach sich ziehen konnte. Sie machten sich Sorgen, dass wir erwischt und vor Gericht gestellt werden könnten. Mit kalkweißen Gesichtern drehten sie sich zu mir um und fragten in ermahnendem Tonfall: „Warum hast du so etwas Dummes getan?"

„Ich konnte nicht anders", sagte ich. Ich versuchte, sie davon zu überzeugen, dass ich die volle Verantwortung für mein Handeln übernähme. „Nun müssen wir uns völlig ruhig verhalten. Lasst uns hoffen, dass sie uns nicht finden, dann sind wir gerettet", fügte ich hinzu. Ich löschte die Kerze und wir saßen schweigend da, ängstlich darauf wartend, dass etwas passierte.

Ein paar Minuten später war ein Klopfen an der Tür zu hören. Wir antworteten nicht und suchten Ermutigung in einer Flasche Cognac, an der wir von Zeit zu Zeit nippten. Aber die Leute draußen ließen nicht locker. Sie forderten energisch, die Tür zu öffnen und riefen die Polizei. Der Hausmeister des Gebäudes, der von mir regelmäßig großzügige Geldbeträge erhielt, versuchte, die Menschen davon zu überzeugen, dass das Bürogebäude zu dieser Stunde leer war. Aber seine Bemühungen waren vergeblich. Die Polizei traf ein und begann, ohne Ausnahme, jedes einzelne Büro zu überprüfen. Schließlich klopften sie an der Tür meines Büros und forderten: „Im Namen der revolutionären Polizei: Öffnen Sie die Tür." Wir schwiegen und bemühten uns, nicht das geringste Geräusch zu verursachen. Als die Polizei keine Reaktion erhielt und alles still blieb, verließen sie das Gebäude. Ich bat meine Freunde, bis zum Morgengrauen im Büro zu bleiben. Ich wollte verhindern, dass Nachbarn sie sahen und der Polizei davon berichteten. In diesem Fall wären die

Auswirkungen vorhersehbar und wir würden alle einen hohen Preis bezahlen. Meine Freunde stimmten zu und schlichen sich erst in den frühen Morgenstunden hinaus, als das Gebäude zum Leben erwachte.

Über ein Jahr war seit meiner Rückkehr in den Iran vergangen, während dessen ich mich wie bereits erwähnt von Zeit zu Zeit mit Agenten des Geheimdienstes traf. Sie fragten mich, ob ich ihnen außerhalb des Irans bei einer gewissen Sache helfen könne. Sie waren daran interessiert, Jassir Arafat zu ermorden, und baten mich, Informationen über diesen zu sammeln. Zufällig kontaktierte mich zur gleichen Zeit meine geschiedene Frau Gitti und fragte, ob ich an einem wichtigen Klienten interessiert sei. Ich bejahte. Es stellte sich heraus, dass der Kunde, Wahab Zadeh, ein Multimillionär war, der in Baden-Baden lebte. Ich sollte nach Deutschland reisen und seine Vertreterin, Frau Shahriari treffen. Die Geheimdienstmitarbeiter nutzten die Gelegenheit, meine Geschäftsreise mit der mir zugedachten Aufgabe zu kombinieren. Ich erhielt einen Pass der Islamischen Republik und reiste nach Deutschland. Als ich in Frankfurt ankam, bat ich meine Frau und meine Kinder, mich zu besuchen. Wir verbrachten zwei Tage zusammen – eines unserer letzten Treffen.

Nachdem ich meine geschäftliche Angelegenheit erledigt hatte, blieb ich noch ein paar Tage, um Informationen über Jassir Arafat zu sammeln, aber ohne Erfolg. Ich flog in den Iran zurück, nicht wissend, dass es das letzte Mal sein sollte, dass ich dorthin zurückkehren würde.

Ein roter Punkt auf der Stirn

Einer der Menschen, die wirklich und wahrhaftig glücklich über meine Rückkehr in den Iran waren, war Achmed Mussawi, der glaubte, dass allein die Tatsache meiner Rückkehr in den Iran die Einstellung meiner oppositionellen Aktivitäten bedeutete.

Eines Tages kam Mussawi zu mir und gab mir einen Scheck in Höhe von 175 Millionen Tuman, gleichwertig mit 175.000 Dollar. Der Scheck war geplatzt und er bat, ihn einzufordern. Er war unterzeichnet von einer gewissen Frau Rovevah Aminyan. Man muss bedenken, dass wir das Jahr 1988 schrieben und wir daher über eine sehr große Geldsumme sprechen. Auch der Lohn für meine Dienste war hoch. Also fing ich an, Nachforschungen anzustellen, um die Dame zu finden und das Geld einzutreiben. Ich entdeckte, dass Frau Aminyan viele Verbindungen zum Establishment pflegte und unter der Schirmherrschaft sehr mächtiger Persönlichkeiten im Iran stand, wie Ayatollah Charubi, dem Leiter des iranischen Parlaments, Hujat al-Aslam Hadi Refari, dem Kommandeur der Militärpolizei, und vieler anderer Top-Beamter.

Ich erkannte, dass ich auf eine harte Nuss gestoßen war und dass ich gut auf mich aufpassen musste. Aber ich war fest entschlossen, die Aufgabe auszuführen, um mir die versprochene dicke Gebühr zu verdienen.

Ich aktivierte meine Kontakte zum Gerichtshof und zur Polizei und veranlasste eine Razzia in ihrem Haus zur Dämmerung. Die Vorgehensweise war legal völlig abgesichert, sodass ihre Leute nicht widersprechen konnten.

Die Nachricht von Frau Aminyans Verhaftung verbreitete sich im Iran wie ein Lauffeuer und verschaffte mir eine Menge Publicity. Ich behauptete vor dem obersten Richter Mousa Nurozi, Frau Aminyan verfüge über Kapital in Höhe von 370 Millionen Dollar. Ihren Reichtum verdanke sie ihren guten Verbindungen zu Mitgliedern der Regierungsverwaltung. Ich fügte unterstützend hinzu, ich hätte Hunderte von Klienten, denen sie Geld schulde und dank des Schutzes ihrer Gönner nicht zurückzahle. Ich bat darum, einige dieser Personen, die ihre Hand schützend über Frau Aminyan hielten, zur Befragung und Überprüfung vorzuladen.

Um meine sage und schreibe 1237 Klienten im Fall gegen Robabeh Aminiyan zu vertreten, war ich zum offenen Kampf mit dem Richter gezwungen. Die iranischen Zeitungen veröffentlichten einige Artikel über diesen wichtigen juristischen Konflikt. Das örtliche Gericht war nicht bereit, meiner Forderung nach Vorladung des Präsidenten des schiitischen Parlaments, der Frau des Premierministers und einiger Militärpolizisten, nachzukommen.

Der oberste Richter, ein alter und angesehener Mann, riet mir: „Sie sind noch jung und es ergibt keinen Sinn, Ihre Zukunft zu zerstören. Sie sollten sich entspannen und in Geduld üben. Warum wollen Sie für einen ungerechtfertigten Anspruch gegen diese hochgestellten Persönlichkeiten kämpfen?"

Ich sagte: „Ich kämpfe für die Gerechtigkeit. Morgen muss ich am Gerichtshof vor Tausenden von Menschen sprechen, denen Frau Aminyan Schaden zugefügt hat. Daher bestehe ich darauf, dass diejenigen, die Frau Aminyan beschützt haben, vor Gericht erscheinen und ihren Beitrag an der Aufklärung des Falles leisten. Wie ist es möglich, dass Menschen, die den Großteil ihres Geldes investieren und betrogen werden, keine gerechte Gerichtsverhandlung erhalten?"

Der Richter versuchte, mich zu beruhigen, was ihm natürlich nicht gelang. Schließlich entschied er, der Fall sei besonders kompliziert und da er viele Kläger und mächtige Verteidiger betreffe, verschiebe er den Prozess.

Ich erkannte sehr wohl die subtile Bedeutung seiner Worte und war wütend. Aber ich konnte nichts tun. Trotzdem hatte ich nicht die Absicht, zu kriechen und geduldig zu bleiben, bis Gerechtigkeit von Frau Aminyan und ihren Gönnern eingefordert wurde.

Mehrere Monate nach diesem Vorfall hielt ich mich in England auf, weil ich zu einer Diskussion über den Euro eingeladen worden war. Dort erhielt ich einen dringenden Anruf von meiner Frau Angela, die mein Büro verwaltete. Sie überging die höfliche Begrüßung und fragte nicht einmal nach meinem Befinden, sondern kam gleich zur Sache: „Du darfst auf keinen Fall in den Iran zurückkehren." Ich dachte, ich höre nicht recht, und starrte den Telefonhörer an. Erst nachdem ich meine Fassung zurückerlangt hatte, fragte ich sie nach dem Grund.

Angela sagte: „Ich habe viele Anrufe und anonyme Briefe mit Drohungen gegen dich erhalten. In diesen Schreiben stand, du hättest besser nicht gefordert, bestimmte Leute gerichtlich vorzuladen." Obwohl ich einsah, dass sich meine Situation verschlimmert hatte, beschloss ich, in den Iran zurückzukehren.

Nach meiner Rückkehr versuchte ich, die Geheimdienstleute zu kontaktieren, um ihnen von den Drohbriefen zu berichten. Zu meiner Überraschung erhielt ich keinerlei Reaktion, als ob sie von der Erde verschluckt worden wären. Dieses befremdliche Verhalten ließ alle Alarmglocken bei mir klingeln.

Ein paar Tage später, als ich mich gerade in meinem Büro befand, informierte mich meine Sekretärin, Herr Amin Muhamed verlange dringend, mich bezüglich einer unaufschiebbaren Angelegenheit zu treffen. Ich war sehr überrascht, weil ich Muhamed, seitdem ich ihn Französisch gelehrt hatte und er als Botschafter der Islamischen Republik nach Frankreich entsandt worden war, nicht mehr gesehen hatte. Ich gab Anweisung, ihn sofort in mein Büro zu bringen.

Muhamed schien verängstigt und angespannt. Nach seinem Gesichtsausdruck zu urteilen, überbrachte er keine guten Neuigkeiten. Ohne ein überflüssiges Wort zu verschwenden, kam er gleich auf den Grund seines unerwarteten Besuches zu sprechen: „Erinnern Sie sich, dass ich Ihnen im Namen der Geheimdienste einige Informationsblätter übergeben und Sie gebeten hatte, diese nicht weiterzugeben?" Ich nickte und versuchte, zu verstehen, worauf er hinauswollte. Muhamed fuhr fort: „Sie haben einen großen Fehler gemacht, als Sie das Pamphlet jemandem gezeigt haben, wer auch immer das gewesen sein mag. Dieser Jemand hat eins und eins zusammengezählt und gefolgert, dass ich es war, der Ihnen die Papiere gegeben hat."

Ich verstand immer noch nicht, was Muhamed wollte. „Das ist lange her", sagte ich. Muhamed lächelte bitter: „Ja, seitdem ist viel Zeit vergangen. Ich bin niemals in Frankreich angekommen, sondern landete stattdessen im Gefängnis."

Völlig verblüfft drückte ich mein Bedauern aus. Muhamed wies es von der Hand und sagte: „Was geschehen ist, lässt sich nicht rückgängig machen. Sie sollten sich bewusst sein, dass Ihre Situation noch schlimmer ist, als Sie denken."

„Was meinen Sie?", fragte ich.

„Rovevah Aminyan", sagte Muhamed. „Erinnern Sie sich? Als ein guter Freund ist es meine Pflicht, Sie zu warnen, dass Sie bereits mit einem Bein im Grab stehen."

Um seine Worte zu veranschaulichen, spuckte er auf den Boden und sagte: „Sie müssen den Iran verlassen, bevor diese Spucke trocknet. Es tut mir leid, dass die Funktionäre der höheren Rängen nicht verstehen, wie wertvoll Sie für dieses Land sind."

Ich versuchte, mehr Informationen aus ihm herauszubekommen, um mir darüber klar zu werden, wie ich so viele Menschen hatte provozieren können. Aber Muhamed sagte abschließend: „Verlassen Sie dieses Land so schnell wie möglich. Sie müssen davon ausgehen, dass Sie auch außerhalb des Irans verfolgt werden, aber so haben Sie wenigstens eine Chance, Ihre Haut zu retten." Er schüttelte meine Hand und wir gingen in Frieden auseinander. Aber ich blieb verwirrt und besorgt zurück.

Während ich noch am Scheideweg stand und mich fragte, was ich tun sollte, wurde ich darüber informiert, dass mein Freund, der revolutionäre Kommunist Dr. Ali Noinni, im Libanon umgebracht worden war. Nun hatte ich keine weiteren Zweifel mehr. Ich sah ein, dass, wenn ich überleben wollte, fliehen musste, bevor die Messerspitze auf mich zeigte.

Ich musste mich also aus der Gefahr herauswinden, je schneller, desto besser, und hoffte, dass noch kein Ausreiseverbot verhängt worden war. Da in ein paar Tagen ein Geschäftstreffen mit den Vertretern einer indischen Ölgesellschaft arrangiert worden war, bestellte ich ein Flugticket nach Bombay, wissend, dass ich damit einen berechtigten Grund hatte, den Iran zu verlassen. Gleichzeitig überredete ich Angela, mir zwei Wochen später nach Bombay zu folgen. Dann würden wir zusammen nach Australien gehen.

Am 18. Dezember checkte ich am Flughafen in Teheran ein, in der Hand einen Samsonite-Koffer und eine Reisemappe. Als ich ohne Verzögerung die Passkontrolle durchlaufen hatte, fühlte ich mein Herz flattern. Etwas später, als die Räder von der Startbahn abhoben, entfuhr mir ein Seufzer der Erleichterung, der allerdings von einem Stich ins Herz begleitet wurde. Ich wusste, ich hatte mich für immer von meiner Heimat verabschiedet und würde nun bis an mein Lebensende ein Verbannter bleiben.

Teil 4

Der Kreis schließt sich im Heiligen Land

290 | Daniel Dana

SPRUNG – AUS DEM LAND DES KÄNGURUHS INS HEILIGE LAND

Ich blieb zwei Wochen in Indien und verhandelte mit der Ölfirma. Am zehnten Tag meines Aufenthaltes traf Angela, wie vereinbart, in Indien ein. Schon wenige Tage später flogen wir nach Australien. Am 4. Januar 1990 landeten wir auf dem Fünften Kontinent. Angelas Kinder holten uns in Melbourne vom Flughafen ab.

In Australien begann ein neues Kapitel unseres Lebens – ein neues Land, eine andere Mentalität, eine neue Sprache und eine schlechte wirtschaftliche Situation. Wegen meiner plötzlichen Flucht aus dem Iran hatte ich nur einen kleinen Teil meiner Ersparnisse aus dem Land schmuggeln können. Angela und ich kamen überein, uns als Ehemann und Ehefrau vorzustellen, ohne die Ehe auf Zeit zu erwähnen. Auch den Antrag auf politisches Asyl stellten wir als Ehepaar.

Die Art, wie ich gezwungen worden war, aus dem Iran zu fliehen, hatte ein Gefühl der Frustration bei mir hinterlassen. Daher beschloss ich, obwohl es gefährlich war, die Botschaft der Islamischen Republik zu kontaktieren und meine erzwungene Flucht zu erklären. Also reiste ich nach Canberra und bat um ein Gespräch mit dem Botschafter. Man erlaubte mir jedoch nur, mit dessen Berater, Herrn Alam Alhoudah, zu sprechen. Die Unterredung dauerte einige Stunden. Alhoudah reagierte traurig und überrascht auf meine Geschichte. Ich fragte ihn, warum die Republik sich nicht um meinen Fall kümmere und ich gezwungen worden sei, aus dem Land zu fliehen. Ich bäte ihn nun um Rat, wie ich angesichts der Umstände handeln solle. Er versprach mir, mit den Verantwortlichen zu sprechen und mich dann wieder zu kontaktieren. Ich versicherte Herrn Alhoudah, nichts Ungesetzliches getan zu haben und erkundigte mich danach, ob ich hier in Australien einen Antrag auf Aufnahme als politischer Flüchtling stellen könne, nachdem ich diesen Status bereits in Frankreich in Anspruch genommen hatte. Mehrere Wochen später musste ich einsehen, dass ich keine andere Reaktion von der iranischen Botschaft erhalten würde als – dauerhaftes Schweigen! Ich verstand die Botschaft und stellte den Antrag, in Australien als politischer Flüchtling anerkannt zu werden – auf gut Glück.

Damit begann der Papier-Krieg; statt mit Waffen kämpfte ich mit verschiedensten Formularen und Briefen. Es vergingen dreieinhalb Jahre, bis Angela und ich die Anerkennung als politische Flüchtlinge erhielten. Dank dieses Status bezogen wir von der australischen Regierung eine kleine finanzielle Unterstützung in Höhe von mehreren Hundert Dollar monatlich.

Aus politischer Sicht galt ich als „verbrannt". Die iranischen Auswanderer weigerten sich, mich zu akzeptieren und sahen mich als Verräter, der mit dem islamischen Regime zusammengearbeitet hatte. Mir war klar, dass es sinnlos war, ihnen die Gründe für mein Verhalten darzulegen.

Studien und Bekanntschaft mit dem Christentum

Als ich begann, mich damit abzufinden, dass Australien der Ort war, an dem ich den Rest meines Lebens verbringen würde, stellte ich einen Antrag, an der Universität Melbourne studieren zu dürfen. Gleichzeitig meldete ich bei der australischen Juristenvereinigung mein Interesse an, ein Referendariat zu absolvieren, um später eine Anwaltslizenz beantragen zu können. Nach einigen Unterredungen und der Überprüfung meiner Unterlagen, die meine akademischen Leistungen bestätigten, wurde ich angewiesen, elf Kurse an der Universität Melbourne zu belegen, deren Gesamtkosten sich auf 18.000 Dollar belaufen würden. Da ich diese Summe nicht aufbringen konnte, kontaktierte ich die Anwaltskammer und die Behörde für politische Flüchtlinge, um eine Lösung zu finden, die es mir ermöglichen würde, erst zu studieren und die Gebühren später zu bezahlen. Zu meinem großen Bedauern fand sich jedoch keine konstruktive Lösung für meine Notlage, obwohl ich mich intensiv darum bemühte.

Eines Tages traf ich an der Universität Melbourne einen jungen Mann namens Bruce Thompson. Er fragte mich nach meiner Situation und lud mich zu einer Tasse Kaffee ein. Während unseres Gesprächs bot Bruce mir seine Hilfe an. Er lenkte das Gespräch auf religiöse und spirituelle Themen und betonte begeistert, Jesus würde uns alle retten. Diese Worte erschienen mir wie ein Mysterium, da ich nicht den Hauch einer Ahnung vom Christentum hatte und außerdem Atheist war. Trotzdem beschloss ich, mich in Zurückhaltung und Geduld zu üben, hörte ihm aufmerksam zu und versuchte, so viel wie möglich zu verstehen. Schließlich überreichte mir Bruce seine Visitenkarte und forderte mich auf, ihn anzurufen, wenn es nötig sei.

Bruces Verhalten gefiel mir. Ich entschloss mich, zu überprüfen, was hinter den Dingen steckte, die er mir erzählt hatte. Ich war neugierig und hatte das Gefühl, dass Bruce eine positive Ideologie repräsentierte, die mir nicht schaden, sondern im Gegenteil, nur helfen konnte.

Ein paar Tage später machte ich eine aufrüttelnde Erfahrung, die als Halluzination verstanden werden könnte, aus meiner Sicht jedoch vollkommen realistisch erschien: Ich träumte, ich stünde auf einem Felsen und hielte eine Rede vor vielen Menschen. Nicht weit von mir entfernt sah ich einen anderen Mann, der dasselbe tat. Voller Neugier trat ich an den Mann heran und fragte ihn, wer er sei. Er antwortete, er sei Jesus. Er bedachte mich mit einem weichen, liebevollen Blick und plötzlich fühlte ich, dass ich hemmungslos von ihm angezogen wurde. Ich hatte das Gefühl, er sauge mich völlig in sich hinein, um mich in seine Existenz aufzunehmen. Als ich aus dem Traum erwachte, war ich nervös und aufgeregt. Niemals zuvor hatte ich etwas Ähnliches geträumt, und obwohl ich ein eingeschworener Atheist war, konnte ich diesen Traum irgendwie nicht von der Hand weisen. Ich hatte keine logische Erklärung dafür, aber mich beschlich das Gefühl, dass der Traum eine Botschaft für mich enthielt.

Ich beschloss, das religiöse Zentrum aufzusuchen, in dem Bruce Thomson aktiv war. Ich wollte mir einen Eindruck verschaffen und versuchen, eine Erklärung für meinen Traum zu erhalten.

Als ich im Zentrum eintraf, das sich in einer Oberschule befand, hörte ich singende Stimmen, begleitet von melodischer Musik. Ein junger Mann kam auf mich zu und fragte, wie er mir helfen könne. Er stellte sich selbst als Giovanni Umberto Boylagoy vor und begrüßte mich. Er erklärte, seine Gemeinschaft gehöre zur Melbourner Bekenntniskirche Christi. Im Gegensatz zu anderen christlichen Sekten hatten diese keinen Klerus, sondern legten die Führung in die Hände ihrer Ältesten, die über viel Lebenserfahrung verfügten. Ihre Haltung basierte auf Aufrichtigkeit, Ehrlichkeit und Offenheit, sowohl untereinander als auch gegenüber ihrer Umwelt. Sie tranken keinen Alkohol und rauchten nicht, taten nichts Falsches und handelten mit Aufrichtigkeit. Ich war entzückt, die Atmosphäre positiver Reinheit zu spüren, und verstand, dass ich weise gehandelt hatte, indem ich hierhergekommen war.

Kurz darauf traf ich Bruce Thompson. Er begrüßte mich mit den Worten: „Ich habe Ihnen gesagt, dass Jesus Sie führen würde, und er hat Sie hierher gebracht!" Ich lächelte und erzählte ihm von meinem Traum. Bruce hörte aufmerksam zu und seine Augen leuchteten. Begeistert meinte er, das Erlebnis sei ein

Wunder und ein Zeichen des Himmels, das mich auf den Weg des wahren Glaubens führe. Meine Beziehung zu den Mitgliedern der Gemeinde wurde von Tag zu Tag enger. Ich fand dort besondere, reine Menschen. Ich hatte nicht geglaubt, dass es in einer Welt voller Korruption und Lügen noch solche Menschen gab. Ich kam ihnen näher und lernte viel von ihnen kennen. Sie pflegten Bibellesungen abzuhalten, in die auch das Neue Testament einbezogen wurde. Als sie meine Unkenntnis in Bezug auf das Christentum erkannten, widmeten sie mir viel Zeit, um mir geduldig und tolerant das Wissen der christlichen Theologie näherzubringen.

Angela war erstaunt über mein verändertes Aussehen. Sie wollte nicht glauben, dass ich, ein erklärter Atheist, anfing, an die Kirche zu glauben. Einmal lud ich sie ein, jene Leute kennenzulernen und Bekanntschaft mit ihrer Lebensweise zu machen. Angela zögerte, begleitete mich dann aber bereitwillig, um zu verstehen, was mich so entzückte und mich dem Christentum nähern ließ. Doch nachdem sie einmal mitgekommen war, erklärte sie, sie habe kein weiteres Interesse und fügte hinzu, ihr früherer Mann sei Christ gewesen, was der Grund für ihre häufigen Streitereien gewesen sei. Sie zöge es vor, Muslimin zu bleiben.

Ich respektierte Angelas Wünsche, aber im Gegensatz zu ihr vertiefte ich meine Kontakte zu den Mitgliedern dieser besonderen Gemeinde. Ich verspürte auch den Wunsch, die Bibel auf Persisch zu lesen, weil es viele Ausdrücke gab, die ich auch mithilfe eines Wörterbuches nicht verstand. Ich sehnte mich sehr danach, die verborgene Bedeutung der Bibeltexte, die Integration der Bibel in den theologischen Zusammenhang und ihre Rolle im Christentum zu verstehen.

Kurze Zeit später erwartete mich eine Überraschung von Angela. Als sie sah, wie tief ich in die christliche Theologie eintauchte, beschloss sie, Pfarrer Razmara von der anglikanischen Kirche zu uns nach Hause einzuladen. Er war überrascht, zu hören, dass ich begonnen hatte, mich für das Christentum zu interessieren, und dass ich mir wünschte, die Bibel auf Persisch zu lesen. Er lud mich in seine Kirche ein, stellte mich den Mitgliedern der Gemeinde vor und ermutigte mich, mit ihnen über meinen Traum und meine Beziehung zu den Menschen in der Kirche zu sprechen. Seit einigen Monaten war ich Mitglied beider Kirchen und investierte dafür mehr als achtzig Prozent meiner Zeit. Ich ging nicht mehr zu meinem Studium an der Universität und vernachlässigte meine Arbeit als Anwalt. All diese Dinge wurden als unwichtig beiseitegeschoben, da ich mich nur noch für Theologie interessierte.

Ein paar Monate, nachdem ich begonnen hatte, mein ganzes Selbst – wie es meine Gewohnheit war – mit großer Leidenschaft in das Studium der Theologie zu vertiefen, bat mich Pfarrer Razmara zu einem Gespräch. Er achtete auf Kennzeichen meiner Ernsthaftigkeit und riet mir, mich auf die christliche Theologie zu konzentrieren und einen Kurs an der

Universität Melbourne zu belegen. Danach wäre ich ein
Pfarramtskandidat für die anglikanische Kirche und fähig,
Menschen in der iranischen Gemeinde zu unterstützen.
Er sagte: „Gott will, dass du den Menschen in Australien
hilfst." Zwei Jahre lang studierte ich am Ridley-College
und besuchte gleichzeitig beide Kirchen, worüber
meine Freunde in Bruces Kirche nicht sehr glücklich
waren. Sie zeigten mir sogar deutlich ihr Missfallen
über meine Wahl. Ihre Reaktion weckte meine Wut, weil
ich nicht bereit war, eine Bevormundung dieser Art zu
akzeptieren. Daher schlief unser Kontakt allmählich ein
und schließlich trat ich der anglikanischen Kirche bei.

Konfrontationen mit religiösem Hintergrund

Während der ersten Monate am T.A.E.F.-College lernte
ich Englisch und den Umgang mit Computern. Unter
den Studenten verschiedenster Nationalität befanden
sich auch Palästinenser aus Jordanien, bärtig und die
traditionelle Galabiyah tragend. Die Dozentin, eine junge
Frau, fragte diese, wie sie ihre eigene Integration in einen
Vielvölkerstaat wie Australien sähen. Die Palästinenser
antworteten, der Islam sei eine liberale Religion und
ermögliche ihnen eine einfache Integration in jede
Art von Gesellschaft. Dabei sangen sie übertriebene
Lobreden auf den Islam. Aber als die Lehrerin begann,
ihnen spezifische Fragen zu stellen, bemerkte ich, dass
die Palästinenser die Tatsachen verfälschten. Unter
anderem wurden sie gefragt, warum ein muslimischer
Mann vier Frauen heiraten darf. Sie antworteten,

dieser Sachverhalt werde nicht im Koran behandelt, gehöre aber zu einem traditionellen Brauch. Ich wurde sehr wütend und konnte mich nicht beherrschen. Ich unterbrach den Vortrag und informierte die Lehrerin, dieses Thema werde auf jeden Fall im Koran erwähnt. Ich machte mir sogar die Mühe, die Sure zu zitieren und nannte auch ihre spezielle Nummer. Diese Äußerung verursachte einen Sturm der Entrüstung und hetzte die Palästinenser gegen mich auf, denn sie bestanden auf ihrer Behauptung. Obwohl ich mich daraufhin als muslimischer Anwalt zu erkennen gab, weigerten sie sich, mir zu glauben und die Tatsache zu akzeptieren, dass ich das islamische Recht sehr viel besser kannte als sie. Ich sagte, dass ich in der nächsten Vorlesung den Koran mitbringen und ihnen beweisen würde, dass ich im Recht sei. Die Palästinenser schäumten vor Wut. Sie beleidigten mich und nannten mich „Monapek", ein islamischer Ausdruck für eine Person, die den Islam zerschlagen will. Der Streit entwickelte sich weiter und wurde sehr stürmisch. Die Lehrerin hatte unsere Diskussion nicht verstanden, weil Teile davon auf Arabisch geführt worden waren, und fragte: „Worüber sprechen Sie?" Ich erklärte ihr, die Palästinenser hätten Unrecht und ich würde zur nächsten Stunde den Koran mitbringen, um meine Aussage zu beweisen. Die Palästinenser fluchten und beschimpften mich. Schließlich kam es zu einer körperlichen Auseinandersetzung, während der ich einem der Palästinenser einen Schlag versetzte. Sie schrien und drohten mir, mich umzubringen. Nachdem sie die Klasse verlassen hatten, erklärte ich der Lehrerin und den zurückgebliebenen Schülern, sie hätten nun das wahre Gesicht der Muslime gesehen.

In der iranischen Gemeinde fanden viele gesellschaftliche Veranstaltungen statt. Das bot mir den geeigneten Rahmen, um Kritik am Islam und insbesondere der schiitischen Richtung zum Ausdruck zu bringen, was große Unzufriedenheit bei vielen meiner Zuhörer verursachte. Sie kritisierten mich tiefgreifend und behaupteten, indem ich meinen Glauben geändert habe und Christ geworden sei, hätte ich mich gegen den Islam gestellt. Aber einige verstanden, dass ich nicht das Christentum verteidigte, sondern den Iran, mein Heimatland, das durch die Macht des Schwertes islamisiert worden war.

Diese Meinungsäußerung in der iranischen Gemeinde in Australien bescherte mir einen schlechten Ruf, der sich noch verschlechterte, nachdem ich das Buch „Die islamische Invasion" von Dr. Robert Murray von der Universität Princeton ins Persische übersetzt hatte. Den Iranern, die die Islamische Republik unterstützten, war ich ein Dorn im Auge. Aber auch die Opposition sah in mir einen Verräter und eine unzuverlässige Person, dank der Tatsache, dass ich einmal in den Iran zurückgekehrt war.

Im Missionarskurs arbeiteten mehrere Studenten an einem Projekt, für das sie den Imam der Großen Moschee von Melbourne interviewen mussten. Sie baten mich, als früheren Muslim, mit ihnen zusammenzuarbeiten, und ich willigte ein. Sie kontaktierten den Imam und legte ein Datum für das Treffen fest. Zum Zweck des

Interviews brachten wir Kameras und Aufnahmegeräte mit und betraten die Moschee. Unter den Menschen, die uns willkommen hießen, befand sich auch der Scheich der palästinensischen Gruppe, die mit mir vor zwei Jahren am T.A.E.F.-College Englisch studiert und über den Inhalt des Koran gestritten hatte. Nun war der Scheich schockiert, mich in der Moschee zu sehen. Er brüllte: „Ungläubige! Ungläubige!", und verschwand. Die Studenten, die in meiner Nähe standen, reagierten ebenso erstaunt wie diejenigen, die beteten. Ein paar Minuten später traten ein paar andere Leute an uns heran, entschuldigen sich und sagten, der Imam habe das Treffen abgesagt. Die Studenten fragten ihn nach dem Grund und wiesen darauf hin, dass das Interview im Voraus verabredet worden sei. Weil ich fürchtete, mir würde Gewalt angetan, bat ich die Studenten, die Polizei zu rufen. Sie verstanden meine Gründe nicht, aber ich bestand ausdrücklich auf meiner Bitte. Tatsächlich traf kurze Zeit später die Polizei ein, wodurch wahrscheinlich ein gewaltsamer Konflikt verhindert wurde. Nun war ich gezwungen, den Studenten zu erklären, warum das Interview abgesagt worden war. Daraufhin wollten sie wissen, warum ich ihnen nichts von meiner Vergangenheit gesagt habe. Ich erklärte ihnen, ich habe mir nicht vorstellen können, dieselben Fanatiker nach so langer Zeit hier in der Moschee zu treffen.

Im Laufe der Zeit war mein Ruf in der christlichen Gemeinde ebenfalls betroffen. Ich galt als zänkische und streitsüchtige Person, die Konflikte und Streit verursachte und nicht wirklich versuchte, Frieden zu schaffen. Meine Versuche, die Motivationen zu erklären, die mich zu meiner Verhaltensweise getrieben hatten, führten zu nichts. Mit gehörigem Understatement könnte ich es auch so beschreiben, dass ich mir kein entsprechendes Gehör verschaffen konnte, geschweige denn, dass mir der Grad christlicher Toleranz entgegengebracht wurde, den ich erwartet hatte. Meine Kritiker warfen mir vor, ich sei nicht aus tiefem und aufrichtigem Glauben an die Wahrheit des Christentums und der Erkenntnis des einzig wahren Glaubens zum Christentum konvertiert, sondern aus Feindschaft zum Islam. Sie behaupteten außerdem, ich nutze mein Dasein als Christ auf zynische Art, um persönlichen und politischen Gewinn daraus zu schlagen.

Die Verse des Satans" von Salman Rushdie„

Im Rahmen des Theologiekurses befragte ich verschiedene Gruppen von Muslimen, Christen und Politikern der australischen Opposition. Ich arrangierte Film-Interviews und schlug eine Vergleichsstudie zwischen schiitischem Islam, Christentum und der Zukunft des Irans vor: Wie sehen Iraner und Exiliraner den schiitischen Islam? Denken sie, dass es notwendig ist, eine Reform zu fordern?

Ich beschränkte mich jedoch nicht nur auf den theologischen Kurs, sondern nahm auch an einem Jurakurs an der Universität Melbourne teil, um meinen Masterabschlusses in Jura zu erlangen. Zusätzlich schrieb ich im Rahmen eines Kurses über internationales Recht und politische Wissenschaft an der Universität Sydney eine wissenschaftliche Arbeit über die Geschichte des Öls im Iran. Der Dozent des Kurses war Herr Jose Ramos Horteh, mit dem mich bald eine enge Freundschaft verband. Später wurde Horteh zum Präsidenten von Ost-Timor ernannt.

In jener Zeit, 1993, machte die Islamische Republik Schlagzeilen auf der ganzen Welt, auch dieses Mal in negativem Kontext. Wie konnte es auch anders sein? Die Islamische Republik hatte es geschafft, in den Medien einen Sturm zu entfachen, als Humaini ein Todesurteil über den Autor Salman Rushdie aussprach, der das Buch „Die Verse des Satans" geschrieben hatte. Ich dachte, für mich sei es nun an der Zeit, das Buch ins Persische zu übersetzen, weil viele Iraner es lesen wollten, um herauszufinden, warum Humaini so empört war und sich die Mühe machte, ein Todesurteil über den Autor zu verhängen.

Eines Tages nahm der australische Geheimdienst Kontakt mit mir auf. Der Agent stellte sich mir als „Herr Cook" vor. Er sagte, er wäre froh, wenn wir uns treffen könnten. Als ich dann zu dem Treffen erschien, war ich nicht überrascht, zwei weitere Geheimdienstagenten in seiner Begleitung zu sehen. Das Gespräch wurde hauptsächlich von Herrn Cook geführt, aber von Zeit zu Zeit schalteten sich seine Freunde ein und stellten mir zusätzliche Fragen. Eine dieser Fragen lautete, ob ich damit beschäftigt sei, „Die Verse des Satans" ins Persische zu übersetzen. Ich bejahte dies. Herr Cook bemerkte daraufhin: „Wir haben hunderttausend Muslime in unserem Land und zusätzlich einige Hundert Millionen Muslime in den Nachbarländern. Sie müssen verstehen, dass ihr Vorhaben dazu führen kann, interreligiöse Probleme zu verursachen und ein unnötiges Feuer zu entzünden." Sie drängten mich, die missionarische Aktivität in den Moscheen nicht zu fördern, den Islam nicht öffentlich zu kritisieren und schließlich auch damit aufzuhören, das Buch zu übersetzen, da bereits viele von denen, die es gewagt hatten, es in verschiedene Sprachen zu übersetzen, von Muslimen getötet oder angegriffen worden seien. Ich versprach ihnen, ihrem Ratschlag zu folgen, weil ich ein politischer Flüchtling sei und dem Gesetz gehorchen müsse. Aber ich betonte auch, in einem demokratischen Land wie Australien würde ich die Tatsache nicht akzeptieren, dass es mir verboten sei, ein Buch, das bereits veröffentlicht worden war, zu übersetzen.

In der Zwischenzeit setzte ich meine Versuche fort, eine meiner Ausbildung angemessene Arbeit zu finden. Obwohl ich eine ausführliche Korrespondenz mit vielen akademischen Institutionen führte, bekam ich keine positive Antwort. Im Laufe der Zeit erkannte ich, dass meine religiöse Aktivität gegen den Islam die akademischen Institutionen abschreckte, weil sie fürchteten, eine Person anzustellen, deren Aktivitäten geeignet war, die Spannung zwischen den verschiedenen Bevölkerungsgruppen zu steigern und das Feuer zu schüren.

Zwei Monate später wurde ich zu einem weiteren Treffen mit den Geheimdienstagenten gerufen, die sich bei mir erkundigten, ob ich mit der Übersetzung des Buches fortfahre. Als ich dies bejahte, konzentrierten sie sich auf meinen religiösen Hintergrund und meine Kenntnisse in muslimischer Theologie. Ich gab ihnen einen kurzen Überblick über meinen Hintergrund, beginnend bei einem Jungen, der eine tiefgreifende schiitische Ausbildung erhalten hatte, und endend bei dem Erwachsenen am Wendepunkt, der ihn zum aktiven Gegner des islamischen Glaubensbekenntnisses machte.

Die Geheimdienstler rieten mir, nach Tasmanien zu gehen, einer Insel, die südlich des australischen Kontinents und weit entfernt von größeren Städten liegt. Sie empfahlen mir, mein Jurastudium dort fortzusetzen. „Sie dürfen dort auch als Anwalt praktizieren, aber Sie dürfen die Übersetzung der satanischen Verse nicht zu Ende führen." Ich akzeptierte die Bedingungen und stoppte die Übersetzung.

Angela, meine Frau, war nicht begeistert – und das ist noch untertrieben – von meiner religiösen Aktivität als Christ, geschweige denn von meiner Opposition gegen die Muslime. Das „Exil", zu dem wir verurteilt worden waren, amüsierte sie jedoch. Wir reisten nach Tasmanien, wo ich meine Studien für einen zweiten Abschluss in Theologie an der Pazifik-Universität fortsetzte. Zusätzlich studierte ich Internationales Recht an der Universität Hobart . Ich führte ein ruhiges

Leben und stand in engem Kontakt zur christlichen Kirche. Außerdem knüpfte ich enge Verbindungen zur Bahai-Gemeinde.

Während meines Studiums an der Universität Hobart in Tasmanien, besuchte der Landwirtschaftsminister der Islamischen Republik, Issa Kalantari, Australien, da er einen Kaufvertrag über Schafe im Wert von 500 Millionen Dollar unterzeichnen wollte. Dank meines tiefgreifenden Wissens über das islamische Regime ging ich davon aus, dass das Geschäft zwischen der australischen Regierung und der Islamischen Republik der islamischen Verwaltung auch dazu diente, die Art der politischen Aktivität der iranischen Flüchtlinge in Australien einzuschätzen. In den Jahren 1993 und 1994 befanden sich etwa zweiundzwanzigtausend Iraner in Australien und nur wenige waren gegen das islamische Regime im Iran politisch aktiv. Vom politischen Standpunkt aus betrachtet war Australien ein gemäßigtes Land und der Großteil seiner Bevölkerung führte ein ruhiges und heiteres Leben.

Ich wusste, dass ich aufgrund meiner politischen Tätigkeit auf der Schwarzen Liste des islamischen Regimes an erster Stelle stand. Die australische Regierung wusste von meiner Vergangenheit, weil ich einen Antrag auf politisches Asyl eingereicht hatte. Mir war bewusst, dass man sich bemühen würde, Druck auf die lokalen Behörden auszuüben, mich abzuschieben oder zumindest meine Aktivitäten einzuschränken. Aber die Zeit verging und ich sah keinen Versuch, mein Leben zu behindern. Das gab mir ein relatives Vertrauen und verschaffte mir die Entspannung, nach der ich mich so sehr gesehnt hatte.

Nach elf Monaten in Tasmanien, fern von allen politischen Spannungen, erhielt ich von der Universität ein Angebot für ein Stipendium. Acht Wochen lang sollte ich an der Hebräischen Universität in Jerusalem für das Fach Internationales Recht Forschungen betreiben. Das Thema der Untersuchung war ein Vergleich zwischen dem westlichen Rechtssystem, das auch in Australien angewendet wurde, und dem des schiitischen Islams. Nach einem Verfahren, das sich über einige Zeit hinzog, erhielt ich einen Ausweis von der australischen Regierung, ein Studentenvisum von der israelischen Botschaft und eine Einladung von der Hebräischen Universität.

Am 20. November 1994 nahm ich Abschied von Angela und flog zum ersten Mal in meinem Leben nach Israel. Ich war kein bisschen vertraut mit Israel, und um ganz ehrlich zu sein, sah ich es als Etappe auf dem Weg in die Vereinigten Staaten, um meine dort lebenden Familienmitglieder zu besuchen. Als ich in Jerusalem ankam, hatte ich eine Empfehlung der Kirche in Tasmanien für das Ordinariat St. George der anglikanische Kirche in Jerusalem in meinem Besitz.

Jerusalem - Die Hauptstadt der Hauptstädte

Am 24. November 1994 traf ich in Israel ein. Ein paar Stunden später war ich bereits auf dem Weg zur anglikanischen Kirche in Jerusalem. Ich erhielt eine Unterkunftsmöglichkeit im St. George Hostel und führte ein Forschungsprojekt an der Hebräischen Universität in Jerusalem und an der Universität Tel Aviv , das acht Wochen dauerte. Nach Beendigung meiner Aufgabe wandte ich mich an die französische und amerikanische Botschaft und beantragte ein Visum, wurde aber mit der Begründung abgewiesen, mein Pass erfülle nicht die Bedingungen, da er nicht mehr länger als sechs Monate gültig war. So war ich gezwungen, die australische Botschaft zu bitten, die Gültigkeit meines Passes zu verlängern. In der Botschaft bat man mich jedoch, nach Ablauf einer Frist von einer Woche erneut eine Anfrage zu stellen . Danach wurde ich immer wieder abgewiesen. Dasselbe Verhaltensmuster wiederholte sich unverändert über mehrere Wochen hinweg. Nach fünf Wochen fragte ich nach dem Grund der Verzögerung. Ich erklärte, ich hätte kein Geld mehr und könne nicht länger in Israel bleiben. Als Iraner und ehemaliger Muslim, der zum Christentum konvertiert und zum Priester geweiht worden war, befand ich mich in einer problematischen Situation. In Anbetracht meiner Vergangenheit würden die israelischen Behörden misstrauisch reagieren und mich abschieben, weil ich ein Sicherheitsrisiko für sie darstellte. Es vergingen einige Wochen, bis ich einen Brief von der australischen Botschaft in Israel erhielt. Zu meinem Erstaunen enthielt er eine Mitteilung, die mich tief erschütterte. In dem Brief hieß es, ich sei eine Gefahr für die nationale Sicherheit Australiens. Ich war rasend vor Wut. Der Brief stellte eine kaltschnäuzige Verletzung australischen Rechts dar. Auf der Grundlage meiner Kenntnisse als Anwalt, der sich auf internationale Gesetze spezialisiert hatte, wusste ich sehr wohl, dass eine Sanktion von der Exekutive erst nach einem Gerichtsverfahren verhängt werden durfte, in dem der Antragssteller verurteilt werden musste– in diesem Fall: ich. Ich schickte einen wütenden Brief an den Chef der Einwanderungsbehörde der australischen Botschaft in Athen, in dem ich die Rechtskräftigkeit des Briefes anfocht und darum bat, mir zu helfen. Die Antwort lautete, die Einwanderungsbehörde halte sich an die australischen Richtlinien. Er fügte hinzu, die Geheimdienste in Australien weigerten sich, meine Einreise nach Australien zu genehmigen.

Verzweifelt und verbittert verließ ich die australische Botschaft in Tel Aviv. Ich wusste nicht, was ich tun sollte. Jetzt war ich ein Flüchtling in einem fremden Land, ohne Dokumente, die mir einen gewissen Schutz hätten bieten können, und vollkommen abhängig von der Kulanz der israelischen Behörden, ganz zu schweigen von der Tatsache, dass ich niemanden kannte, der mir helfen und mich unterstützen konnte. Inzwischen erhöhten sich meine Schulden beim St. George Hostel und mir fehlten die Mittel, sie zu bezahlen. Da ich keine Alternative hatte, kontaktierte ich meine

Schwester in Deutschland und bat sie, mir etwas Geld für meine Grundbedürfnisse zu schicken. Damit konnte ich zumindest die Rechnung des Hostels bezahlen, musste dann aber zur Bestreitung meines täglichen Unterhaltes meinen Bruder in den Vereinigten Staaten um finanzielle Hilfe bitten.

Ich muss zugeben, dass ich Angst hatte und mich hilflos fühlte. Ich fürchtete mich davor, mich an die israelischen Behörden zu wenden, weil ich nicht wusste, wie sie auf meinen Fall reagieren würden. Ich beschloss, zu den Büros der Vereinten Nationen in der Nähe des Givat Ram Campus zu gehen und ihnen von meiner Situation zu erzählen. Ich fragte sie, was ich nun tun solle. Die australische Botschaft habe mich als politischen Flüchtling abgelehnt und nun sei ich ein Weltenbürger.

Die Beamten des UN-Büros wussten nicht genau, wie sie meinen Fall bewerten sollten und erklärten, es würde einige Zeit dauern, bis man klären könne, was zu tun sei. Zu meinem großen Glück traf ich dort zufällig Frau Zena Harman, deren Ehemann der Präsident der Hebräischen Universität und Israels UN-Botschafter war. Sie erkundigte sich nach meinen Problemen und hörte mit gespannter Aufmerksamkeit und Erregung die Geschichte, die ich vor ihr ausbreitete. Sie entschied sich zu versuchen, mir bestmöglich zu helfen, und schrieb über die israelische Botschaft mehrere Briefe an die australischen Behörden. Außerdem nahm sie Kontakt mit europäischen Ländern auf, die eventuell die Chance boten, mich als politischen Flüchtling aufzunehmen.

Ich kontaktierte meine Frau und erklärte ihr die Situation. Sie war nicht in der Lage, nach Israel zu kommen, aber meine Situation beunruhigte sie sehr. Mein Bruder und meine Schwestern versuchten nach Kräften, mir zu helfen, aber mehr als finanzielle Unterstützung konnten sie mir nicht geben.

Als auch meine Familienmitglieder mir kein Geld mehr zukommen lassen konnten, bat ich Frau Zena Harman um finanzielle Hilfe. In der Zwischenzeit nahm ich die Unterschiede zwischen Ost- und West-Jerusalem zur Kenntnis und fühlte mich nun im östlichen Teil der Stadt nicht mehr wohl. Also wandte mich wieder an Frau Harman und bat sie, mir dabei zu helfen, in den westlichen Teil der Stadt zu ziehen, damit ich dort leben und arbeiten könne.

Tatsächlich schien Frau Harman mein rettender Engel zu sein. Sie stellte mich der Internationalen Christlichen Botschaft vor und schließlich, nach mehreren Treffen und Telefonaten, bekam ich im März 1995 einen Termin bei Reverend Jan Willen Van Der Hoffen. Er und seine Frau waren mit dem niederländischen Königshaus verwandt und er selbst stand in Kontakt mit Benjamin Netanjahu. Ich traf Van der Hoffen in seinem Büro, das sich in der Internationalen Christlichen Botschaft befand. Er hörte sich meine Geschichte an und war sehr bewegt. Schließlich stand er auf, umarmte mich und vergoss sogar eine Träne. Nachdem er sich etwas beruhigt hatte, sagte er: „Gott hat Sie zu mir geschickt, weil ich seit Jahren nach einem ehemaligen Muslim gesucht habe, der mir bei meinen Forschungen helfen kann." Er gab mir den Schlüssel zu einem Apartment im Jerusalems Rechavia-Viertel und sagte: „Dies ist der Schlüssel zu Ihrem neuen Heim." Zusätzlich händigte er mir einen Scheck über 1.800 Dollar aus, die Bezahlung für die Arbeit, die ich für ihn erledigen sollte. „Sie müssen einen Vergleich zwischen der muslimischen und der christlichen Theologie durchführen", sagte der Pfarrer und lächelte zufrieden.

Also begann ich mit meiner Forschungsarbeit für die Internationale Christliche Botschaft. Nachdem ich mit dem Geistlichen über die Rechtmäßigkeit meines Status in Israel gesprochen hatte, stellte er mich schon einige Tage später persönlich Herrn Benjamin Netanjahu vor, der versprach, alles zu tun, um mir zu helfen. Damals kandidierte Netanjahu zum ersten Mal für den Posten des Premierministers Israels.

Ich versuchte, Kontakt zu den australischen Behörden aufzunehmen und reichte einen Antrag auf Schadensersatz in Höhe von einer Million australischer Dollar ein. Angela bemühte sich inzwischen, die Behörden von ihrem Unrecht zu überzeugen. Der australische Anwalt, der zustimmte, sich mit dem Fall zu befassen, forderte eine Gebühr von 25.000 Dollar, aber weder ich noch meine Familie verfügten über solche Summen. Und meine eigenen schriftlichen Versuche, den schicksalhaften Erlass anzufechten, schlugen fehl.

Im Laufe der Zeit vertiefte sich meine Verbindung

zu Israel. Ich fühlte mich wohl in diesem einzigartigen Land, trotz der Anfangsschwierigkeiten und der unterschiedlichen Mentalität. Obwohl ich mit meinem Studium und meiner Arbeit beschäftigt war, ließ mir „das australische Bakterium" keine Ruhe. Ich verspürte einen starken Groll, zum einen wegen der Schäden, die mir verursacht worden waren und zum anderen wegen der befremdlichen Haltung, mit der ich von den australischen Behörden behandelt wurde.

Während ich noch versuchte, mich in Israel einzuleben setzte ich mich weiterhin mit der australischen Regierung auseinander. Ich war entschlossen, sie zu überzeugen, dass sie in meinem Fall eine rechtswidrige Entscheidung getroffen hatten, und forderte eine Barabfindung für den mir entstandenen Schaden. Ich hielt eine lange und anstrengende Korrespondenz aufrecht, die am Ende jedoch nicht von Erfolg gekrönt war. Ich bedauerte es nicht, nicht in Australien leben zu können, aber das mir angetane Unrecht schmerzte.

Ein paar Monate waren vergangen, seit ich in Israel eingetroffen war. Da erhielt ich eines Tages von einem mir bekannten Journalisten, George Kateb, die Information, dass am 10. Juli 1995 der australische Außenminister im King David Hotel in Jerusalem erwartet werde. George riet mir, zu versuchen, in das Hotel zu gelangen, um vielleicht mit dem Außenminister über meinen persönlichen Fall sprechen zu können.

Diese unerwartete Gelegenheit begeisterte

mich. Schon früh am Morgen des besagten Tages ging ich zum King David Hotel und nach geraumer Zeit betraten tatsächlich der Außenminister und sein Gefolge die Lobby des Hotels. Sie waren zu einem Treffen mit Ehud Olmert, dem damaligen Bürgermeister von Jerusalem, gekommen. Es gelang mir, heimlich in den Konferenzraum zu schleichen, in dem die Begegnung stattfinden sollte. Bevor sie mit ihren Gesprächen beginnen konnten, wandte ich mich an den Außenminister und bat darum, ihm eine Frage stellen zu dürfen. Er dachte, ich gehöre zum Gefolge von Ehud Olmert, doch ich korrigierte seinen Eindruck. Mit ein paar Sätzen erklärte ich ihm mein Anliegen und warum ich ins Hotel gekommen sei. Der Außenminister war sehr überrascht. Er bat mich, all das niederzuschreiben, was seiner Aufmerksamkeit bedürfe, und versprach, sich mit der Angelegenheit zu befassen. Daraufhin zog ich einen schon vorbereiteten Brief aus meiner Tasche und händigte ihn ihm aus. Ich machte ihm klar, dass mein Problem keinen Aufschub erlaube und ich nicht in die Situation kommen wolle, gezwungen zu sein, die australische Regierung zu verklagen. Nachdem ich mein Gespräch mit ihm beendet hatte, verließ ich das Hotel. Ein paar Wochen später erhielt ich einen Brief des Ministers, in dem er schrieb, er werde meinen Fall auf seine Stimmigkeit prüfen, aber die weitere Bearbeitung an die Ausländerbehörde weiterleite.

Kontakte mit Ex-Iranern in Israel

Während ich mit der Studie für die Internationale Christliche Botschaft beschäftigt war, wollte ich in meiner Freizeit Kontakte zu ausgewanderten, in Israel lebenden Iranern knüpfen. Ich begann mit der Suche nach iranischen Juden und innerhalb kurzer Zeit stellte sich heraus, dass dies eine einfache Aufgabe war. Ich fand eine ehemals iranische Dame namens Nassir. Ich sprach mit ihr und erzählte ihr in Kürze meine Geschichte. Sie war begeistert und lud mich zum Abendessen mit ihrem Ehemann ein.

Am Abend ging ich also zum Haus der Familie Nassir. Dort erwartete mich eine angenehme Überraschung. Es waren noch weitere Iraner eingeladen, wie Dr. Rahmani und der inzwischen verstorbene Herr Homayoun und ihre Ehefrauen. Diese Leute wurden meine besten Freunde in Israel. Ich sprach viele Stunden lang über meinen persönlichen Hintergrund und die Gründe für meinen momentanen Aufenthalt in Israel. Ich verbarg nichts vor ihnen und erwähnte auch meine Ideen in Bezug auf die Untergrabung des islamischen Regimes im Iran. Die Anwesenden waren erstaunt über meine Geschichte. Sie rieten mir, Menashe Amir vom Radiosender Kol Yisrael („Stimme Israels") ein Interview zu geben, und wiesen darauf hin, wie wertvoll es für andere Iraner sein würde, wo auch immer sie sich gerade befänden, meine Geschichte zu hören.

Wenige Wochen später organisierte Menashe ein

langes, umfassendes Radiointerview, das sich auf meinen persönlichen und politischen Hintergrund bezog. Viele der ausgewanderten Iraner waren gerührt, als sie meine Lebensgeschichte und meine Meinung bezüglich des Irans hörten. Trotzdem fühlte ich immer noch, dass manche mir mit Misstrauen begegneten und nicht alles, was ich sagte, für bare Münze nahmen. Einige dachten, ich hätte mir viele Dinge aus den Fingern gesogen und bezweifelten meine Vertrauenswürdigkeit. Aber es gab auch viele iranische Juden, die mich vorbehaltlos unterstützten und mir beistanden, wie Yossi Sivan, den ich besonders erwähnen möchte.

Zu verschiedenen kulturellen Veranstaltungen wurde ich als Ehrengast eingeladen, so unter anderem zu einem Vortrag über Pardussi, Irans Nationaldichter, in der Einwanderersynagoge in Holon. Ich nahm an, dass die Zuhörer bereits einiges über den Dichter gelesen hatten und ich nicht viel hinzuzufügen hätte, deshalb verkürzte ich meine Rede auf nur zehn Minuten. Ich sprach über die Herkunft und den Patriotismus des Poeten, der vor allem in seinem klassischen Werk „Shah-Nameh" zum Ausdruck kam. Ich erklärte, auf welche Weise das Buch die Ehre und die nationale Identität des Irans repräsenterte. Dies war das erste Mal, dass ich eine Rede vor israelischem Publikum hielt. Ich verglich die Geschichte von David und Goliath mit der von Shah-Nameh, was große Aufregung unter den Zuschauern auslöste.

Ich knüpfte auch enge Verbindungen zu

kulturellen Organisationen innerhalb der Gemeinde der iranischen Auswanderer in Israel, wie die Bewegung für den Erhalt der persisch-jüdischen Kultur und die Nil-Achtar-Gruppe von Künstlern – „Blue Star".

Allmählich erarbeitete ich mir einen guten Ruf in der iranischen Gemeinschaft in Israel. Mit der Zeit erkannten sie meine Aufrichtigkeit und meine Fähigkeiten, sowohl im kulturellen als auch im politischen Bereich, den Iranern zu helfen.

Mehrmals traf ich Herrn Albert Azari, der dreißig Jahre lang Direktor des Radiosender Kol Yisrael war. Er war sehr beeindruckt von mir und meinte, ich solle seinen Bruder, Meir Azari, kennenlernen, den ersten israelischen Botschafter im Iran. Ihr Vater, Zion Azari, war der Gründer der „Hechalutz"-Bewegung im Iran. Bei einem Treffen mit den Brüdern Azari schlug Meir mir vor, Redakteur des von ihm gegründeten, monatlich erscheinenden New Eastern Star zu werden. Ich reagierte positiv auf diesen Vorschlag. Wir unterzeichneten einen Vertrag und ich bearbeitete die erste Ausgabe zu seiner Zufriedenheit. Später bat er mich, seine Autobiografie zu überarbeiten.

Bei unseren Treffen kam auch die Angelegenheit meiner Staatsbürgerschaft zur Sprache. Ich brauchte seine Unterstützung, um ein Bürger Israels zu werden, da ich so viele gute Bürgen wie möglich benötigte. Nach ein paar Jahren der Kooperation entschied ich mich jedoch, meine Arbeit als Redakteur zu beenden, da mit Meir Azari bezüglich finanzieller Angelegenheiten einige Konflikte entstanden waren.

Ich präsentierte Artikel, Filme und Dokumentationen über Iraner außerhalb und innerhalb des Irans. Außerdem schrieb ich Erzählungen und Theaterstücke und leitete eine Gruppe iranischer Künstler jüdischen Glaubens. Ich hatte Verbindungen zu den verschiedensten Zeitschriften, die ich mit der iranischen Gemeinschaft vertraut machte. Ich tat bereitwillig mein Bestes für die iranische Gemeinschaft in Israel, in der ich einen untrennbaren Bestandteil der iranischen Nation sah – und immer noch sehe.

Obwohl ich mich hauptsächlich auf kulturelle Aktivitäten konzentrierte, vernachlässigte ich die politischen nicht vollständig. Mir war wichtig, den Mitgliedern der iranischen Gemeinschaft ein Bewusstsein darüber zu vermitteln, was im islamischen Iran geschah. Ich erklärte ihnen, es sei wichtig für sie, eine aktive Rolle in der Kritik gegen die destruktive Herrschaft ihres ehemaligen Heimatlandes zu spielen, gegen das Regime, das viele von ihnen dazu gebracht hatte, den Iran zu verlassen. Diese Aktivität stärkte den guten Ruf, den ich in der Gemeinschaft genoss, weckte allerdings auch Neid, und man muss zugeben – ohne Namen zu nennen –, dass es nicht wenige Versuche gab, meinen Namen in den Dreck zu ziehen.

Die Mitglieder der iranischen Gemeinschaft waren reich und gebildet, dennoch herrschte ein völliger Mangel an Bewusstsein in Bezug auf alles, was mit der Bedeutung der Medien und deren meinungsbildenden

Funktion zusammenhing. Ich bemühte mich sehr, dass Ansehen der Gemeinschaft in Israel auf medialem Weg zu verbessern. Ich versuchte, ein Bewusstsein zu entwickeln für die Notwendigkeit, sowohl im Bereich der elektronischen Medien als auch journalistisch aktiv zu werden. Ich ermutigte dazu, mit weiteren Gemeinschaften auf der Welt kulturelle Kontakte zu knüpfen. Dies tat ich aus Liebe und dem Willen, etwas zur Verbesserung des Verständnisses beizutragen, aber manchmal stand ich vor Hindernissen, die mir von Führern der Gemeinschaft, die nicht von der Integrität meiner Ziele überzeugt waren, in den Weg gelegt worden waren.

Die Gemeinschaft der iranischen Auswanderer in Israel ist sehr außergewöhnlich. Man kann sie nicht mit iranischen Gemeinschaften in anderen Ländern vergleichen. Während letztere in den Gastgeberländern ihre nationale Identität erhalten und nicht kulturell assimiliert werden, ist die Gemeinschaft ausgewanderter Iraner in Israel in jegliche Hinsicht mit der nationalen Identität der israelischen Gesellschaft verschmolzen.

Zusammenfassend kann ich sagen, dass die guten Verbindungen, die ich mit der iranischen Gemeinschaft geknüpft hatte, zu einem großen Teil zu meinem Erfolg in Israel beitrugen.

Teil 4: Der Kreis schließt sich im Heiligen Land

Ein Treffen mit Israels Wissenschaft

Im Zuge der wissenschaftlichen Studie, die ich bearbeitete, bekam ich die Möglichkeit, mit Professoren der verschiedensten Fakultäten der Hebräischen und der Universität Tel Aviv Bekanntschaft zu machen. Aber nicht einer dieser Akademiker hat mich so beeinflusst wie Prof. Moshe Ma'oz des Truman-Instituts. Ich führte Diskussionen ideologischer Natur mit unterschiedlichen Professoren, wie z.B. mit Prof. Chava Lazarus. Ich traf den verstorbenen Prof. Soror Sorodi, den ebenfalls verstorbenen Prof. Amnon Netzer und Prof. David Menashri, die beiden letzteren ehemalig iranische Forscher. Ich debattierte viele Stunden lang mit ihnen. Ich behauptete, der Islam im Iran sterbe und es käme der Tag, an dem die jungen Menschen im Iran das Regime stürzen und den Islam aus dem Iran verbannen würden. Doch die Professoren akzeptierten meine Argumente nicht und reagierten nur mit Spott, obwohl sie Experten iranischer Politik, Außenpolitik und persischer Literatur waren. Demgegenüber waren Forscher wie Shaked, Freedman Laish und viele andere wunderbar und halfen mir bei meiner Studie.

Als die Zeit gekommen war, ein Thema für die akademische Forschungsarbeit, die für ein Studium an der Universität erforderlich war, zu wählen, meldete sich Prof. Moshe Ma'oz freiwillig, um mir zu helfen. Er riet mir zu dem Thema: „Ein Vergleich zwischen jüdischem, muslimischem und westlichem Gesetz". Ma'oz trug zu einem großen Teil dazu bei, dass meine Liebe zu Israel und dem Judentum wuchs, und ermutigte mich, mich auf die jüdische Kultur zu konzentrieren.

Im Rahmen meiner Treffen mit akademischen Gelehrten machte ich auch die Bekanntschaft von Prof. Moshe Sharon, der sehr gern mit mir über das Problem des Islam diskutierte. In vielen Dingen waren wir uns einig, dennoch gab es auch Meinungsverschiedenheiten. Prof. Sharon war unter anderem auch an der Bahai-Religion interessiert und fragte mich nach Büchern zu diesem Thema. Wegen meiner engen Bekanntschaft mit den Bahai war ich in der Lage, seine Wünsche zu erfüllen, und so erhielt er Bücher aus Europa und den Vereinigten Staaten, die diese Religion beschrieben.

Je weiter ich in meiner Studie an der Christlichen Botschaft fortschritt, desto mehr kam ich zu der Überzeugung, in Israel bleiben zu müssen. Außerdem war es mir ohnehin nicht möglich, das Land zu verlassen, weil ich keinen Pass oder Ausweis hatte. Die Realität veranlasste mich, meine Integration in Israel mit einer Standard-Maßnahme anzureichern. Ich erkannte, dass ich mir einen gewissen Überblick über das Hebräische, die in Israel gesprochene Sprache, verschaffen musste, auch wenn die meisten Bürger gut Englisch sprachen. Ich entschied mich, den Ulpan (Sprachenschule) in Jerusalems Beth Ha'am zu besuchen, um Hebräisch zu lernen. Es stellte sich schnell heraus, dass mir die Kenntnis der verschiedensten Sprachen, die ich über die Jahre erworben hatte, im Fall der hebräischen Sprache nicht half. Ich hatte große Schwierigkeiten beim Erlernen des Hebräischen. Das frustrierte mich, aber ich beschloss, nicht aufzugeben, und setzte mir das Ziel, die Sprache bis zu einem vertretbaren Maß zu erlernen, selbst, wenn das eine ganze Weile dauern sollte. Heute habe ich immer noch nicht die absolute Kontrolle über diese Sprache, aber ich mein Hör- und Gesamtverständnis sind gut, und ich glaube, dass ich eines Tag ein gutes Niveau erreichen.

Ich dachte darüber nach, einen Antrag einzureichen, um an verschiedenen Universitäten Vorträge halten zu dürfen, wie an der Hebräischen Universität und der Universität Tel Aviv. Die Professoren Netzer, Menashri und Ma'oz traf ich des Öfteren. Sie versprachen, mich für den Posten einer Abteilung für Iranische Studien vorzuschlagen, sobald ich eine Aufenthaltsgenehmigung oder die Staatsbürgerschaft erhalten hätte.

Also stellte ich beim Innenministerium einen Antrag auf eine dauerhafte Aufenthaltsgenehmigung. Zuvor war meine bestehende Aufenthaltserlaubnis um weitere sechs Monate verlängert worden, aber dies war nicht akzeptabel für die Universität. Des Weiteren versuchte ich, bei der Anwaltskammer in Israel eine Zulassung zu bekommen, um als Rechtsanwalt arbeiten zu dürfen. Ich wusste, dass keine Staatsbürgerschaft notwendig war, um in Israel als Anwalt zu praktizieren. Ich dachte, wenn ich die Genehmigung bekäme, in meinem Beruf zu arbeiten, würde mir das bei meinen Versuchen helfen, die Staatsbürgerschaft zu erwerben. Meine Freunde, insbesondere diejenigen an der

Christlichen Botschaft, zweifelten jedoch an meinen Chancen, die Staatsbürgerschaft zu bekommen. Es vergingen mehrere Monate, bis meine akademischen Abschlüsse in Jura und den weiteren Fächern, die ich studiert hatte, durch das Bildungsministerium von Israel und die Anwaltskammer anerkannt wurden. Dank meines vielschichtigen Hintergrundes und der großen Menge an juristischer Erfahrung, die ich bereits gesammelt hatte, erhielt ich die Erlaubnis, ein Referendariat zu beginnen, bevor ich die neun obligatorischen Kurse des zwingend erforderlichen Jurastudiums und mein Studium der hebräischen Sprache beendet hatte.

1998 begann ich das Referendariat bei dem Anwalt Zali Yaffe, dessen Vater einer der Erbauer der Großen Synagoge in Jerusalem war. In seiner Kanzlei erlebte ich ein angenehmes und befriedigendes Referendariatsjahr. Ich kehrte noch einmal zum Ulpan zurück, um die Prüfung der Anwaltskammer zu absolvieren. Ich konzentrierte mich dabei vor allem auf den ersten Test, der für ausländische Kandidaten auf Hebräisch stattfand und plante, die Prüfungen für die verschiedenen rechtlichen Bereiche erst danach in Angriff zu nehmen. Ich scheiterte an den ersten beiden Tests und bestand den dritten.

Der Hebräisch-Test der Anwaltskammer wurde alle drei Monate abgehalten und ich war bereit, die neun Tests in der vorgeschriebenen Abfolge zu absolvieren. Der zeitliche Abstand zwischen den einzelnen Prüfungen betrug sechs Monate. In der ersten bestand ich fünf von

neun Themen. Ich erhielt eine Liste von thematischen
Fragen auf Hebräisch, die ich auf Englisch oder
Französisch, jedoch nicht auf Persisch, beantworten
musste. Leider entsprachen aber meine Antworten auf
Englisch nicht den Fragen auf Hebräisch. Ich brauchte
sechseinhalb Jahre und siebzehn Versuche, um die
Prüfungen der Anwaltskammer zu absolvieren, bis ich
endlich Ende 2000 die ersehnte Erlaubnis erhielt. Viele
Kollegen sahen mich wieder und wieder die Prüfungen
schreiben. Sie schüttelten ihre Köpfe vor Mitgefühl und
fragten in einem Ton, der Anteilnahme und Empathie
ausdrückte: „Sie schon wieder?" Sie schlugen mir
vor, aufzugeben, aber ich wollte davon nichts hören.
Mein ganzes Leben lang strebte ich nach Erfolg und
herausragenden Leistungen, vor allem im akademischen
Bereich; in meinem Wortschatz existierte der Begriff
„Versagen" nicht.

Als Anwalt mit einem Abschluss in Internationalem
Recht, befasste ich mich naturgemäß mit Klienten,
deren Angelegenheiten außerhalb Israels lagen.

Die Strapazen der Existenz - und sie enden erfolgreich

Die Internationale Christliche Botschaft unterstützte mich finanziell über viereinhalb Jahre, aber aufgrund einer wirtschaftlichen Krise war sie nicht in der Lage, damit fortzufahren. Als die Quelle der finanziellen Unterstützung versiegte, sah ich mich nach Arbeit um. Ich schickte eine große Anzahl von Lebensläufen an Colleges, Universitäten, Jurafakultäten, an verschiedene Unternehmen etc. Ich hatte einige Ideen für verschiedene Stellen. Ich bemühte mich, Arbeit zu finden und beschäftigte mich mit meinem Lebensunterhalt. Die wichtigsten Gründe, warum ich lange Zeit keine Arbeit fand, waren folgende: Zunächst war ich immer noch nicht eingebürgert und hatte meinen Status in Israel noch nicht geklärt. Akademiker wie David Menashri von der Universität Tel Aviv, Moshe Sharon und Amnon Netzer von der Hebräischen Universität und viele andere waren zwar interessiert daran, mit mir zusammenzuarbeiten, konnten mir aber nicht helfen, weil mir die Staatsbürgerschaft fehlte.

Auch Anwaltskanzleien und Unternehmen der freien Wirtschaft zeigten Interesse daran, mich zu beschäftigen, aber mein Alter und die Tatsache, dass ich nicht fließend Hebräisch sprach, hielten sie davon ab. Ich verbrachte viele Stunden damit, auf dem Arbeitsamt zu warten und füllte viele Formulare aus, jedoch ohne Erfolg.

Schließlich half mir Prof. David Yerushalmi, ein guter Freund von der Universität Tel Aviv, nachdem ich ihm gesagt hatte, dass ich nach einer Arbeitsstelle suche. Er stellte mich Dr. Zeʻev Magen vor, einem Dozenten an der Hebräischen Universität und der Universität Tel Aviv, dem ich Sprache und Literatur Persiens beibringen sollte. Anfang 1997 traf ich Dr. Magen zum ersten Mal. Im Folgenden bemühte ich mich, ihm zu helfen, die iranische Sprache, Literatur und Mentalität zu verstehen. Ich versuchte, ihm das Wissen weiterzugeben, über das ich verfügte. Dr. Magen vermittelte mich an Studenten weiter, die daran interessiert waren, Persisch zu lernen, sodass dies meine Haupteinnahmequelle wurde. Darüber hinaus übersetzte ich vom Französischen und Persischen ins Englische und umgekehrt. Unter anderem hatte ich die Ehre, das Buch „Arabische Nächte" von Nagiv Machpouz, dem ägyptischen Schriftsteller und Literaturnobelpreisträger, aus dem Englischen und Französischen ins Persische zu übersetzen.

Die ausgewanderte Shiraz-Gemeinde in Israel bat mich, ein Buch über die Geschichte und Kultur der jüdischen Gemeinde von Shiraz zu schreiben. Eineinhalb Jahre lang schrieb ich an dieser Studie, die etwa achthundert Seiten umfasste. Die Grundlage der Abhandlung bildete ein Rückblick auf die Geschichte des Irans, während der Hauptteil die Geschichte der Juden im Iran behandelte und dabei insbesondere auf die Gemeinde der Shiraz-Juden im Iran und auf der ganzen Welt einging.

Ich übersetzte und bearbeitete die Memoiren von Neima Tphilin Menashery. "Und du sollst deinen Nächsten lieben wie dich selbst" (Levitikus 19, 18). Sie bat mich, ihr Buch ins Persische, Englische und Französische zu übersetzen, aber aufgrund von finanziellen Problemen konnten wir nur die persische Version fertigstellen, für deren Druck uns am Ende auch das Geld fehlte. Daher bat ich die Vertreterin der Weltorganisation für Bruderschaft und Freundschaft, Fridas Porter, die wir an die Universität Tel Aviv eingeladen hatten, um finanzielle Unterstützung. Sie beantwortete meine Bitte positiv und bot uns einen Beitrag von 7.000 Dollar an.

Reza Jabbari, ein iranischer Flugbegleiter, der ein iranisches Flugzeug entführt und mit 128 Passagieren nach Israel gebracht hatte, wurde von der Bürgermeisterkandidatin der Stadt Ofakim, Neima Tphilin Menashery, unterstützt, deren Memoiren ich wie erwähnt geschrieben hatte. Sie stellte mir Reza im Gefängnis vor und ich unternahm alles mir Mögliche zu seiner Verteidigung. Für mich war er kein Terrorist, sondern ein Nationalist, der gegen das schiitische Terrorregime kämpfte. Ich habe mein Bestes getan, um dies den Israelischen Behörden verständlich zu machen.

1998 hatte ich die Chance, gemeinsam mit dem Rechtsanwalt Avigdor Feldman als Berater und Dolmetscher am Rezza-Jabbari-Fall zu arbeiten. Rezza, der in Israel im Gefängnis saß, war Steward bei „Iran Air" gewesen. Er hatte ein Passagierflugzeug entführt, war von Teheran über den Irak und Jordanien nach Kish geflogen und hatte das Flugzeug in Eilat gelandet. Yitzhak Rabin, zu jener Zeit Premierminister, erlaubte ihm, in Eilat zu landen, weil die Maschine keinen Treibstoff mehr hatte und die Iraner im Flugzeug in Lebensgefahr schwebten. Nach acht Jahren Gefängnisstrafe erhielt Rezza den Status eines politischen Flüchtlings.

Ich schrieb und überarbeitete die Memoiren von Meir Azari, dem ersten israelischen Botschafter im Iran, und gab außerdem Privatstunden in Französisch und Englisch. Mein größtes Problem in jener Zeit bestand darin, dass die meisten meiner Einkommensquellen nicht regelmäßig waren und auf Nebenjobs basierten, die einen Mangel an wirtschaftlicher Stabilität zur Folge hatten. Mir fehlte ein festes Gehalt, das es mir ermöglicht hätte, Rechnungen und eine Hypothek zu bezahlen.

Ich sah ein, dass ich an diesem Problem arbeiten musste. Mangels Alternativen übernahm ich einen Job als Nachtwächter für verschiedene Gebäude. Der große Vorteil dieser Art Arbeit lag darin, dass sie es mir erlaubte, während der Überwachung der Gebäude gleichzeitig an meinen Forschungsstudien und Übersetzungen zu arbeiten.

Es waren keine einfachen Jahre, aber ich zeigte Entschlossenheit und Hartnäckigkeit. Ich war absolut sicher, dass meine Fähigkeiten und die beruflichen Kenntnisse, die ich während meines bisherigen Lebens erworben hatte, mir schließlich wirtschaftlichen

Wohlstand bringen würden, und dies war in der Tat der Fall. Im November 2000 zogen Marina, meine dritte Frau, und ich von Beth HaKerem in unsere Wohnung in die Coresh-Straße in der Innenstadt.

Marina - Die Muse meines Lebens

Während der ersten Monate meines Aufenthalts in Israel, zu Beginn des Jahres 1995, studierte ich im Beth-Ha'am-Ulpan in Jerusalem. Eines Tages, ich steckte gerade tief in meinen Studien, informierte mich Rutie, die Direktorin des Ulpans, dass eine besondere Reise geplant sei, um die Golanhöhen zu besuchen. Ich war an dem Ausflug nicht interessiert, weil ich andere Pläne hatte, aber ein paar Tage später musste ich diese Pläne aufgrund einiger unvorhergesehener Änderungen verwerfen. Nun sah ich den Ausflug als eine willkommene Möglichkeit, andere Gegenden Israels kennenzulernen. Aber leider stellte sich heraus, dass es keine Tickets mehr gab. Durch Zufall stand Marina in der Nähe des Sekretariats. Als sie hörte, dass meine Nachfrage nach einem Ticket abgelehnt wurde, bot sie an, mir ihre Fahrkarte zu überlassen. „Shalom", sagte sie und lächelte freundlich. „Mein Name ist Marina, bitte, nehmen Sie das Ticket!", sagte sie und reichte mir ihr Ticket. Ich sah mich veranlasst, ihr ein wenig Zeit zu widmen. Sie war eine blonde, attraktive und charmante Frau. Schnell entwickelte sich ein Gespräch zwischen uns. Ich dankte ihr für das Ticket und nutzte die Gelegenheit, ihr vorzuschlagen, uns zusammen klassische Musik von Mendelssohn anzuhören. Sie willigte ein und so begann eine Verbindung, von der ich zu diesem Zeitpunkt noch nicht wusste, wohin sie führen würde.

Nachdem sich unsere Bekanntschaft vertieft hatte, sagte mir Marina eines Tages, nachdem wir einen ausgedehnten Rundgang durch das Israel-Museum gemacht hatten, sie habe das Gefühl, sie müsse mir etwas beichten. Bevor ich sie fragen konnte, worum es ging, begann sie gefühlvoll zu erzählen: „Als ich dich zum ersten Mal sah, war ich sehr erstaunt. Ich fühlte, dass ich dich vorher schon einmal gesehen hatte. Ich sprach darüber mit meiner Tochter und gemeinsam versuchten wir, nachzuvollziehen, wo ich dich in der Vergangenheit gesehen haben könnte. Meiner Tochter gelang es auf erstaunliche Art, das Rätsel zu lösen. Sie fragte mich, ob ich das Bild gesehen habe, das sie gemalt habe, als wir noch in Moskau lebten. Ich erwiderte, ich erinnere mich sicherlich daran und griff mir an den Kopf." „Du musst verstehen", sagte Marina, „einige Zeit nach meiner Scheidung fragte mich meine Tochter nach einem Bruder. Ich erklärte ihr, das sei nicht praktikabel, weil ich heiraten müsse, um ihr einen Bruder zu schenken. Sie akzeptierte diese Erklärung nicht und bestand auf ihrer Bitte. Daraufhin forderte ich sie auf, ein Bild von dem Mann zu malen, von dem sie wolle, dass ich ihn heirate." Es stellte sich heraus, dass Marinas Tochter ein Gesicht gemalt hatte, das dem meinen sehr ähnelte. „Verstehst du", fragte Marina, „warum du mir bekannt vorkamst?" Im selben Atemzug fügte sie hinzu: „Als ich dich sah, fühlte ich, dass du der Mann bist, der für mich bestimmt ist."

Als die Beziehung zwischen Marina und mir intimer wurde, verspürte ich Gewissensbisse, die immer stärker wurden. Ich war noch immer mit Angela verheiratet und aus moralischer Sicht konnte ich nicht gegen meine Überzeugung handeln und eine Affäre mit einer anderen Frau beginnen.

Marina verstand meine Sorgen und zeigte viel Sensibilität und Einsicht. Sie sagte: „Mach dir keinen Stress, bitte Gott darum, dir einen Weg zu zeigen und zu sagen, was zu tun ist."

Als Marina sah, dass ich immer noch litt, schlug sie mir vor, zu heiraten. Ich war überrascht von ihrem Vorschlag, denn in der iranischen Kultur war es nicht akzeptabel, dass eine Frau auf diese Art aktiv wurde. Aber nachdem ich ihren Vorschlag überdacht hatte, erkannte ich, dass ich mich von meiner altmodischen Sichtweise befreien musste. Offensichtlich hatte Marina aus aufrichtiger Liebe und dem Wunsch, das Problem zu lösen, die Initiative ergriffen.

Ich sehnte mich sehr danach, Marina gemäß Gesetz und Sitte zu heiraten, doch vorher musste ich meine Verbindung mit Angela lösen. Als anständiger Mensch konnte ich nicht in Bigamie leben, insbesondere, weil mich viele Leute kannten und wussten, dass meine Frau aus zwingenden Gründen in Australien lebte. Ich sprach mit Marina und erklärte ihr offen meine Situation und warum die Angelegenheit mir so große Qual verursachte. Sie zeigte Mitgefühl und schätzte mein Verhalten sehr. Ich fühlte, dass sie mich aufgrund dessen noch mehr liebte.

Ein paar Monate später suchte ich Hilfe bei meinem spirituellen Berater, Reverend Van Der Hoffen.

Ich sprach mit absoluter Offenheit und bat ihn um seine Meinung, wie die entstandenen Komplikationen zu lösen seien. Der Reverend riet mir, wegen des moralischen Aspekts und meiner Pflicht gegenüber meiner rechtmäßigen Ehefrau Angela, meine Beziehung zu Marina vorerst aufzugeben. „Sie können Marina erst heiraten, nachdem Sie eine offizielle Bestätigung Ihrer Frau erhalten haben, dass sie bereit ist, die Bindung zwischen Ihnen zu lösen", sagte er.

Ich informierte Marina, dass ich sie nicht mehr treffen könne, bis ich ein juristisches Dokument zur Aufhebung meiner Ehe mit Angela erhalten hätte. Marina war schockiert. Dieser Schritt erschien ihr zu extrem. Sie meinte, wir könnten uns zumindest sehen, aber ich bestand auf meiner Meinung. Wir ersetzten unsere Treffen durch lange Telefonate, in denen wir einander das Herz ausschütteten.

Während ich meine Beziehung zu Marina platonisch hielt, kümmerte ich mich um die nötigen Schritte, die Heirat zwischen Angela und mir zu annullieren. Ich schickte ihr einen Brief, in dem ich offen erklärte, warum ich mich trennen wollte. Zu meiner großen Freude nahm Angela meine Erklärungen verständnisvoll auf und hatte nichts gegen die Auflösung unserer Ehe einzuwenden. Sie schickte alle notwendigen, vom Gericht unterzeichneten Unterlagen, die bestätigten, dass wir nicht länger verheiratet waren.

Ich möchte an dieser Stelle hervorhen, dass ich bis zum heutigen Tag Angela gegenüber wegen ihres großherzigen Verhaltens und ihrer Bereitschaft, mir zu helfen, große Dankbarkeit empfinde.

Nun, nachdem ich die Scheidungsunterlagen erhalten hatte, konnte ich meine Beziehung zu Marina guten Gewissens wiederaufleben lassen. Ein paar Monate später schickten wir unsere Dokumente über einen Anwalt in Tel Aviv nach Uruguay, um unsere zivile Ehe beglaubigen zu lassen. Aber es vergingen mehrere Jahre, bis die Behörden unsere Ehe als zweifelsfrei rechtskräftig bestätigten.

Ich bin überzeugt, dass Marina das größte Geschenk ist, das Gott mir in Israel gewährte. Während der Jahre, die wir zusammenlebten, haben wir niemals gestritten und sind nie aneinandergeraten. Unsere Beziehung basierte auf gegenseitigem Respekt, auf Toleranz und vor allem auf leidenschaftlicher Liebe – Wesenszüge, die alle Hindernisse überwinden können. Marina war das Licht meines Lebens. Im Rahmen meiner Aktivitäten an den unterschiedlichsten Orten verpasste ich nie eine Gelegenheit, sie zu erwähnen und ihr für alles, was sie für mich getan hat, zu danken. Aus meiner Sicht ist sie meine wahre Muse, die mich ermutigt hat, meine kreativen Kräfte in einer Vielzahl von Bereichen zu entwickeln. Marina ist meine Stütze. Sie war es, die mir das Gefühl gegeben hat, dass Israel meine Heimat ist. Für mich ist sie der Ersatz für die Familie, die mir so sehr fehlt – Mutter, Vater, Geschwister und Freunde. Sie ist alles für mich. Sie rettete mich aus wirtschaftlicher Not und schenkte mir ihr volles Vertrauen. Während all der Höhen und Tiefen, die mein Schicksal in Israel insbesondere in den frühen Jahren bestimmten, stand sie mir treu zur Seite.

Ich fühle mich verpflichtet, kurz von Marinas Hintergrund zu berichten. Sie wurde in ihrer kommunistischen Heimat Russland großgezogen. Ihr Vater war Oberst in der Roten Armee, ihre Mutter arbeitete als Erzieherin. 1993 kam sie als Touristin nach Israel, aber ihre Liebe zu Israel und der Reiz, den das Judentum auf sie ausübte, veranlassten sie, hierzubleiben. Die israelischen Behörden legten ihr viele Steine in den Weg, vor allem, weil sie ihr, unter anderem wegen ihres blonden Haars, nicht glaubten, dass sie Jüdin war. Erst nachdem Marina dem Oberrabbinat einen Brief des Rabbinats in Moskau zeigte, der bezeugte, dass ihre Mutter streng jüdisch war, erhielt sie die israelische Staatsbürgerschaft. Marina war sehr stolz darauf, israelische Staatsbürgerin und Zionistin zu sein, auch wenn sie nicht religiös war. Ihre Liebe zu Israel beeinflusste auch mich und stärkte meine Bindung an dieses wunderbare Land.

Marina war eine gute Tochter und ihren Eltern in Liebe ergeben. Als ihre Mutter krank wurde, pflegte sie sie mit einer Hingabe, zu der nur wenige Menschen fähig sind. Sie vernachlässigte auch ihren Vater nicht, obwohl sie an ihn unangenehme Erinnerungen aus ihrer Kindheit hatte. Als er nach dem Tod ihrer Mutter krank wurde, pflegte Marina ihn und versuchte, ihm das Leben so leicht wie möglich zu gestalten.

Natürlich ist Marina ihrer Tochter eine

bemerkenswerte Mutter. Obwohl sie während ihrer ersten Jahre in Israel unter wirtschaftlicher Not litt, ließ sie sich nicht entmutigen. Um bestmöglich für ihre Tochter und ihre Familie zu sorgen, nahm sie eine Stelle als einfache Putzfrau an und arbeitete fünfzehn Stunden am Tag. Daneben erübrigte sie noch die Zeit, in einem Architektenbüro ihr Wissen aufzufrischen, weil sie das Ziel verfolgte, ein Diplom als Architektin zu erlangen, ein Beruf, in dem sie zwanzig Jahre lang in Russland gearbeitet hatte.

Eine hohe Hürde, deren Name Innenministerium lautet

Über zehn Jahre lebte ich in Frankreich und danach fünf Jahre in Australien mit dem Status eines politischen Flüchtlings. Ich war Rechtsberater von Flüchtlingen, die politisches Asyl suchten, insbesondere von Iranern. Ich sah die Probleme der iranischen Gemeinschaft in Bezug auf die Frage der Migration in jedem Teil der Welt. Ich war sicher, dass meine breit gefächerte Erfahrung mir bei der Suche nach einer Lösung für meine Situation helfen würde, aber die Realität in Israel bewies mir, dass dies nicht der Fall war. Hätte man mir gesagt, dass zehn Jahre vergehen würden, ehe ich das Privileg der israelischen Staatsbürgerschaft würde genießen können, hätte ich mich geweigert, es zu glauben. In meinem Fall war Israel der Rekordhalter. In Frankreich kostete es mich vier Jahre, eine Aufenthaltsgenehmigung zu erhalten, und in Australien war ich gezwungen, dreieinhalb Jahre zu warten, aber Israel übertraf beide zusammen.

Mein Leidensweg begann 1995, als ich das erste Mal im Innenministerium vorsprach und eine Verlängerung meiner Aufenthaltsgenehmigung erhielt. Seitdem war ich Hunderte Malen wegen einer weiteren Verlängerung dort gewesen. In vielen Fällen wurde ich mit Verachtung und Gleichgültigkeit behandelt, was mich sehr verärgerte. Ich war gezwungen, mich in Zurückhaltung zu üben, was mir große Mühe bereitete, aber ich war nun einmal abhängig von der Güte der

Beamten und ihrer Vorgesetzten. Sie verlangten die Vorlage verschiedenster Dokumente, unter anderem auch Familienfotos meiner Frau Marina und mir. Ich beschaffte jedes Dokument, das von mir verlangt wurde, trotzdem wurde ich ignoriert und der Wahrheit meiner Worte und der Aufrichtigkeit meiner Zwecke misstraut. Der Gipfel der Bürokratie wurde erreicht, als Marina und ich gemeinsam vorgeladen wurden. Wir wurden getrennt befragt, um beide Versionen überprüfen und vergleichen zu können.

Die Fragen entbehrten jeder Logik: Beginnend mit der Frage, was wir gestern zum Abendessen gegessen hatten, bis hin zu der aufdringlichen und peinlichen Nachfrage, wann wir das letzte Mal Sex hatten. Marina war wütend über die Art der Fragen und erzählte mir hinterher, dass die Chefin des Amtes sich nicht geschämt habe, ihr zu sagen, es bestehe kein Mangel an guten und koscheren Juden, die sie hätte heiraten können.

Einige der Ex-Iraner in Israel erklärten sich bereit, mir in meinem Kampf um eine Aufenthaltsgenehmigung zu helfen, wofür ich ihnen bis zum heutigen Tag dankbar bin. An dieser Stelle möchte ich besonders Naomi Tephilin erwähnen, die für das Amt des Bürgermeisters von Ofakim kandidierte und die sich freiwillig meldete, mich zu unterstützen. Sie sprach mit den unterschiedlichsten Leuten, wie Rabbi Dahan und dem Innenminister, und schrieb sogar freundliche Empfehlungsschreiben, die zu meinen Gunsten formuliert waren.

Ich muss zugeben, dass ich während jener Jahre

des anstrengenden Kampfes, manchmal fast aufgegeben hätte. Es gab Vorfälle, die mich beinahe veranlasst hätten, alles stehen und liegen zu lassen und das Land zu verlassen, wäre da nicht Marina gewesen, dies mir bedingungslos beistand. Sie ermutigte, unterstützte und bestärkte mich und überzeugte mich davon, dass ich am Ende Erfolg haben würde. Und tatsächlich kam eines Tages der ersehnte Tag – im August 2005 erhielt ich die israelische Staatsbürgerschaft und einen Reisepass.

Bekehrung

Als ich entschied, den Prozess der Konvertierung zum Judentum in die Wege zu leiten, hatte ich noch keine Ahnung, auf welche Hindernisse ich noch stoßen würde. Schon nach kurzer Zeit hatte ich erkannt, dass das Leben in Israel durch die jüdische Kultur verkompliziert wurde, was sich teils aus religiösen, teils aus ethnischen Aspekten ableitete. Ich war überrascht, zu entdecken, dass die jüdische Bevölkerung aus sehr vielen Kleingruppen bestand. All dies trug zu meiner schwierigen Situation bei und erschwerte den Prozess der Konvertierung. Aber lassen Sie mich nicht vorweggreifen. Ich hätte ein israelischer Bürger christlichen Glaubens bleiben können, wie viele im Land, aber ich entschied mich dagegen. Je mehr Zeit während meiner Anpassung und Integration verstrich, desto mehr fühlte ich das Bedürfnis nach einer ordnungsgemäßen Konvertierung in mir aufsteigen. Meine bisherigen Erfahrungen, unter anderem auch mein Weg zum Christentum, ließen mich verstehen, dass ich nicht umsonst in das Heilige Land gekommen war. Ich erkannte, dass es eine leitende Kraft gibt, nämlich den Gott der Juden und Christen. Vor dem Hintergrund meines persönlichen Wissens und meiner tiefen Vertrautheit mit Christentum, Islam und nun auch dem Judentum, hatte ich keinen Zweifel, dass das letztere die passende Religion für meine Weltanschauung und meine Werte verkörperte. Am stärksten hatte mich jedoch die Bekanntschaft mit der wundersamen Geschichte des jüdischen Volkes beeindruckt. Ich wusste, dass deren Land nach der Zerstörung des Zweiten Tempels ruiniert worden war. Trotz aller Entbehrungen, die sie insbesondere während der Schoah erlitten, war es den Juden gelungen, aus der Asche aufzusteigen und entgegen aller Erwartungen einen in historischem Sinne glorreichen Staat aufzubauen, der sich bis heute in einem blutigen Konflikt gegen muslimische Länder befindet, deren Ziel es ist, den jüdischen Staat auszulöschen.

Weil mein ganzes Herz an der Konvertierung zum Judentum hing, schrieb ich einen ausführlichen Brief an den inzwischen verstorbenen Shimon Hanasab, den Anführer der Ex-Iraner in Israel, in welchem ich meine Gründe für die Konvertierung darlegte. Zuvor hatte er mir die Auskunft gegeben, eine Konvertierung sei unproblematisch. Zu meinem großen Kummer vergingen mehrere Monate, ohne dass ich eine Antwort von ihm erhielt. Da mich das sehr beunruhigte, versuchte ich es auch an anderen Stellen. Unter anderem sprach ich mit einem guten Freund, Yossi Sivan, einem der herausragenden Aktivisten in der iranischen Gemeinde in Jerusalem. Von ihm und von Frau Foran Prazam erhielt ich je ein Empfehlungsschreiben für Rabbi Gordon, der zuständig war für Konvertierungsprobleme im amerikanisch-orthodoxen Rabbinat in Jerusalem. Zu Beginn des Jahres 1997 traf ich mich mit Rabbi Gordon. Auf seinen Wunsch legte ich ihm verschiedene Dokumente vor. Er war beeindruckt von der Aufrichtigkeit meiner Absichten. Schließlich, im September 1999, wurden meine Frau Marina und ich zum ersten Mal eingeladen, uns einem Gremium von fünf Rabbinern vorzustellen, die vor dem Konvertierungskurs eine erste Befragung durchführen wollten.

Mir wurden ernsthafte Fragen gestellt, deren wichtigste lautete: Warum will ein Muslim, der erst Atheist und danach Christ war, jetzt ein Jude werden? Sie wiesen darauf hin, dass ein solches Verhalten Instabilität und fehlende Ernsthaftigkeit bezeuge. Ich erklärte ihnen die dramatischen Veränderungen, die ich durchlebt hatte, und machte deutlich, dass ich keinen Gewinn aus der Tatsache meiner Bekehrung zog. In letzter Instanz schenkten die Rabbiner meinen Worten Glauben und gaben mir die Erlaubnis, den Konvertierungsprozess zu beginnen.

Also besuchte ich zweimal pro Woche den vorgeschriebenen Kurs, der vierzehn Monate dauerte. Anschließend erhielt ich die Konvertierungszulassung vom amerikanischen Rabbinat und stellte beim Rabbinat Israels einen sofortigen Antrag auf Anerkennung als

Jude.

2001 hatte ich diesen Prozess angeleiert. Marina und ich durchliefen eine umfassende Untersuchung. Zusätzlich kamen die Rabbiner viele Male zu Besuch in unser Haus, um sicherzustellen, dass wir koscher aßen und den Sabbat einhielten. Sie forderten Empfehlungsschreiben von Freunden, natürlich mussten diese dem Judentum angehören, in denen diese erklärten, wie wir uns verhielten und ob wir koscher aßen und uns an den Sabbat einhielten. Viele Freunde erklärten sich bereit, uns diese Empfehlungsschreiben zu schicken, um uns zu unterstützten, unter ihnen Houmayoun Ibrahimi, Eduard Cohen, David Harman, Dr. Zvi Stein, Rabbi Shapiro, Rabbi Rubin, Rabbi Shlomovitz, Rabbi Mervis, Rabbi Heisler und seine Frau, Dr. Ze'ev Magen, Buki und Arnold Friedman und viele andere gute Leute. Ich absolvierte die Tests erfolgreich. Dennoch war ich noch nicht am Ziel, denn das Rabbinat legte mir weitere Steine in den Weg.

Eineinhalb Jahre später bat mich Rabbi Mamo, der beim Rabbinat für unseren Fall verantwortlich war, um ein Treffen mit Marina, um eine Bestätigung ihrer Scheidung von ihrem Exmann zu erhalten, der sich in Russland aufhielt. Sie sagte ihm, unsere Heirat sei bereits vom Innenministerium bestätigt und sie sei bereits vor siebzehn Jahren geschieden worden. Sie wisse nicht, ob sie dazu in der Lage sei, die angeforderte Bestätigung zu beschaffen. Der Rabbi bestand jedoch auf die Vorlage der Urkunde und war nicht bereit nachzugeben. Ich war sehr frustriert und bat Marina, eine Lösung für das Problem zu finden. Schließlich schickte sie eine Kontaktperson nach Moskau, um ihren früheren Ehemann zu veranlassen, die Bestätigung der Scheidung über das Rabbinat von Moskau zu besorgen. Der Vorgang dauerte mehrere Monate und hatte erhebliche Kosten zur Folge, aber am Ende überbrachte Marina Rabbi Mamo die Scheidungspapiere. Wir waren sehr zuversichtlich, bald die Genehmigung zu erhalten.

Aber wieder verging einige Zeit, ohne dass wir eine Antwort bekamen. Meine Frustration wuchs. Ich schickte Briefe an das Rabbinat mit der Forderung, den Grund für die Verzögerung zu erfahren. Daraufhin wurde ich zu einem Treffen mit Rabbi Mamo im Rabbinat gebeten. Er entschuldigte sich bei mir und teilte mir gelassen mit, die Akte sei verloren gegangen und ich müsse den gesamten Prozess neu beginnen. Ich wurde sehr wütend und hätte den Rabbiner am liebsten angesprungen und in Stücke gerissen. Es gelang mir nur mit großer Mühe, mich zu beherrschen. Nach unserem langen Weg der Folter wagte es der Rabbi mit unfassbarer Dreistigkeit, von uns zu fordern, den Weg erneut zu gehen. Das Problem bestand darin, dass der Rabbi von Marina, weil sie ihm vertraut hatte, das Original der Scheidungspapiere erhalten hatte. Sie konnte ihren früheren Ehemann nicht noch einmal bemühen. Ich war sehr zornig und wollte Marina nicht sagen, was geschehen war.

In meiner Not beschloss ich, David Harmann

zu konsultieren, der mit mir in der Beth-HaKerem-Synagoge zu beten pflegte und im Laufe der Zeit ein guter Freund geworden war. Ich fragte ihn, was ich nun tun solle. Er wandte sich an Rabbi Shapiro, der wiederum Rabbi Mamo kontaktierte. Mir wurde befohlen, die für Konvertierungen verantwortliche Person aufzusuchen. Aber trotz alledem waren die Schwierigkeiten nicht überwunden und mir wurde wiederholt gesagt, ich müsse den Prozess erneut durchlaufen. Dieses Mal explodierte ich, riss meine Kippa vom Kopf und entgegnete dem Rabbi: „Judentum kommt aus dem Herzen, nicht aus der Kippa. Ich bin ein besserer Jude als Sie!" Dann ging ich, schäumend vor Wut.

Einige Zeit nach diesem Vorfall wurde mir die Genehmigung zur Konvertierung in dem Moment, in dem ich die israelische Staatsbürgerschaft bekäme, versprochen. Dementsprechend ging ich sofort, nachdem ich meine Staatsbürgerschaft erhalten hatte, auf Anraten des Rabbi Rahimi mit meinem Pass zum Rabbinat und reichte Kopien meiner Dokumente ein. Ich sagte ihnen, in der Vergangenheit hätten sie meine Akte verloren, und bat sie, mich zu kontaktieren, wenn diese gefunden würde. Bis zum heutigen Tag weiß ich nicht, was passiert ist und niemand meldete sich bei mir.

Seit ich mich für die Konvertierung interessierte, war ich voller Liebe für Israel und das Judentum. Ich verspürte den großen Wunsch, die Einzigartigkeit dieser Nation zu verstehen, hatte ich doch genügend Vergleichsquellen, wenn man bedenkt, dass ich auf der ganzen Welt umhergezogen war. Die Unterschiede waren klar und meiner Meinung nach war Israel allen anderen deutlich überlegen.

Je länger ich die Geschichte des jüdischen Volkes studierte, desto stärker wurde ich von ihr angezogen. Jetzt verstand ich, warum diese Menschen seit Tausenden von Jahren, seit der Zeit, in der das jüdische Volk aus seinem Land vertrieben wurde, sich so sehr bemühten, ihre Kultur, ihre Sprache und ihre Traditionen zu erhalten. Aufgrund der Treue gegenüber ihrer Tradition konnte das jüdische Volk seine Identität bewahren. Durch die Pflege der Werte der jüdischen Kultur schafften es viele Juden, die Assimilation zu vermeiden, und dies war die Basis, die am Ende den Boden für die Rückkehr der Nation in ihr Land und den Aufbau des Staates bereitete. Ich gebe zu, dass es mich tief berührte, als ich die Chroniken der wiedererrichteten jüdischen Siedlung in Eretz Israel las. Den Erbauern der Siedlungen gelang es, – durch Hartnäckigkeit, Opferbereitschaft und pragmatisches Handeln – sich voranzubringen und durch ihren speziellen Status einer Siedlung unter britischem Mandat die internationale Aufmerksamkeit auf den jüdischen Staat zu lenken, der in sechs Jahrzehnten beispiellose Leistungen in den Annalen der Geschichte der Menschheit erreichte. Ich denke, es gibt keinen anderen vergleichbar jungen Staat, der erreicht hat, was Israel in der kurzen Zeit seit seiner Gründung aufzuweisen hat.

Auch wenn ich Israel bereits in meiner Jugend

favorisiert hatte, war es unmöglich, die Gefühle, die ich als junger Mensch verspürte und die sich tatsächlich aus dem Hass auf Nasser und seine Politik ableiteten, mit dem Gefühl der Liebe zu vergleichen, das ich nun verspürte. Diese Liebe entsprang der Vertrautheit mit der israelischen Realität als auch dem intensiven Studium der Geschichte der Nation. Ich fühlte mich zugehörig, auch wenn ich zugeben muss, dass ich dafür keine rationale Erklärung hatte. Neben dem religiösen Aspekt verzauberte mich Israel in vielerlei Hinsicht, sei es durch Pluralismus, Wahlfreiheit oder das Verantwortungsgefühl für die Gemeinschaft, das in der Gilad-Shalit-Affäre gipfelte. Ich fühlte eine Art innerer Stärke, aber auch Aufgewühltheit. Diese Gefühle erstaunten mich und es fällt mir schwer, ihre Bedeutung verbal auszudrücken. Es schien, als ob ich wie eine Zwiebel geschält und eine Schicht nach der anderen entfernt worden wäre und nun der wahre Kern freigelegt würde – von Grund auf jüdisch. Ein wenig später, nachdem ich meine Staatsbürgerschaft erhalten hatte, entdeckte ich die Bedeutung des Geheimnisses.

Teil 5

Offene Wunden und ein Blick in die Zukunft

Ein Platz im Herzen - Meine Kinder

Als ich 1986 meine Kinder verließ, reagierten sie sehr wütend und als ich mich von meiner Frau scheiden ließ, weitere sich diese Kluft. 2001 erhielt ich die Genehmigung der französischen Behörden, erneut französischen Boden zu betreten, um mich mit meiner geschiedenen Frau und meinen Kindern zu treffen. Ich verspürte Sehnsucht nach meinen Kindern und wünschte mir sehr, sie zu sehen. Also reiste ich nach Paris und traf mich mit meiner Exfrau und meinen Kindern.

Während unserer Zusammenkunft nannte ich ihnen ehrlich die Gründe für mein Verhalten. Ich sagte ihnen auch, ich sei mir des Leidens bewusst, das sie aufgrund der Trennung erlitten hatten, und bat sie, zu verstehen, dass ich nicht aus persönlicher Profitgier, sondern als iranischer Patriot gehandelt hatte, der zu jener Zeit sein gesamtes Dasein dem Kampf gegen das islamische Regime gewidmet hatte.

Aber meine Kinder – das muss ich leider zugeben – akzeptierten die meisten meiner Erklärungen nicht und äußerten sogar ihre Unzufriedenheit über die Tatsache, dass ich in Israel lebte. Auch als ich ihnen gegenüber später meine jüdischen Wurzeln enthüllte, trug dies nicht zu ihrem Verständnis meiner Motive bei.

Als ich meinem Sohn meine Beweggründe erklärte, reagierte er kalt und wies all meine Annäherungsversuche zurück. Er hörte sich zwar meine Rechtfertigungen an, kapselte sich aber ab. Obwohl es für mich schmerzhaft war, konnte ich verstehen, was in seinem Herzen vorging. Zu meinem Kummer und großem Ärger erklärte mein Sohn, er sehe sich nicht als Iraner und glaube daher auch nicht an die Art des iranischen Nationalismus, den ich demonstriere. Es fiel mir schwer, dieses Bekenntnis aus dem Mund meines eigenen Sohnes zu verarbeiten, aber aus Respekt gab ich mich mit seiner Reaktion zufrieden, auch wenn ich seiner Meinung nicht zustimmte. Payman entschied bedauerlicherweise, mir gegenüber Distanz zu wahren, worüber ich sehr traurig bin.

Im Gegensatz dazu waren meine Versuche, einen Weg ins Herz meiner Tochter zu finden, erfolgreicher. Obwohl die zarte Verbindung, die wir aufbauten, nicht so eng war, wie ich es mir gewünscht hätte, stimmte mich schon die Existenz des Kontakts froh und ich hoffe, er würde mit der Zeit enger werden.

Bei dieser Gelegenheit fühle ich mich verpflichtet, meiner ersten Ex-Frau zu danken. Es stimmt, dass es nicht gerade wenig Diskrepanzen zwischen uns gab. Diese waren meist politischer Art, wie ich zugeben muss. Nichtsdestotrotz war sie jedoch um die Kinder besorgt und zog sie in vorbildlicher Weise auf. Mein

Sohn ist Facharzt geworden und meine Tochter folgte meinem Weg und ist Fachanwältin für internationales Recht geworden.

Ich lud sie ein, mich in Israel zu besuchen, um einen Eindruck von dem Land zu bekommen, aber sie lehnten mein Angebot ab.

Gegen Ende unserer Zusammenkunft fragte mich meine geschiedene Frau, ob ich Payman finanziell unterstützen könne, da er nun in der Phase der Spezialisierung stecke und sich ganz auf seine Studien konzentrieren wolle. Ich versprach, zu versuchen, ihm nach Kräften zu helfen. Als ich wieder in Israel war, nahm ich einen Kredit in Höhe von 25.000 Schekel auf. Dieses Geld schickte ich Payman. Allerdings machte die Angelegenheit mein Leben kompliziert, weil sie zu finanziellen Schwierigkeiten führte und ich nicht in der Lage war, das Darlehen zurückzuzahlen. Marina und ich kamen in eine peinliche Situation, weil rechtliche Schritte gegen uns eingeleitet wurden, die aus einem Gerichtsvollzugsverfahren und Beschlagnahmung von Eigentum bestanden. Marina musste ihre Wohnung in Moskau verkaufen und wir liehen uns Geld von dem Geistlichen Van Der Hoffen. Ich muss voller Trauer darauf hinweisen, dass mein Sohn, der sicher nichts von den Strapazen wusste, die ich auf mich nahm, um das Geld für ihn zu bekommen, immer noch den Kontakt verweigert. Ich bin mir nicht sicher, ob er seine Haltung ändern würde, wenn er sich meiner Bemühungen im Klaren wäre, aber auf jeden Fall glaube ich, das Richtige getan zu haben.

Ich muss zugeben, nicht frei von Fehlern zu sein. Nicht immer setzte ich das Wohl meiner Familie vor das Wohl des Irans, wie ich es sah. Aber zu jener Zeit bestimmten Eifer und der Glaube, ich könne Veränderung herbeiführen, mein Handeln. Leider wurden auf politischer Ebene die erhofften Ergebnisse nicht erreicht und der Iran ist immer noch an das islamische Regime gekettet.

Vergebung

Bevor ich meine Zukunftsvision bezüglich der Beziehungen zwischen Israel und dem Iran mit Ihnen teile, möchte ich meine Meinung über Religion im Allgemeinen äußern. Die religiösen Revolutionen, die ich erlebte, meine weiteren speziellen Lebenserfahrungen, und das von mir erlangte akademische Wissen brachten mich zu dem Schluss, dass wahre Religion auf Aufrichtigkeit, Reinheit, Gerechtigkeit, Moral und der Sorge um die Mitmenschen beruht. Jede Person, die sich entsprechend dieser Prinzipien verhält, glaubt an die richtige Religion, wobei es keine Rolle spielt, welches Siegel diese trägt– muslimisch, christlich oder jüdisch.

Ich glaube, dass wir dem komplizierten System des Lebens etwas entgegensetzen müssen. Wir müssen demjenigen vergeben, der uns Unrecht tut. Wir müssen unsere kleinen Fehler zugeben, jedoch andere Menschen, die sich geirrt haben, nicht beschuldigen. Das Urteil liegt nicht in unseren, sondern in den Händen größerer Mächte als unserer selbst. Es ist uns verboten, uns einzumischen, umso mehr, da Interventionen bereits im Voraus zum Scheitern verurteilt sind.

Reumütig bitte ich alle um Vergebung, denen ich Schaden zugefügt habe. Im Nachhinein habe ich verstanden, dass alles, was ich in meinem Leben getan habe, ein Teil meiner persönlichen Mission auf der Welt und meinem Schicksal ist, das mich nach Israel gebracht hat.

354 | Daniel Dana

Ich verzeihe all denjenigen, die versucht haben, mich im Namen der Islamischen Republik zu ermorden oder meinen Tod herbeizuführen. Ich habe verstanden, dass dies aus Blindheit und Ignoranz geschah – als Ergebnis einer Gehirnwäsche.

Ich hege auch keinen Zorn gegen die Akademiker, die mir Arbeit versprochen haben, aber ihre Versprechen nicht einhielten. Dennoch bedaure ich, dass meine Fähigkeiten nur zum Teil genutzt wurden. Ich habe keinen Zweifel daran, dass ich die Fähigkeiten besitze, auf internationaler Ebene einen großen Beitrag zum Wohle Israels und des Irans zu leisten.

All denjenigen, die vorsätzlich oder arglos versucht haben, meine Schritte zu behindern oder meine Handlungen falsch interpretiert haben, vergebe ich. Ich muss zugeben, dass es Zeiten gab, in denen ich keine Vergebung üben konnte, aber ich habe gelernt und Schlüsse gezogen, die meine Haltung und meine Beziehung zu den Menschen verändert haben.

Ein Blick in die Zukunft

Ich glaube daran, dass jeder Mensch die Fähigkeit besitzt, komplizierten und besonderen Situationen im Leben zu widerstehen – wie ein einsamer Baum in der Wüste, der gegen die schwierigen Umweltbedingungen kämpft. Sechssunddreißig Jahre meines Lebens verbrachte ich außerhalb meiner Heimat: Ungefähr zwei Jahre vor der Revolution reiste ich nach Frankreich und lebte fortan dreiunddreißig Jahre im Exil. Während dieses Kapitels meines Lebens war ich politisch aktiv und an verschiedenen Operationen gegen die Islamische Republik beteiligt. Jetzt lebe ich bereits seit siebzehn Jahren hier in Israel und nutze jede Gelegenheit, um Kontakt mit den Zehntausenden Exil-Iranern aufzunehmen, die meine Auffassung der Veränderung der islamischen Regierung im Iran teilen. Ich bin davon überzeugt, dass das schiitisch-muslimische Regime früher oder später zusammenbrechen wird und hoffe, dass die Administration, die sich dann im Iran bilden wird, tatsächlich ihre Beziehung zu Israel grundlegend zum Positiven verändern wird, worüber ich mir aber nicht absolut sicher bin.

„Die Grünen" und die Mudschahid Halek stellen die angebliche Oppositionsbewegung gegen das islamische Establishment, sind aber in der Praxis weit davon entfernt. Während einige Mitglieder der „Grünen" Schiiten sind, die gegen Israel sind, setzen sich die Mudschahid zum Teil aus Muslimen und zum Teil aus Kommunisten zusammen, deren Ideologien nicht im

Einklang mit den kulturellen Werten des Iran stehen. Der gemeinsame Nenner dieser Bewegungen besteht in der Ablehnung von Demokratie und Gleichberechtigung, weshalb sie gegen die Basisprinzipien des iranischen Kulturerbes arbeiten – Religionsfreiheit und Gleichberechtigung.

Dreiunddreißig Jahre der Islamischen Revolution zeigen achtzig Millionen Iranern und Exiliranern das wahre, ungeschminkte Gesicht des schiitischen Islams. Die Leugnung des Holocausts, der Wunsch, Israel auszulöschen, die Verletzung der Persönlichkeitsrechte und ein Regime, das mit ungeheurer Brutalität vorgeht, um jede Spur von Freiheit zu unterdrücken – all dies bezeugt deutlich, in welcher Hinsicht der Schia-Islam das Land zerrüttet: die Einführung einer erschreckenden Kontrolle überall, wo sie Halt findet, und die Durchsetzung ihrer Gesetze mit eiserner Faust. Barmherzigkeit, Gnade, Mitleid und Rücksicht sind offenbar Fremdworte für den schiitischen Geist.

Es gibt zwar schiitische Iraner, die sich als „aufgeklärt" darstellen und behaupten, dass das Schiiten-Regime im Iran die Schia nicht glaubwürdig repräsentiert. Ich denke aber, dass diejenigen, die solche Gedanken pflegen, sich Illusionen hingeben und sich weigern, die Realität anzuerkennen. Es würde ausreichen, muslimische Staaten mit schiitischer Regierung zu überprüfen und man würde erkennen, dass die Art dieser Regime der heutigen iranischen Regierung ähnelt.

Die Schia-Literatur und insbesondere der Teil, der seit der Eroberung des Iran durch die Muslime geschrieben wurde, beweist über Generationen hinweg eindeutig, dass Ahmadinedschad und seine Gefolgsleute treue Schiiten sind, die dem Weg des Gründers der Schia folgen. Verstümmelte Gliedmassen, öffentliche Prügel, Steinigung und Enthauptung sind Teil des Schia-Menüs. Alles ist erlaubt, um die Herrschaft der extremen Schia-Autorität durchzusetzen.

Das Hauptproblem der schiitischen Ideologie besteht darin, dass es zwingend notwendig wäre, sie einer umfassenden und grundlegenden Reform zu unterziehen, um sie an die moderne, aufgeklärte und fortschrittliche Welt anzupassen. Dies könnte geschehen, ohne den Werten des moderaten Islam zu schaden, aber heute weigern sich die Oppositionsführer, diese brennend heiße Thema Religion überhaupt anzugehen, weil man eine religiöse Auseinandersetzung fürchtet.

Ich behaupte, dass wir im Interesse der Unabhängigkeit und der Wahlfreiheit diese notwendige Reform durchführen müssen. Ohne eine grundlegende Reform der Schia sind die Chancen auf eine Wiederbelebung eines konservativen Schia-Regimes deutlich größer, was die schreckliche Zeit zurückbringen würde, die der Iran seit Humainis Machtübernahme erlebt.

Die Lösung des Problems, wie von der Weltorganisation für Bruderschaft und Freundschaft vorgeschlagen, läge darin, den Status der schiitischen Geistlichen an den der restlichen Beamten des Verwaltungssystems anzugleichen. Die zusätzlichen Rechte, die die Kleriker sich selbst zugestanden haben, müssen abgeschafft werden. Die junge Generation im Iran ist nicht daran interessiert, die Geistlichen weiterhin zu mästen, da diese in ihren Augen nur Blutsauger sind. Wir glauben, dass Freiheit, Demokratie und Pluralismus ohne umfassende Reform der Schia nicht möglich sind.

Es sollte den fünfundsiebzig Millionen Iranern bewusst gemacht werden, dass in der Schia, als Sekte des Islams, große Macht verankert ist – die Kleriker das ausschließliche Recht haben, zu be- und verurteilen, nicht nur bezüglich religiöser Angelegenheiten, sondern auch in Bezug auf jedes andere Problem. Zusätzlich besitzen ihre Urteile eine Endgültigkeit, die verpflichtend ist und nicht angefochten werden kann. Diese zentralisierte Kontrolle verleugnet, allein aufgrund der Tatsache ihrer Existenz, die Grundrechte der Bürger des Irans und bevorzugt diejenigen, die in der Nähe des Regimes stehen.

In der Vergangenheit hat das iranische Reich auf Religionsfreiheit basiert – eine der Säulen seiner Macht – und dies muss heute wiedereingeführt werden. Die Mitglieder aller anderen Religionen müssen ihre volle Religionsfreiheit zurückerhalten.

Darüber hinaus sollte die zukünftige Verfassung des Irans die Löschung der Begriffe „Mehrheit" und „Minderheit" festlegen. Die Verwendung dieser

Ausdrücke verursacht Diskriminierung. Die einzige Pflicht der Staatsbürger, ohne Rücksicht auf Religion oder Weltanschauung, soll darin bestehen, ihrem Land treu zu sein und seinen Gesetzen zu gehorchen. Ein offenes, liberales und demokratisches Regime wird eine Atmosphäre schaffen, von der jeder, außer den konservativen Vertretern, profitiert.

Wer auch immer das Amt des Ayatollah (leitender religiöser Priester) ausüben will, wird gezwungen sein, ein Studium an der Universität zu absolvieren. Der Zweck dieser Verordnung ist es, sicherzustellen, dass Priester Allgemeinwissen erwerben und lernen, die Öffentlichkeit auf der Basis humanitärer Prinzipien zu führen, statt sich auf ihre religiöse Wahrnehmung zu stützen, die darauf abzielt, Dinge zu erzwingen.

Jede Religion ist Gottes Botschaft an die Menschen und alle Menschen sind seine Söhne. Für die Anhänger der meisten Religionen, von Juden bis Christen, gibt es jeweils nur einen Gott, aber dieser ist in Wirklichkeit derselbe Gott. Daher müssen die Anhänger der verschiedenen Religionen sich gegenseitig akzeptieren. Es gibt keine Religion, die einer anderen Religion überlegen ist, daher muss Religionsfreiheit die Basis einer zivilisierten iranischen Gesellschaft sein. Im neuen Iran gibt es keinen Platz für den extremen und bösen Islam.

Für die Schia, die den Iran gewaltsam erobert und viele der Grundprinzipien seiner Kultur ausgelöscht haben, gibt es keinen Platz mehr im Iran; ihre Zeit ist vorbei. Fast 1400 Jahre lang lebte der Iran unter dem

Joch der Schia. Iraner, die sich gegen diese stellten, wurden hingerichtet. So begannen die Iraner im Laufe der Zeit, zu glauben, dass die schiitische Religion seit Bestehen des Iran ein untrennbarer Teil von ihm war, aber dies ist nicht der Fall.

Jeder Iraner muss die Möglichkeit bekommen, wählen zu können, an was auch immer er glaubt, und noch wichtiger: zu der Kultur seiner Ursprünge zurückzukehren. Es gibt keinen Grund, gemäß des muslimischen Kalenders zu leben, wenn es einen uralten iranischen Kalender gibt. Es gibt keinen Grund, auf Arabisch zu beten, wenn die ursprüngliche Sprache Persisch ist.

Ich glaube, dass es unter den Schiiten im Iran auch viele gibt, die die Handlungsweise der herrschenden Sekte, die sich aus der extremen Schia nährt, nicht gutheißen. Ich habe keinen Zweifel daran, dass die liberalen Schiiten überzeugt sind, dass der wahre Islam, im Gegensatz zu den radikalen Strömungen, positive Nachrichten bringt und sich um Kooperation mit anderen Religionen bemüht, um diese Welt zu einem besseren Ort zu machen.

Die Lösung

1990, nach meiner religiösen und mentalen Transformation, trat ich in die Weltorganisation für Bruderschaft und Freundschaft (PLIM) ein, deren Mitglieder glauben, dass die Veränderung, die im Iran stattfinden muss, in ihrer Art kulturell und nicht militärisch sein sollte. Zu diesem Zweck muss ein System gefunden werden, das nicht von militärischer Macht abhängig ist, sondern auf einem aufgeklärten kulturellen Ansatz basiert, mit dem Ziel der Substitution der traurigen Situation im Iran.

Rezah Schah, der in den Jahren 1925 bis 1945 regierte, wollte wesentliche Änderungen im Iran herbeiführen. Er begann den Prozess der modernen Industrialisierung, veränderte das System, verringerte die Autorität der schiitischen Führung und gewährte den Frauen-Rechte. Er war der Erste, der Universitäten im Iran gründete und ein System der Legislative und Judikative einführte, die getrennt vom schiitischen Priestertum agierten. Er engagierte sich auch für die Verbesserung des Verkehrssystems im Iran und entwickelte ein einzigartiges Eisenbahnnetz, das die Außenbezirke des Iran miteinander verband. Diese Änderungen kreierten eine neue Grundlage für die Gesellschaft im Iran. Allerdings nutzte der Schah seine Macht in einigen Fällen unnötig aus, was bei vielen Bürgern Bitterkeit erregte und unbeabsichtigte Nischen des Widerstands erzeugte.

Aus der Geschichte lernen wir, dass ein Mangel an Toleranz und unnötige Aggressivität die Faktoren sind, die zu den Unruhen führten, die mit dem Aufstieg der islamischen Herrschaft durch den Iran fegten. Daraus lässt sich folgern, dass eine hochwertige Erziehung und eine tolerante Haltung gegenüber der Bevölkerung die Schlüssel für die Schaffung einer neuen und besseren Gesellschaft sind. Es gibt keine Alternative zu der Erkenntnis, dass wir uns die Hände reichen und zusammenarbeiten müssen. Auf den verschiedenen Ebenen der Gesellschaft, beginnend mit den unterschiedlichen ethnischen Gruppen und endend mit den Mitgliedern der einen oder anderen religiösen Minderheit, gibt es mehr Gemeinsamkeiten als Dinge, die uns trennen. Sie alle wollen eine bessere Zukunft für die kommenden Generationen. Jeder muss verstehen, dass es unser Ziel ist, die Situation der Nation in all ihren Aspekten zu verbessern und sie vorwärts in eine bessere Zukunft zu führen. Die sechs Millionen Iraner, die außerhalb des Landes leben, weil sie die extreme religiöse Kontrolle ablehnen, repräsentieren viele, die ohne eine Alternative im Iran zurückgeblieben sind. Die im Exil lebenden Iraner haben sich erfolgreich in die jeweilige Gesellschaft integriert, die sie aufgenommen hat, und haben dort beeindruckende Erfolge vorzuweisen. Zweifellos sehnen sie sich danach, in den Iran zurückzukehren, aber nur unter der Bedingung, dass die Gesellschaft dort ihr Antlitz wechselt, einen Weg des Fortschritts und der Toleranz beschreitet und ein aufgeklärtes Regime entwickelt. Die zahlreichen Exilanten sind in der Lage, in einem neuen Iran einen immensen Beitrag in allen Lebens bereichen zu leisten und ihn weiter voranzutreiben.

Da wir mit aller Macht das Beste für den Iran wollen, glauben wir, dass die Anwendung von Gewalt aller Art nur negative Ergebnisse zeitigen und die Spirale des Tötens und der Rache so nie enden wird. Daher sind wir überzeugt, dass humanitäre Mittel angewendet und die Hinrichtungen beendet werden müssen.

Wenn sich die aktuelle Wirklichkeit ändert, werden die Gerichte immer noch Menschen verurteilen müssen, aber es wird verboten sein, jemanden zum Tode zu verurteilen. Wenn das Justizsystem Toleranz und Barmherzigkeit zeigt, wird der Angeklagte verstehen, dass es in seinem Interesse ist, mit dem neuen System zu kooperieren. Nach und nach wird die Öffentlichkeit über die Medien informiert werden, dass die neue Politik im Gegensatz zum bestehenden System, das auf Gewalt, Aggressivität und Unterdrückung stützt, grundlegend auf Vergebung basiert.

Unsere Organisation hat die Absicht, gewaltfrei wesentliche Änderungen im Iran zu bewirken. Ein friedliches Mittel ist die Organisation eines Massenaufmarsches für den Frieden und die Beendigung von Terror und Diskriminierung im Iran. Die Idee ist nicht neu und basiert auf der erfolgreichen Erfahrung von Mahatma Ghandi in Indien. Das Projekt ist seit langer Zeit geplant und viele Oppositionsführer, Intellektuelle, Medienvertreter und Wissenschaftler nehmen daran teil, ebenso viele gute Menschen – nicht nur Iraner –

aus allen Bereichen des Landes. Die Organisation zielt darauf ab, Iraner verschiedener Religion, verschiedenen Ranges, verschiedener Hintergründe und Ideologien anzuziehen, um an diesem nationalen Marsch teilzunehmen.

Der für dieses Projekt gewählte Name lautet „Die wachsamen Tausend", denn es hat die Absicht, Tausende Iraner, die die Motivation haben, das Land zu retten, in einem Körper zu vereinen, um diesen Massenaufmarsch im Iran durchzuführen. Der Startpunkt des Marsches wird in München sein. Wir schätzen, dass es mindestens sechs Monate dauern wird, bis er den Zielpunkt im Iran erreicht.

Die zukünftige iranische Regierung wird sich um Einigung mit dem Westen bemühen und den Wunsch nach Kooperation demonstrieren, gleichzeitig aber jegliche Terrormaßnahmen ablehnen, wovon alle Seiten profitieren werden. Obwohl der Marsch sorgfältig geplant wurde und wir ihn unbedingt durchführen wollen, ist uns klar, dass die Länder, die zwischen Deutschland und dem Iran liegen, nicht sehr bereit sein werden, uns zu erlauben, durch ihr Territorium zu ziehen. Wir hoffen, dass es uns gelingen wird, über die Verbindungen, die wir im Rahmen der Vereinten Nationen aufgebaut haben, und über die nötigen diplomatischen Beziehungen, die Anführer dieser Länder von der Klugheit zu überzeugen, die sie beweisen, wenn sie diesen Marsch ermöglichen. Wir sind uns dessen bewusst, dass die wirtschaftlichen Interessen, die viele Länder mit dem Iran verknüpfen, es erschweren werden, diese Erlaubnis zu erhalten.

Die Zahl der Demonstranten wird an jeder Station des Marsches zunehmen, sodass an der Endstation Zehntausende erscheinen werden.

Der Marsch soll von den verschiedenen Fernsehsendern in der Welt übertragen werden. Je weiter der Marsch fortschreitet, desto mehr wird auch das Interesse der Medien an der Übertragung des Marsches und den Zielen der Demonstranten wachsen. Dieser Marsch wird am Ende auch dazu führen, dass westliche Länder ihre Politik ändern und verstehen, dass ihre Verbindung zum islamischen Regime bereits zu Beginn auf einer falschen Entscheidung beruhte.

Die jetzige Regierung im Iran wird ihr Möglichstes tun, um den Marsch zu verhindern. Diese Versuche werden die Opposition stärken, was wiederum zur Schwächung des Regimes führen und die öffentliche Meinung in aller Welt auf die Seite der Opposition verlagern wird.

Wir haben die Reaktion des Regimes im Iran auf die Operation berücksichtigt. Es wird versuchen, sie in noch ungeborenem Zustand zunichtezumachen. Uns ist klar, dass sie die verschiedensten Mittel einsetzen wird, um uns davon abzuhalten, unsere Absicht in die Praxis umzusetzen. Wir haben die möglichen Varianten der Reaktion des Systems getestet, geprüft und analysiert. Wir stellen uns vor, dass die Anführer des Projekts untertauchen. Die Islamische Republik wird unter einer Isolation leiden, die von Tag zu Tag wachsen wird. Die Versuche des islamischen Regimes, sich mit Nuklearwaffen auszustatten, werden die Situation zuspitzen und die ganze Welt darüber aufklären, dass ein Iran in Besitz von Nuklearwaffen nicht allein für Israel eine vorhersehbare und enorme Gefahr darstellt. Unsere Kampagne wird durchgeführt, ohne dass eine einzige Kugel geschossen wird. Wir wollen mit Scharfsinn und friedlichen Mitteln gegen die Welthauptstadt des Terrorismus kämpfen.

In Gesprächen mit Iranern auf der ganzen Welt erhielt ich verschiedene Reaktionen auf die Idee des Marsches. Viele denken, dass eine Operation wie diese eine gutes Mittel zur Vereinigung der Opposition sei und alle Iraner überzeugen werde, sich für das Wohl der Freiheit im Lande zu vereinigen. Im Gegensatz dazu gab es jene, die unseren Plan kritisierten und meinten, er würde den Realitätstest nicht bestehen.

Meine Freunde und ich sind der Meinung, dass die Kampagne ausgeführt werden sollte, weil sie Ergebnisse verspricht, die bedeutend sein und in der ganzen Welt Wellen schlagen wird. Wir wurden inspiriert von der Politik Michael Gorbatschows, der es wagte, den Bolschewismus nach siebzig Jahren abzuschaffen. Wir denken, dass es möglich ist, etwas Ähnliches im Iran durchzuführen, sind uns aber auch der Tatsache bewusst, dass wir dazu weitreichendes Know-How und finanzielle Unterstützung benötigen.

Wir können viele Menschen motivieren, an diesem Projekt teilzunehmen, wenn sie merken, dass sie uns vertrauen können, weshalb wir die Ernsthaftigkeit unserer Absichten beweisen müssen.

Wir sind davon überzeugt, dass unsere ideologische Wahrnehmung auf theoretischer Ebene richtig ist, aber wir müssen dies auf die praktische Ebene übertragen, damit das Projekt Formen annimmt und die Ergebnisse erreichen kann, die wir erhalten wollen.

Zusammenfassend lässt sich sagen, dass die Umsetzung dieses Projekts der beste Weg ist, das Terror-Regime im Iran auszurotten, und so die von ihm ausgehende Bedrohung für die gesamte Welt zu beenden und damit die erhoffte Wende im Iran zu bewirken.

Teil 6

Wisse, woher du stammst

Versteckte Wurzeln werden enthüllt

Eines Morgens im Mai 2003 erwachte ich und bemerkte – als jemand, der es nicht ertragen kann, physisch eingeschränkt zu sein – zu meinem großen Schrecken, dass ich mein linkes Bein nicht mehr bewegen konnte. Es war wie versteinert und hatte einen lila Färbung angenommen. Einige Tage zuvor hatte mein Bein mich in meiner Bewegungsfreiheit gestört, aber ich hatte angenommen, dass dies von einer Verletzung aus der Vergangenheit ausgelöst wurde, die von meinem Rücken ins Bein ausstrahlte. Ich hatte ein paar Gymnastikübungen gemacht und gedacht, dies würde das Problem beheben.

Marina war sehr beunruhigt, als sie mein Bein betrachtete. Ich versuchte, sie zu beruhigen. Wir suchten die Ambulanz auf, wurden aber an das Krankenhaus Sha'arei Tzedek in Jerusalem verwiesen. Nach einer Wartezeit von vielen Stunden in der Notaufnahme untersuchte mich ein junger Doktor und sagte, die Ursache des Problems läge in den Rückennerven. Er gab mir einige Pillen und schickte mich nach Hause, aber die Situation verschlimmerte sich. Marina kontaktierte einen Neurologen, einen Freund der Familie, und bat ihn, mich zu untersuchen. Dieser überwies mich ohne zu Zögern in das Krankenhaus Hadassah Ein Kerem wo ich mich umgehend einer Operation unterziehen sollte. „Das ist kein Nervenproblem, sondern ein Blutgerinnsel", sagte er entschieden. Also wurde ich ins Krankenhaus eingeliefert, wo ich zwei Wochen verbrachte.

Ich gebe zu, dass ich bis zu diesem Tag eine schlechte Erinnerung an das Hadassah Ein Kerem habe, weil sich die Ärzte in der Diagnose irrten und aufgrund dieses Fehlers Marina und mir großen Ärger verursachten. Es stellte sich erst später, nachdem ich mich erholt hatte, heraus, dass der Arzt Marina heimlich gesagt hatte, ich habe Leukämie. Marina brach zusammen, weil sie dachte, dass ich bald sterben würde. Sie versuchte, sich wie gewohnt zu verhalten und wollte mir nichts sagen, aber wenn sie allein war, übermannte sie die emotionale Belastung, sodass sie bitterlich weinen musste.

Drei Tage, nachdem ich ins Krankenhaus eingeliefert worden war, erhielten wir die Laborergebnisse und es stellte sich heraus, dass es sich doch um ein Blutgerinnsel handelte. Woher kam es? Die Ärzte fanden keine Antwort darauf. Mir wurde gesagt, wenn das Blutgerinnsel in mein Herz oder in meinen Kopf wandere, würde dies zu meinem Tod führen. Ich war gezwungen, neun Monate lang zweimal täglich Selecson zu spritzen und bis heute nehme ich Comadine, ein Blutverdünnungsmittel.

Die Professoren Icelson von Sha'arei Tzedek und Warren vom Hadassah Ein Kerem, wiesen darauf hin, dass ich unter einer Krankheit namens Thalassämie litt, die vor allem unter Juden aus dem Nahen Osten typisch sei. Marina und ich waren sehr erstaunt, denn nicht einer der Ärzte wusste, dass ich als schiitischer Muslim geboren worden war.

Nicht Mousa sondern Moshe

2007 wurden Marina und ich eingeladen, an der Hochzeitszeremonie meines Bruders Jussef (Yossef) und einer amerikanischen Dame in den Vereinigten Staaten teilzunehmen. Während der Zeremonie traf ich Verwandte, die ich seit Jahren nicht gesehen hatte. Zu meinem Bedauern konnte Marina mich nicht begleiten, weil sie zur gleichen Zeit zu einem Treffen in Russland verabredet war. Meine Cousine Miriam, die Tochter meines Onkels Mousa, die eine bekannte Zahnärztin in Philadelphia war, war bei der Hochzeit zugegen. Etwa eineinhalb Jahre zuvor hatte Miriam mich gebeten, bei der Vereinigung der israelischen Zahnärzte herauszufinden, ob sie nach Israel kommen und als Zahnärztin arbeiten könne. Ich bat sie, mir ihre Dokumente, ihren Lebenslauf und ihre Zeugnisse zu schicken. Ich hatte mein Bestes getan, um ihr eine umfassende Antwort auf ihre Frage geben zu können. Ich hatte die Informationen an sie weitergegeben, aber nichts mehr von ihr gehört. Seitdem war unser Kontakt abgebrochen. Jetzt, da wir beide uns bei dieser Gelegenheit von Angesicht zu Angesicht gegenüberstanden, fragte ich sie: „Was ist mit deinem Antrag passiert? Ich hatte dir die Informationen geschickt, aber du hast nicht geantwortet." Sie antwortete, nachdem sie die Pros und Contras dieser Angelegenheit abgewogen habe, habe sie sich entschieden, den Besuch in Israel aufzugeben. Außerdem seien ihre Kinder, insbesondere ihre Tochter, die für ihre Promotion in Politikwissenschaft studiere, nicht daran interessiert gewesen, nach Israel zu gehen.

Sie fügte hinzu, sie sei trotz allem immer noch daran interessiert. Als ich sie nach ihren Gründen fragte, antwortete sie, sie habe verschiedene Motivationen. „Ich liebe Juden und ich liebe Israel", sagte sie, während sie den überraschten Gesichtsausdruck ignorierte. Sie fügte hinzu: „Juden sind besondere Menschen und wir sollten stolz darauf sein, zu dieser Familie zu gehören."

Ich war mir sicher, dass sie mit den Definitionen durcheinandergekommen war, daher fragte ich sie: „Was meinst du mit ,Familie'?"

Dieses Mal war es an ihr, überrascht zu sein. „Was? Weißt du es nicht?", fragte sie.

„Was soll ich wissen?", erwiderte ich und begann, mich unwohl zu fühlen.

Meine Cousine lächelte versöhnlich. „Wenn dem so ist, ist die Zeit gekommen, da du es wissen sollst", sagte sie. „Mein Vater war seit Jahren krank und in den letzten Monaten seines Lebens wurde er ins Krankenhaus eingeliefert. Es gelang mir, ein paar Stunden bevor er starb, ins Krankenhaus zu kommen. Er war noch im Besitz all seiner geistigen Kräfte. Als ich ihn begrüßte, ignorierte er meinen Gruß und fragte mich, warum ich Christin geworden sei. Ich antwortete ihm, nach der Revolution im Iran hätte ich nicht die Kraft gehabt, mich gegen das System zu stellen und es vorgezogen, ins Exil zu gehen. Nach einem Besuch in Rom, und weil ich unter anderem von der demokratischen Lebensweise und der völlig verschiedenen Atmosphäre beeinflusst worden sei, hätte ich mich entschieden, zum Christentum zu konvertieren. Abgesehen davon hätte ich gedacht, es käme mir zugute, weil ich in den Vereinigten Staaten studieren wollte. Ich fragte meinen Vater: ‚Warum fragst du mich das jetzt? Wir haben das doch schon in der Vergangenheit besprochen.' Mein Vater nahm meine Hand, ergriff sie fest und sagte: ‚Weil wir Juden sind, der Name unserer Familie lautet Abayeff.'

Ich traute meinen Ohren nicht und weigerte mich, die Nachricht anzuerkennen. Ich gefror auf der Stelle zur Salzsäule. Mein Vater sah mich liebevoll an, sagte kein Wort und nickte nur. Ich wollte schreien, aber ich erinnerte mich daran, dass ich in Teheran war, einer Stadt in einem muslimischen Land. Ich zitterte. Ich fragte ihn stotternd: ‚Was sagst du? Juden? Wovon sprichst du?' Mein Vater antwortete -und es war offensichtlich, dass er klar im Kopf war: ‚Der Name unserer Familie ist Abayeff.'

Ich fragte ihn: ‚Warum hast du mir das nicht schon vor vielen Jahren gesagt?' Mein Vater schüttelte seinen Kopf und lächelte traurig. ‚Verstehst du?', sagte er. ‚Wir verheimlichen es, weil nicht alle in unserer Umgebung – gemeint waren die Muslime – entdecken sollen, dass wir Juden sind. Mein Vater bat mich, als er starb, dieses Geheimnis an meinen ältesten Sohn weiterzugeben, bevor ich selbst sterben würde. Jetzt spüre ich, dass ich sterben werde und da mein ältester Sohn nicht hier ist, gebe ich dieses Geheimnis an dich weiter, als Vermächtnis.'"

Ich sah Miriam an und weigerte mich immer noch, zu verinnerlichen, was sie gesagt hatte. Sie sah mich an, seufzte und setzte ihre Geschichte fort: „Ich war perplex, aber gleichzeitig bestrebt, so viel wie möglich über meine Familie zu erfahren. Ich bat meinen Vater fortzufahren und er erzählte mir mehr Details. Wie? Wann? Wer? Er erzählte mir, dass wir in den Jahren 1919-1920 aus der Sowjetunion über das Kaspische Meer in den Iran gekommen seien. Als Iraner seien wir angewidert von Lenins Politik gewesen und hätten es vorgezogen, in den Iran zurückzukehren. Er fuhr fort: „Wir erreichten die Grenze zum Iran und ein Grenzpolizist kontrollierte unsere Pässe, in denen unser Familienname als Abayeff angegeben war. Er fragte meinen Vater und seine Familie, ob sie Muslime seien. Als er hörte, wir seien Juden, sagte er, wenn wir den Iran betreten wollten, müssten wir Muslime sein, denn der Iran sei ein muslimisches Land. Nach dieser Diskussion erkannten mein Vater und unsere Familie, dass sie sich in jeglicher Hinsicht wie Muslime verhalten und deshalb zuerst ihren Familiennamen ändern mussten. In der iranischen Gemeinde in Aserbaidschan nannten mich die Juden Danandeh, was auf Persisch ‚ein Mann des Wissens‘ bedeutet, und auf Hebräisch zeugt es von der Zugehörigkeit zum Dan-Stamm. So wurde unser Name in unseren Ausweisen von Abayeff zu Danandeh geändert. Mein Vater fürchtete, dass man ihn und seine Familie mit Feindseligkeit behandeln würde, weil sie Juden waren, und wies uns an, unser Judentum zu verbergen und uns als Muslime auszugeben. Wir wurden immer als Muslime angesehen und als solche in unserer

Umgebung akzeptiert.´ "

Ich sah meine Cousine erneut an und legte meinen Kopf in meine Hände. Sie schaute mich ob meiner Reaktion verständnisvoll lächelnd an und fuhr mit ihrer haarsträubenden Geschichte fort. „Ich bat meinen Vater, zu erklären, warum die Familie nicht zum Judentum zurückgekehrt sei, nachdem sie einige Zeit im Iran gelebt habe. Er antwortete mir, die Familie hätte sich bereits der Gesellschaft angepasst und es sei sinnlos gewesen, das Judentum offen zu präsentieren. ,Du musst verstehen, wenn sie schon zu Zeiten des Schahs keine Toleranz gegenüber einer Familie gezeigt haben, die zu ihren jüdischen Wurzeln zurückgekehrt ist, was würde jetzt passieren, in den Tagen dieser verfluchten Revolution', sagte mein Vater und schloss seine Augen. ,Vergiss nicht, dass ich erst acht war, als ich in den Iran kam, diese Dinge hingen nicht von mir ab', fügte er hinzu und wies darauf hin, dass die Ursprünge unserer Familie in Mashhad lägen.

Ich fragte meinen Vater, wann die Familie den Iran verlassen habe. Er antwortete, seine Urgroßmutter habe die Stadt Mashhad vor achtzig Jahren verlassen und sei nach Ashak-Abad gezogen, der Hauptstadt Turkmenistans. Sein älterer Bruder sei in Marv, er selbst in Buchara geboren. Auch der Rest seiner Brüder sei außerhalb des Iran zur Welt gekommen. Am Ende schlug das Schicksal ein Rad und ironischerweise wurde unsere Familie durch die Macht der Umstände zu Muslimen, als sie in den Iran zurückkamen."

Ich umarmte Miriam sanft und wusste nicht, ob ich lachen oder weinen sollte. „Die Launen des Schicksals", murmelte ich zu mir selbst, „und was für Launen! Ich bin ein Jude!"

Ich muss zugeben, ich war verwirrt und aufgeregt. Ich fand es schwierig, diese unglaublichen Informationen zu verdauen und wollte verstehen, wie dies alles begonnen hatte. Die Geschichte des Irans schoss mir durch den Kopf und aus heiterem Himmel erschien ein Name vor meinem inneren Auge, der mit großer Kraft in mein Bewusstsein einschlug – „Die Mashhad Conversos". Plötzlich verbanden sich alle Teile des Puzzles zu einem klaren Bild.

„Die Mashhad Conversos" sind ein Kapitel, das in der Geschichte des Irans als schambeladen in Erinnerung bleiben wird. In der Mitte des achtzehnten Jahrhunderts kehrte Nader Schah, der große Einiger des Irans, von seiner Expedition der Eroberung Indiens zurück. Der Kern seiner Macht lag in der Hurasan-Religion, deren Hauptstadt Mashhad war. Nader Schah brachte Juden nach Mashhad und berief sie auf vertrauliche Positionen als Verantwortliche für sein großes Vermögen. Die Situation der Juden änderte sich zum Schlechteren, als der Gouverneur der Stadt ermordet wurde und das Regime wechselte. Der neue Gouverneur war ein fanatischer Schiit und nach Ausschreitungen gegen die Juden der Stadt, bei denen sechsunddreißig Juden getötet wurden, schlug er den Überlebenden zwei Möglichkeiten vor – Tod oder Konvertierung zum Islam.

Ohne jegliche Alternative waren die Juden gezwungen, zum Islam zu konvertieren. Ein Teil der „islamisierten" Gruppe konnte sich nicht damit versöhnen und verließ Mashhad und sogar den Iran, weil sie sich wünschten, an einem Ort zu leben, an dem sie mit Toleranz behandelt wurden.

Indessen verließ Onkel Mousas Urgroßmutter in den 40er Jahren des neunzehnten Jahrhunderts Mashhad, also kurze Zeit, nachdem die Juden mit Gewalt gezwungen worden waren, zum Islam zu konvertieren. Wahrscheinlich hatte sie das Dekret nicht akzeptiert und fand, wie viele andere gute Menschen, Zuflucht in Aserbaidschan, das zu jener Zeit zu Russland gehörte.

Die neuen Erkenntnisse über die Geschichte meiner Familie beunruhigten mich sehr. Ich muss zugeben, dass es für mich immer noch schwierig war, die Tatsache zu verarbeiten, dass ich jüdische Wurzeln hatte. Ich spürte ein starkes Bedürfnis, diese Informationen allen Mitgliedern meiner Familie zu offenbaren. Bei diversen Familienfeiern, die in verschiedenen Teilen der Welt stattfanden, erzählte ich den Anwesenden aufgeregt von unserem Hintergrund. Mir war wichtig, ihnen diese Dinge von Angesicht zu Angesicht zu erklären, nicht über Telefonate oder E-Mails. Ich glaubte, auf diese Weise eine andere Art von Verständnis erzeugen zu können. Die Reaktionen waren gemischt, einige konnten meine Offenbarungen nicht akzeptieren und lehnten sie von Anfang an rundweg ab, während andere nicht von der vollständigen Richtigkeit überzeugt waren. Nun verstand ich auch, warum meine Großmutter, „die eifrige Schiitin", darauf bestanden hatte, dass wir Fleisch nicht zusammen mit Milch aßen. Das Verbot kam aus dem Judentum, nicht aus dem Islam. So stellte sich heraus, dass auch sie in das Geheimnis eingeweiht gewesen war.

Viele Mitglieder meiner Familie wurden Pro-Israelis, nachdem ich sie mit Informationen über den Staat Israel und über die Juden versorgt hatte. Dennoch akzeptierte nicht ein Einziger von ihnen die Tatsache, dass unsere Familie jüdischen Ursprungs ist.

Aus dem Kreis meiner Freunde war Pfarrer Van Der Hoffen der einzige, der meine Geschichte verstand und an ihre Wahrheit glaubte. Er unterstütze mich, akzeptierte meine jüdischen Wurzeln und erkannte, dass meine Liebe zu Israel aufrichtig und ehrlich war.

Ans Ende des Buches möchte ich ein Fazit all dieser langen Geschichten stellen, hoffnungsvoll und mit den besten Wünschen für den israelischen Staat und die ehrlichen Iraner, die an eine friedliche Beziehung aller im Nahen Osten lebenden Menschen glauben. Ich bin überzeugt, dass der Gott Israels für alle Vertreter unserer Generation einen besonderen Plan hat. Ich möchte den 80 Millionen Iranern sagen, dass Israel eine Zwillingsschwester unseres Landes ist, basierend auf 2700 Jahren gemeinsamer Geschichte. Wir sind Kinder des persischen Königs Kyros, eines Nicht-Juden, der in Jesaja, Kapitel 45 als Messias anerkannt wird. Für diese Zwillingsnationen wollen wir eine gute Zukunft, Hand in Hand mit Millionen Iranern, die sich in PLIM (Peace and Love International Movement) und ihren Ablegern in mehr als 65 wichtigen Städten weltweit gefunden haben. Unser ultimatives Ziel: Ewiger Friede und Liebe zwischen einem zivilisierten Iran und Israel. Dafür kämpfen wir bis zum Lebensende und werden niemals aufgeben...

www.ingramcontent.com/pod-product-compliance
Lightning Source LLC
LaVergne TN
LVHW051222080426
835513LV00016B/1370